Karl Fulda

Chamisso und seine Zeit

Karl Fulda

Chamisso und seine Zeit

ISBN/EAN: 9783744649766

Printed in Europe, USA, Canada, Australia, Japan

Cover: Foto ©ninafisch / pixelio.de

More available books at **www.hansebooks.com**

Chamisso

und seine Zeit

von

Karl Fulda,
Land-Gerichts-Rath.

Mit dem Porträt Adelbert's v. Chamisso.

Chamisso
und seine Zeit

von

Karl Fulda,
Land-Gerichts-Rath.

Mit dem Porträt Adelbert's v. Chamisso.

Leipzig.
Verlag von Carl Reißner.
1881.

Inhalt.

	Seite
Vorwort und Einleitung	1
Erstes Kapitel	14

  Die Heimat. Schloß Boncourt in der Champagne. Adelbert v. Chamisso daselbst geboren am 30. Januar 1781. Die Eltern und Voreltern des Dichters; seine Geschwister. Sein Lieblingsbruder Hippolyt, Leibpage König Ludwig's XVI.; ein eigenhändiges Billet dieses Fürsten. Ausbruch der französischen Revolution. Die Schreckensherrschaft. Flucht der Familie v. Chamisso aus Frankreich. Zerstörung des Schlosses Boncourt. Niederlassung der Eltern des Dichters mit diesem erst in den Niederlanden, dann in Würzburg, hierauf in Bayreuth. Ueber die Kinderjahre Adelbert's. Aus seinen frühsten Briefen vom Jahre 1800 (neue Urkunde aus dem Familienarchiv). Adelbert wird Page der Königin Luise von Preußen, Gemahlin König Friedrich Wilhelm's II., welcher der Familie v. Chamisso den Wohnsitz in Berlin gestattet. Unterricht und Ausbildung Adelbert's auf Veranlassung der Königin. Ernennung desselben zum Fähnrich und (1801) zum Lieutenant in der Preußischen Armee. Des Dichters Stimmung und Aeußerungen in jener Lebensperiode. Das Preußische Heer der damaligen und das der gegenwärtigen Zeit. Klage Chamisso's darüber, daß er kein Vaterland habe und daß Deutschland zerrissen und von Frankreich abhängig bezw. unterjocht sei. Heinrich v. Kleist und Adelbert v. Chamisso.

Zweites Kapitel 23

Rückkehr der Eltern und der Schwester Chamisso's nach Frankreich. Der Dichter fühlt sich Anfangs vereinsamt in Deutschland. Seine Briefe an Eltern und Geschwister aus den Jahren 1800 und 1801. Brief der Königin Luise von Preußen an die Mutter des Dichters. Dieser hört in Berlin vorzugsweise die Vorlesungen der Professoren Ancillon und Erman, studirt deutsche Sprache und Poesie und erweitert überall seine Kenntnisse. Seine Arbeitskraft und sein Charakter. Weitere Briefe und Tagebuchauszüge des Dichters aus seiner Jugendzeit.

Drittes Kapitel . . . .

Chamisso's jüngster Bruder Eugen erkrankt in Potsdam; er bringt ihn den Eltern nach Paris, wo er stirbt. Er selbst kehrt zu Anfang des Jahres 1803 nach Berlin zurück. Dort lernt er Klopstock's Messiade kennen, studirt Shakespeare, Schiller und später Goethe. Er dichtet den „Faust", lernt Varnhagen kennen und gibt den Musenalmanach für 1804 heraus. Varnhagen über Chamisso. Cérès Duvernay. Liebe des Dichters zu ihr. Heirathsantrag des Dichters und dessen Ablehnung. Chamisso schließt sich an Varnhagen, Hitzig, Neumann, Theremin, de la Foye, Ludwig Robert, Graf zur Lippe, Adolf v. Uthmann, Koreff an. Der diesem Freundeskreise entstammende Musenalmanach für 1804 bringt ein Gedicht Chamisso's in Terzinen: „Die jungen Dichter".

Viertes Kapitel . . . .

Schiller in Berlin. Frau v. Staël. Johannes v. Müller. Die Brüder August Wilhelm und Friedrich v. Schlegel. Der Nordsternbund. Chamisso studirt die griechische Sprache. Varnhagen und Neumann bereiten sich zur Universität vor. Chamisso verläßt Berlin und rückt mit dem von Götze'schen Regiment in Hameln ein. Seine unbefriedigte Stimmung in der damaligen Zeit. Briefe

VII

darüber an Varnhagen und Neumann. Erste Annäherung zwischen Chamisso und de la Motte Fouqué. Das Jahr 1806. Das Gedicht „Fortunatus Glückseckel und Wünschhütlein, ein Spiel." Chamisso's Fortschritte in der Metrik. Brief darüber an de la Foye. Kriegserklärung Napoleon's an Preußen. Decret des französischen Kaisers, wonach jeder im deutschen Heere dienende Franzose vor ein Kriegsgericht gestellt und erschossen werden soll. Varnhagen und Neumann besuchen Chamisso in Hameln. Sein Entlassungsgesuch abgeschlagen. Uebergabe Hamelns an die Franzosen. Chamisso's Urtheil über dieses Ereigniß. Sein Bericht über sein Verhalten dabei an das Ehrengericht. Chamisso erhält den Charakter als Prämier-Lieutenant und einen Paß nach Frankreich.

Fünftes Kapitel 85

Chamisso auf der Reise nach Frankreich; sein Brief an Varnhagen. Ankunft in Paris (um Weihnachten 1806). Tod der Eltern Chamisso's. Begegnung mit Cérès Duvernay. Des Dichters Urtheil über Napoleon I. Béranger. Sehnsucht nach Deutschland. Varnhagen's Schwester Rosa Maria über Chamisso's äußere Erscheinung und seinen Charakter. Rückkehr nach Deutschland. Chamisso's Entlassung aus dem Preußischen Militärdienste. Brief an Fouqué hierüber. Chamisso lernt Lateinisch, Spanisch und Italienisch. Wiederholte Reise nach Frankreich. Bewerbung um die Stelle eines Professors beim Lyceum in Napoleonville. Chamisso erhält diese Stelle nicht. Er lernt Helmina v. Chezy und durch sie Frau v. Staël kennen. Ihr Einfluß, ihre Verbannung, ihr Buch über Deutschland. Begegnung Chamisso's mit Uhland in Paris. Aufenthalt bei Frau v. Staël in Chaumont. Beschreibung der Lage des Schlosses. Der dortige Gesellschaftskreis. A. W. v. Schlegel. Chamisso bei Frau v. Staël in Coppet. Seine Rückkehr nach Berlin, vorher seine Reise in die Schweiz mit August v. Staël. Stimmung des Dichters in jener Lebensperiode, ausgesprochen in Gedichten an Fouqué, Hitzig, Neumann.

VIII

Sechstes Kapitel 120

Seite

Das Jahr 1813. Chamisso auf dem Landgute Cuners=
dorf der v. Itzenplitz'schen Familie. Entstehung des
Peter Schlemihl. Geschichte und Bedeutung des Märchens.
Chamisso, Eichendorff und Fouqué. Die Brüder Grimm.
Ein bis dahin ungedruckter Brief des Dichters über Schle=
mihl. Große Volksthümlichkeit und Uebersetzung des Schle=
mihl ins Englische und viele andere Sprachen.

Siebentes Kapitel 138

Tod der Gattin von Eduard Hitzig. Chamisso's Trauer
darüber. Sein Plan, an der Reise um die Welt mit der
Romanzow'schen Entdeckungs=Expedition als Naturforscher
sich zu betheiligen. Abfahrt Chamisso's zunächst nach
Hamburg. Dreijährige Dauer der großen Weltumsegler=
reise. Rückkehr in die Heimat. Gedicht aus Swinemünde.
Chamisso wieder auf Hitzig's Kanapee. Die Universität
Berlin ernennt Chamisso zum Doktor der Philosophie, die
naturforschende Gesellschaft ihn zu ihrem Mitgliede; zu=
gleich erhält er das Amt eines Adjunkten an dem botani=
schen Garten. Verlobung mit Antonie Piaste; das häus=
liche Glück des Dichters dadurch begründet. Gedichte aus
jener Zeit. Die Verheirathung. Frauenliebe und Frauen=
leben. Beziehungen zu Fouqué, Lichtenstein, Weiß, Erman,
Horkel, Ehrenberg, Schlechtendal, Trinius, Schultes. In
der Wohnung Chamisso's in Schöneberg bricht Feuer aus;
Uebersiedelung des Dichters nach der Stadt. Herausgabe
eines Liederbuchs mit Hoffmann v. Fallersleben geplant,
aber nicht ausgeführt. Reise Chamisso's nach Greifswald
und Rügen; Briefe an seine Frau. Die beiden ältesten
Knaben Ernst und Max, Briefe über und an dieselben.

Achtes Kapitel 171

Die von Hitzig gestiftete literarische Gesellschaft in
Berlin. Wilibald Alexis, Karl v. Holtei, Simrock, Cur=
tius, Sietze, de la Motte Fouqué, Immermann, Hegel,

IX

v. Eichendorff, Houwald, v. Chamisso, Wilhelm Müller, von der Hagen, Schall, Gubitz, Dr. Ernst Raupach, Achim v. Arnim, Hofrath Tietz, Schadow, Ludwig Robert, Streckfuß, Varnhagen, Zeune, Heinrich Stieglitz, Pius Alexander Wolff, Albini, O. v. Pirch. Saphir in Berlin, Matthisson, A. W. v. Schlegel. Chamisso's Lustspiel: Die Wunderkur. Ludwig Devrient. Verheirathung von Hitzig's ältester Tochter Eugenie.

Neuntes Kapitel 179

Chamisso's Reise nach Paris (1825). Aufnahme und Anerkennung des Dichters. Rückkehr nach Deutschland und Einzug im Hause Nr. 235 der Friedrichstraße mit seiner Frau, seinen beiden ältesten Knaben und einem Töchterchen. Der Musenalmanach, Herausgabe botanischer Werke, einer Schrift über die hawaiische Sprache und des dritten Bandes der Reise um die Welt. Haus, Garten und Familienleben des Dichters. Die alte Waschfrau. Das Jahr 1830. Die Julirevolution in Frankreich. Ihr Eindruck auf Chamisso. Die Cholera und ihre Vorläuferin, die Grippe. Chamisso erkrankt an ihr, seine Gesundheit seitdem erschüttert. Chamisso's 51. Geburtstag. Karl v. Holtei's Geburtstagsgedicht.

Zehntes Kapitel 189

Die Jahre 1832, 1833, 1834. Theremin, Chamisso's Schwiegermutter stirbt an der Cholera. Krankheitszustand und Kränkeln Antonien's. Chamisso in Reinerz und Charlottenbrunn. Tod Antonien's. Tiefe Trauer des Dichters über den frühen Heimgang der geliebten Lebensgefährtin. Auch sein Jugendfreund de la Foye hat die Gattin durch den Tod verloren.

Elftes Kapitel.

Erste Abtheilung 196

Chamisso's Ausflug nach Leipzig; seine Freude über den Eisenbahnverkehr. Gustav Schwab tritt vom Musenalmanach zurück, ihn ersetzen Scholl und Gaudy. Mit Letzterem übersetzt Chamisso Béranger's Lieder. Freiligrath, Chamisso's Urtheil über des Ersteren dichterische Begabung. Gaudy, seine Freundschaft und Verehrung für Chamisso.

 Zweite Abtheilung 207
 Unbekannte und ungedruckte Originalbriefe Adelbert's v. Chamisso aus dem v. Chamisso'schen Familienarchiv aus den Jahren 1819–1830.

Zwölftes Kapitel 237

Gesundheitszustand Chamisso's in der letzten Lebenszeit. Sein Gesuch um Versetzung in den Ruhestand, vom Ministerium Altenstein in ehrenvollster Weise gewährt. Todesahnungen. Letzte Krankheit, Tod und Begräbniß. Chamisso's Bestimmung über seine Bestattung. Allgemeine Trauer in Deutschland. Nachruf von Gaudy, Dingelstedt und Andersen. Charakterzüge Chamisso's. Die Chamissofeier im Hause 235 der Friedrichstraße in Berlin am 26. Juni 1880. Schlußbetrachtung.

Anhang I 259
Anhang II 267
Anhang III 273

Berichtigung.

S. 14. Zeile 4 von oben muß es heißen: statt Kuntz — „Kurtz".

Vorwort und Einleitung.

Der Name Adelbert's von Chamisso tönt am 30. Januar 1881 hinaus in die weitesten Kreise, die Säkularfeier seiner Geburt bekundet, wie tief seine genialen künstlerischen Gestaltungen auf dem Gebiete der Poesie in das Leben der Nationen, insbesondere des deutschen Volkes eingegriffen haben. Die Bedeutung des Mannes spiegelt sich schon in dem Jünglinge und wem gleich uns gerade der Werdegang eines hervorragenden Geistes, sein Kampf mit den Verhältnissen als hoch interessant erscheint, der wird nicht ohne Erhebung diesen Blick in das Leben eines so bedeutenden Mannes thun, dessen gesammtes Schaffen und Wirken das Gepräge zugleich eines anerkannten Naturforschers und Sprachgelehrten und einer gediegenen, bei aller Liebenswürdigkeit strengen, durch hartes Lebensgeschick zu einem größeren Ernst der Weltauffassung hingeführten Dichternatur zeigt. Soll doch die Nation es wissen, wie hart der Kampf um das Dasein dem edelsten ihrer Söhne wird; die Mühen des Kampfes erheben das Andenken desjenigen, der ihn erfolg- und siegreich bestanden hat, sie dienen dem Nachstrebenden zum Trost und zur Stärkung.

Charakteristisch für unsere Zeit ist das Verlangen ausgezeichnete Persönlichkeiten in ihrer ganzen vollen Entwickelung und Erscheinung zu kennen und zu begreifen. Einzelnes Große und Schöne, welches das Individuum schafft oder gestaltet, gewinnt sich wohl die Bewunderung und den Beifall der Zeitgenossen, aber um ein bedeutendes und dauerndes Interesse zu gewinnen, genügt die vereinzelte That, und wäre es die vortrefflichste, nicht mehr. Dazu bedarf es einer vollendeten, organisch aus den allgemeinen Bedingungen und Verhältnissen der gegenwärtigen Bildung entfalteten Lebensgestaltung. Wie die Menschheit selbst unablässig an einer großen Aufgabe arbeitet, so verlangt sie auch von jedem Einzelnen, daß er sich einen Theil an dieser Arbeit erwähle und diesen Theil gründlich und ganz bemeistere, und wie das allgemeine Bewußtsein von Zeit zu Zeit mit seinem Werden und Wirken abschließt und Rechnung hält, so soll auch der Einzelne mit Allem, was er gethan, gewollt oder geworden, sich vor ein gleiches Gericht stellen.

Die Bestimmtheit des thätigen Menschen entwickelt sich in dem Verhältniß zum Leben; es wird die sich bildende Kraft unter Einwirkung und Gegenwirkung durch Inneres und Aeußeres unablässig bewegt. In den vielfachen Conflikten und Kämpfen des stetem Wechsel unterworfenen Daseins steht der Mensch mit seinem Selbst, sich bekräftigend und festen Boden gewinnend handelt er. Erhält in diesem Läuterungsproceß die Freiheit die ihr gebührende Oberhand über die entgegenstrebende Nothwendigkeit der Natur, so ist das Produkt Originalität und wirkt diese in einem abgeschlossenen bestimmten Willen, so hat der Mensch Charakter.

Im Wollen vollendet er sich. Gesetz und Bestimmung lösen sich da mit der Thätigkeit in Eins auf und wie in dem Individuellen die Einheit der Natur, so wird hier die Einheit der Freiheit, welche auch die Natur beherrscht, sichtbar.

Charakter ist ein im Sinnen und Empfinden, im Wollen und Handeln in sich abgeschlossenes organisches Dasein, welches den Menschen als den Einen unter Allen, als den immer Gleichen offenbart, der bewährt, wie er durch eine freie Seele die Natur bezwungen, in sich eine ganze Welt aufgenommen hat, in ihm die Menschheit, welche nur der Gedanke begreift, zur Gestalt geworden ist und so sich eine Grundidee des Lebens ausspricht.

Ein solcher Charakter aber war in eminentem Grade Adelbert von Chamisso. Varnhagen bezeichnet ihn als eine der merkwürdigsten Gestalten seiner Zeit, als eine höchst eigenthümliche, wie sie einzig in jenen Zeitumständen entstehen konnte, als ein „Phänomen, das, wie es früher nicht da gewesen, auch in dieser Weise kaum wiederkehren wird." Die gewaltigen, aus dem Gegensatze der französischen und deutschen Nationalität entspringenden Widersprüche, Eigenheiten, Kämpfe, die bald im Innern des Gemüths, bald durch die äußeren Ereignisse in der damals so sturmbewegten Welt sich erkennbar machten, waren vollkommen dazu angethan, Menschen gewöhnlichen Schlags ganz oder theilweise umzuwerfen, sie fortzureißen, zu hemmen und zu beherrschen — aber über Chamisso's treue redliche

Seele, über seinen hochherzigen gestählten Charakter vermochten sie nichts. So gestaltete sich sein Lebenslauf schon für den äußeren Blick als ein außerordentlicher und bedeutender, während sich für den inneren eine noch reichere Welt eröffnete. Die Poesie ist eine heilige Kunst, eine sittliche Macht. Wer ihr Priester und Pfleger sein will, der muß rein sein an Herz und Hand; er muß der gebietenden Stunde gehorchen, in welcher der Gott ihn anrührt, will er anders von seinem Geiste einen Hauch verspüren. Und ein Zeuge der ewigen Wahrheit, ein Tröster der Menschheit, welcher er in silbernen Schalen die goldenen Aepfel der Kleinodien seiner Poesien darreichte, ist durch seine Dichtungen wie durch sein Leben Chamisso gewesen. Er vereinigt deutsche Klarheit und Schärfe des Gedankens, deutsche gemüthvolle Innigkeit und deutschen Ernst mit französischer Feinheit und Eleganz, mit französischer Heiterkeit und französischem Witze. Seine lyrischen Gedichte zeichnen sich durch große Tiefe und Zartheit der Empfindung aus, in seinen epischen Dichtungen läßt er die Charaktere und Seelenzustände in psychologischer Wahrheit hervortreten, ohne sich in unbestimmte Malerei zu verlieren. Ein Lieblingsdichter unseres deutschen Volkes ist er nicht nur durch seine hohe dichterische Begabung, sondern meist auch durch den trefflichen Sinn geworden, der seine Schöpfungen durchdringt. Ueberall tritt uns aus seinen Dichtungen die heiligste Liebe zur Wahrheit und zum Guten, der entschiedenste Haß gegen das Schlechte und Gemeine, namentlich gegen die Heuchelei entgegen. Daneben war ihm heißes Verlangen nach gründlichem Wissen eigen, mit großem Eifer und Erfolge erfaßte er die Naturwissenschaften; Alexander von Humboldt hat es mehrfach ausgesprochen, daß Goethe und Chamisso zu den größten Naturforschern zählen würden, wenn sie mit der ganzen Kraft ihres Geistes auf dieses Gebiet allein sich geworfen hätten.

Chamisso gehörte zu den auch dadurch besonders merkwürdigen originellen Dichtern, daß er in seinen Gedanken und Poesien stets den Nagel auf den Kopf traf und bei allen Volksklassen ein Zujauchzen und einen zündenden Beifall erregte, die eben bewiesen, wie der Meister den besten Schuß gethan. Ich erinnere nur an das hübsche Gedicht, welches von dem Lemberger Juden sagt, der dem Steinwurfe eines Studenten auswich: der zertrümmerte eine Scheibe und der Jude wurde angehalten, die Scheibe zu bezahlen, denn hätte er sich nicht gebückt, so wäre die Scheibe nicht zertrümmert worden. Wie bekannt ist und wie erheiternd wirkt unverändert das Lied: „der Zopf, der hängt ihm hinten" (eine tragische Geschichte: es war Einer, dem's zu Herzen ging u. s. w.). Ebenso bekannt ist Chamisso's geflügeltes Wort:

„Das ist die Zeit der schweren Noth",
was zuerst in einem im Juni 1813 von Chamisso an Hitzig, den Herausgeber des neuen Pitaval, aus Kunersdorf geschriebenen und von Fontane (Wanderungen durch die Mark) mitgetheilten Briefe vorkommt, wo es heißt:

„Gott verzeihe mir meine Sünde, aber es ist wahr:
Das ist die schwere Zeit der Noth,
Das ist die Noth der schweren Zeit,
Das ist die schwere Noth der Zeit,
Das ist die Zeit der schweren Noth.

Da hast Du ein Thema." — Diese vier Zeilen führe
in Chamisso's Werke jetzt den Titel: "Kanon".

Chamisso's eigner Wahlspruch war, wie seine Kinde
ihn aus seinem Munde gehört, in seinem Leben ihn stet
befolgt gefunden und ihn mir mitgetheilt haben:

"Wo Deine Bahn Dich hingeführt hat, da laß
keinerlei schlechtes Andenken zurück".

Er ist auch der Seinigen Richtschnur geworden. Wei
hervorragende dichterische Gestalten wie die Chamisso's nu
schwer in ihrer Vollständigkeit und wahren inneren Be
deutung erkannt werden, scheint das Interesse an ihm un
den aus den geheimsten Tiefen des Menschenherzens vo
ihm angeschlagenen Tönen in neuerer Zeit etwas mehr i
den Hintergrund getreten zu sein.

Der goldene Inhalt seiner Poesien, welche zu der
edelsten und duftendsten Blüten unserer Lyrik gehören
half dem auf französischer Erde geborenen Dichter in
Herzen des deutschen Volkes einen festen Platz zu gewinnen
Er wurde einer seiner Lieblinge —

"war er auch Fremdling unserm deutschen Norden,
in Sitt' und Sprache andrer Stämme Sohn,
— wer ist wohl heimischer ihm worden?"

Kein geborener deutscher Meister dürfte sich der Form
schämen, die Chamisso seiner Poesie gab, in Terzinen
übertraf er alle Andern. Aber auch im Uebrigen beherrscht
er die Sprache so sehr, daß er es in der Nachbildung der
Formen aus den Sprachen der verschiedensten Nationen,
von denen ihm nur die russische ganz unsympathisch ge:
blieben, zur höchsten Vollkommenheit gebracht hat. Ur:

sprünglich gehört sein Dichten der Richtung an, welche durch die romantische Schule vertreten wurde. Er war aber eine viel zu objectiv anschauende Natur, als daß er sich dauernd mit dieser exclusiven Richtung hätte verständigen können.

Mächtig strebte der Wunderbaum des Dichters empor und breitete seine reich blühenden Aeste vom Lande der Alpen bis zu den Ufern aus, wo die Ostsee rauscht. In den letzten Jahrzehnten seines Lebens und im ersten Jahrzehnt nach seinem Tode hat Chamisso von allen Seiten die vollen Ehren erfahren, die Deutschland ihm schuldete. In hohem Grade erfreute auch den Dichter das Urtheil des kunstsinnigen Königs Friedrich Wilhelm IV., das erst nach Chamisso's Tode durch seinen Biographen Hitzig bekannt wurde.

Der edle Fürst schreibt am 16. März 1836 als Kronprinz dem Dichter unter Anderm: „ich hatte ein gutes Theil Ihrer Gedichte, die einmal wirklich Gedichte und nicht Versereien sind, gelesen, ehe Sie mir solche gesendet — Ihre Strophen an Boncourt möchte ich singen hören! schon beim Lesen gehen Einem die Augen über und man gibt unwillkührlich Ihnen selbst den Segen zurück, welchen Sie dem Ackerer auf der theuren Stelle zurufen."

Nach seiner Erziehung, nach seinem Charakter war er im wahren, im besten Sinne des Wortes ein Edelmann, seine Ansichten über das Leben in der Politik waren zu allen Zeiten volksthümlich liberal (wie viele Stellen in den Briefen beweisen).

Nach der Beendigung der Reise um die Welt erhielt

er vom Kanzler Grafen v. Romanzoff eine goldene Tabatière für seine Betheiligung an derselben. Ihm hat stets diese Art der Anerkennung als nach seiner Ansicht nicht recht passend mißfallen.

Als einst in jungen Jahren ein Sohn von ihm ein Lied summte „der Cujon Napoleon"

> „schlag ihn todt
> Patriot,
> mit der Krücke
> ins Genicke
> den Cujon
> Napoleon!"

gerieth er in große Aufregung, diese Art der Verhöhnung eines Mannes streng tadelnd und zurückweisend. Er war demnach durch und durch ein Deutscher, hatte 1806 als Lieutenant, nachdem ihm der Abschied verschiedenemale abgeschlagen, die schmachvolle Uebergabe von Hameln mit tiefem Schmerze (Brief Hameln, 22. Nov. 1806) erlebt, und da er nicht ins Heer eintreten durfte, gebunden durch sein Ehrenwort (1806), nicht gegen Frankreich zu dienen, so half er den Landsturm ausbilden, um auch etwas zu thun zur Vertheidigung seines neuen Vaterlandes. Nicht richtig ist es, wenn behauptet wird, Chamisso sei 1806 auf Urlaub in Frankreich gewesen. Vielmehr war er nach der Kapitulation von Hameln Kriegsgefangener und hatte, wenn auch mit innerem Widerstreben, so doch als preußischer activer Offizier dazu genöthigt, gegen seine französische Heimat im Feld gestanden.

Als einer seiner Söhne sich bei einem Regiments-

Kommandeur als zu seinem Regiment durch Kabinets-Ordre versetzt meldete, schien dieser nicht zufrieden, nicht darüber gefragt zu sein. „Was war Ihr Vater?" Diese Frage wurde so beantwortet, wie Adelbert v. Chamisso sich selbst zu nennen pflegte: „Doktor!" — „Doktor?" — „Doktor der Philosophie!" — „Was?" „Custos des Königlichen Herbariums!" — „Was?" „Mitglied der Akademie der Wissenschaften!" — „Was?" „Dichter!" — Auch das befriedigte nicht. „Er war auch Premier-Lieutenant außer Dienst!" — „Nun, warum haben Sie das nicht gleich gesagt? Nun, was Seine Majestät befiehlt, soll mir auch recht sein!"

Dingelstedt nennt Chamisso einen Fels mit scheitelrechten Wänden, der, ein „Salas y Gomez," aus der Flut rage, von Wellendrang umbraust von allen Enden. Der Herr legte dem geweihten Sänger auf die Lippen, was er den Völkern verkündigen, welche himmlische Botschaft er ihnen bringen sollte.

„Er sang von allem Süßen, was Menschenbrust durchbebt,
Er sang von allem Hohen, was Menschenherz erhebt."

Um ihn, den **deutschen Dichter**, trauerte das deutsche Vaterland als einen seiner besten und edelsten Söhne, als um einen seiner geweihten Sänger,

„welchem Phöbus die Augen, die Lippen Hermes gelöset
Und das Siegel der Macht Zeus auf die Stirne gedrückt."

Als am 21. August 1838 sich für dieses irdische Leben zwei Augen schlossen, groß und feurig, deren Licht eine Seele ausstrahlte, die in kindergleicher Naivetät in dem Weltverkehr sich bewegte, in den sie das Geschick geworfen,

als ein großes Dichterherz brach, das voll zündender Glut
die ganze Welt umschlungen hielt, erinnerte Dingelstedt
durch mächtige, des Sängers von Salas y Gomez würdige
Terzinen das deutsche Volk an die Größe seines Verlustes.

    „Kommt, führt mich an den engbeschränkten Port,
    Darin der Weltumsegler sich gerettet!
    Ihr zeigt auf jene dürre Scholle dort,
    Wo heut das erste Herbstlaub niederregnet,
    Dort ruht er! sagt mir euer Trauerwort.
    O sei, du heilig Dichtergrab, gesegnet,
    Du birgst ihn, dem mein Geist viel tausendmal,
    Mein sterblich Auge nimmermehr begegnet.
    Nun schläfst Du in der fremden Erde schon,
    Und die den Wandernden nicht konnte wiegen,
    Beut ihm ein Grab mit Lorbeer und mit Mohn."

Der Dichter, dem das göttliche Kleinod der Poesie als
Geschenk des Himmels in die Brust gesenkt ist, in dessen
reinem Gemüt die Welt sich, die ewige, spiegelt, hat, gleich
dem Sänger Homer, für alle Zeiten die Unsterblichkeit errungen;
die Thaten seines Genius starben nicht, sie wurden
und werden erst recht lebendig. Die Werke großer Männer
auf den Gebieten der Kunst und Wissenschaft schreiten wie
glänzende Meteore erst dann über der Erde, wenn die
Meister längst unter der Erde schlummern.

    Lodert denn fröhlich und festlich auf, zunächst in allen
deutschen Herzen und Gauen, ihr Flammen, zur Feier der
100jährigen Geburt Adelbert's von Chamisso, welches
Fest zwei Nationen jubelnd zu begehen in erster Linie berufen sind!

    Es ist von früh auf mein Lieblingswunsch gewesen, die

Lebensgeschichte des großen Dichters zu schreiben, zu dessen Gedichten und seiner wundersamen Geschichte Peter Schlemihls ich mit Liebe, Ehrfurcht und Begeisterung von jeher aufgeblickt habe. Ich sah in ihm vorzugsweise den König-Dichter, von dem Emanuel Geibel singt:

> „Der Dichter steht mit dem Zauberstab
> Auf wolkigem Bergesthrone,
> Und schaut auf Land und Meer hinab
> Und blickt in jede Zone.
> Für seine Lieder nah und fern
> Sucht er den Schmuck, den besten,
> Mit ihren Schätzen dienen ihm gern
> Der Osten und der Westen.
> An goldnen Quellen läßt er kühn
> Arabiens Palmen rauschen,
> Läßt unter duft'gem Lindengrün
> Die deutschen Veilchen lauschen.
> Er läßt das weite unendliche Meer
> In seine Lieder wogen,
> Ja Sonne, Mond und Sternenheer
> Ruft er vom Himmelsbogen."

Mein Wunsch wurde mir dadurch, daß ein günstiges Geschick unerwartet mich in nähere Berührungen und Beziehungen zu den Söhnen Adelbert's von Chamisso brachte, mit einem Male erfüllt. Von ihnen hatte zunächst Herr Major von Chamisso in Wiesbaden mir aus dem Nachlasse seines Vaters eine größere Sammlung noch unbekannter französischer Briefe mit dem Bemerken anvertraut, daß diese von Adelbert von Chamisso an seine nächsten Verwandten und Freunde gerichteten Originalbriefe eine Menge interessanter Einzelheiten enthielten, welche nicht allein verdienten, in weiteren Kreisen bekannt zu werden, sondern auch zur Zeichnung eines noch zutreffenderen Charakterbildes des großen Dichters im höchsten Grade geeignet erschienen. Ich habe diese Briefe, welche erst nach dem Tode der Personen, an welche sie geschrieben wurden, d. h. vor wenigen Jahren, von Frankreich wieder nach Deutschland gekommen und an die Söhne des Dichters gelangt sind, einer sorgfältigen Durchsicht und Prüfung unterworfen.

Entsprechend dem Verlangen der hochverehrten Familie des Dichters und nach eigenem Wunsche sind diese Blätter entstanden. Es soll die neue Lebensgeschichte des Dichters zugleich eine Huldigung sein, dem Andenken des Unvergleichlichen geweiht, dem ein Denkmal noch nicht errichtet worden, dessen Name nicht einmal eine der vielen neuen Straßen in Berlin trägt, dem deutschen Volke gewidmet, welches Chamisso eine nie abtragbare Summe des Dankes schuldet und wohl schon deshalb diese Anregung freudig begrüßt.

Die bisherigen Biographen Eduard Hitzig und Friedrich Palm haben ihre Aufgabe, ein treues Gesammtbild des Lebens und Schaffens Adelbert's v. Chamisso zu geben, in vorzüglicher Weise gelöst. Hitzig unternahm diese Lebensbeschreibung nicht allein auf Varnhagen's Aufforderung, sondern zugleich auch auf Chamisso's schriftlich niedergelegten Wunsch: „Hitzig solle, wenn er ihn überlebe, eine Auswahl aus seinen nachgelassenen Papieren herausgeben und eine biographische Notiz vorausschicken."

Palm, dem Hitzig kurz vor seinem Tode außer anderen Chamisso betreffenden Papieren auch einige Blätter, welche über Letzteren Notizen enthielten, übergab, übernahm auf Wunsch der Familie des Dichters, der er selbst durch seine Frau angehörte, die Besorgung einer neuen Ausgabe seiner Werke und einer Vervollständigung seiner Lebensgeschichte.

Beide Männer gingen von dem Grundsatze aus, bei Benutzung des ihnen gebotenen reichen Materials den Dichter durch sich selbst in seiner ganzen Eigenartigkeit darstellen zu lassen und vom Eignen nicht mehr hinzu zu thun, als dringend nöthig sei, den Zusammenhang da herzustellen, wo die Originalurkunden Lücken enthielten oder zu Unklarheiten Veranlassung geben könnten. —

Die mir anvertrauten noch unbenutzten französischen Briefe enthalten nichts, was den Mittheilungen beider Biographen widerspricht, aber in Verbindung mit mancherlei weiterem Material, welches noch lebende Zeugen, die dem Dichter persönlich nahe gestanden und mit ihm unmittelbar näher verkehrt haben, mir mitgetheilt, Manches, was dazu angethan ist, mehr Leben, Licht, Farbe und klareres Verständniß in das Charakterbild des Dichters zu bringen, sobaß ich auf Wunsch seiner Söhne es unternommen habe, zur Säkularfeier seiner Geburt seine Lebensgeschichte in lebevollem Zusammenhange zu erzählen und die vorhandenen Quellen mit den neuen zu einem Gesammtbilde zu vereinigen.

Erstes Kapitel.

Adelbert von Chamisso, eigentlich Louis Charles Adelaide wurde am 30. Januar 1781 auf dem Schlosse Boncourt in der Champagne geboren. Von den meisten Literarhistorikern (Goedeke, Vilmar, Kunz, Pischon u. A.), fast in sämmtlichen Antologien und auch in Brockhaus' Conversationslexikon ist als Geburtstag des Dichters der 27. Januar angegeben.

Hitzig sagt in seiner den Werken vorausgeschickten Biographie des Dichters: „geboren in der letzten Woche des Januar 1781, getauft am 31. Januar," und Chamisso erzählt Bd. III. S. 64: „Am 31. Januar 1816 ward in der Nähe des Kap Vittoria mein 34. (geboren 1781 — soll also wohl heißen: 35. oder 36.) — Geburtstag oder vielmehr Tauftag gefeiert. (Wann und ob ich überhaupt geboren bin, ist im Dokumente nicht verzeichnet, Zeugen sind nicht mehr zu beschaffen und es streitet nur die Wahrscheinlichkeit dafür)."

Auf der das Grab des Dichters deckenden Granitplatte ist als Geburtstag der 30. Januar genannt.

Ich habe diesen verschiedenen Angaben gegenüber meine Nachforschungen fortgesetzt und bin so glücklich gewesen, am Schlusse eines an seinen Bruder Hippolyt gerichteten Briefes des Dichters folgende Bemerkung von seiner Hand zu finden:

„30. Jan. 1821: J'ai **aujourd'hui** 40 ans; comme le temps passe! fait courir cette onnonce, si tu en as l'occasion."

Der Vater des Dichters war Louis Marie comte de Chamisso, Seigneur de Boncourt, französischer Offizier und seine Mutter Marie Anne Gargam. Adelbert hatte vier Brüder: 1) Hippolyt, geb. 1769, gest. 1841; 2) Prudens, geb. 1771; 3) Karl, geb. 1774, gest. 1824; 4) Eugen, früh gestorben und eine Schwester, welche ein Jahr älter war als Adelbert und 1846 gestorben ist. Karl bekleidete, dem Rang seiner Familie entsprechend, die Stelle eines Präfekten.*)

Hippolyt stand von den Brüdern Adelbert am nächsten und blieb bis zu dessen Tod mit ihm in lebhaftem brieflichen Verkehr. Er war Leibpage Königs Ludwig XVI. und in dessen unmittelbarer Umgebung bis zu seiner Gefangennahme in St. Menehould. Karl, der an Hippolyte's Stelle Leibpage geworden, war um die Person des un-

---

*) Daß die Familie v. Chamisso von ältestem besten Adel, haben Hitzig und Palm überzeugend nachgewiesen. In einer solchen durch und durch edelen Familie geboren und bei solchen Traditionen (Adelbert's Großvater z. B. erhielt für bewiesene Bravour in einer entscheidenden Schlacht [1709] von Marschall Villars, dem Heerführer, einen Degen und ernannte dieser den jungen Fähnrich sogleich zum Hauptmann) begreift es sich, daß unser, solcher Ahnen stets würdiger Dichter jederzeit durch und durch in seinen Anschauungen ein Edelmann in des Wortes bester Bedeutung geblieben ist.

glücklichen Monarchen am 10. August 1792, dem Todestage so vieler Franzosen aus den ersten Adelsgeschlechtern. In seiner Treue wurde er im Dienste des Königs zerschlagen und verwundet, der in seiner Dankbarkeit dem jungen Manne heimlich einen Degen zustecken ließ, den der König in besseren Zeiten selbst getragen, nebst einem kleinen Stück Papier, worauf Ludwig XVI. eigenhändig die Worte geschrieben hatte:

„je recommande M. de Chamisso, un de mes fidèles serviteurs, à mes frères; il a plusieurs fois risqué sa vie pour moi.   Louis."

Dieses merkwürdige Billet und der Degen sind noch vorhanden und werden in der Familie v. Chamisso als theure Vermächtnisse aufbewahrt.

Die Eltern Adelbert's lebten bis zum Ausbruche der französischen Revolution ruhig auf ihrem Schlosse und Stammgute Boncourt. In Folge der Revolution aber wurde dieses Schloß der Erde gleich gemacht, dessen Chamisso mit treuer Liebe in dem weltberühmten Gedichte: „Schloß Boncourt" gedenkt, dem sich nur sehr wenige unserer neueren lyrischen Produkte an die Seite stellen dürfen. Gar nichts wurde von zahlreichen Schätzen gerettet, welche des Dichters schöne Heimath barg und worunter sich der Degen des Marschalls Villars befand.

Boncourt lag am Saume eines Waldes in der Nähe von Villers bei St. Menehould. Eine Branche der Familie ist dort begütert und führt den Namen von Chamisso de Villers. Schloß Boncourt war bei Beginn der Revolution erst von Grund aus restaurirt. Hierin lag wohl die Ursache, daß es so schnell und völlig zerstört wurde, um die Materialien zu benutzen. Die Güter wurden confiscirt und verkauft. Jetzt ist jede Spur der Ruinen verschwunden und Alles Ackerland.

Die Grundlage der wahren Freiheit ist nur unter dem Schilde des Rechtes, der Sitte und besonnener Mäßigung zu finden, es muß das Neue aus dem Alten wie ein junger Sprößling hervorwachsen. Das ist die Verbesserung des Zustandes der Völker auf geschichtlichem Wege. Wenn aber alle Stämme des alten Waldes mit einem Male gefällt werden, so fehlt dem jungen Anwuchse jede Schutzwehr gegen die Stürme. In Frankreich trat neben dem frechen Königsmord der kalte berechnete Mord der besten und edelsten Geschlechter des französischen Volkes. Alle Scheu vor dem, was heilig ist, abwerfend, stürzten die heillosen Revolutionsmenschen die Altäre der Religion um, weihten ihrer eigenen bodenlosen Vernunft Tempel, erfrechten sich, das Dasein des allmächtigen Gottes weg zu dekretiren und riefen unter Blut und Mord, unter dem Klang der Sturmglocke ihre Verfassungen als Meisterstücke ewiger Dauer aus, die aber unversehens wie Kartenhäuser zusammenstürzten. In unzähligen Massen entfloh, wer es vermochte, dem französischen Boden. Auch Chamisso's Eltern mit dem erst neunjährigen Adelbert, seiner Schwester und seinem Bruder Eugen suchten zuerst Zuflucht in den Niederlanden und 1793 in Lüttich, von wo sie bei Annäherung der republikanischen Heere unter Pichegru vertrieben wurden und nach Würzburg und später nach Bayreuth sich wandten.

In Würzburg beschäftigte sich Adelbert vorzüglich mit Miniaturmalen und machte sich dabei die genaue, bis ins Kleinste durchgeführte Sorgsamkeit im Zeichnen zu eigen, welche ihm in späteren Zeiten beim Zeichnen seiner

Pflanzen so sehr zu statten kam. Von seiner künstlerischen Hand rühren nicht allein Zeichnungen von Pflanzen, sondern auch Landschaften her in voyage pittoresque autour du monde von dem Maler der Expedition, Choris — Paris 1822.

Ueber diese Würzburger Periode schreibt Adelbert im Jahre 1800 an einen seiner Brüder, der nach Rußland gegangen war, um dort als Miniaturmaler sein Glück zu versuchen: „neulich fielen mir Deine Briefe aus der Zeit in die Hände, wo Du Dich in der Nähe von Moskau niederzulassen gedachtest. Was ist daraus geworden? O Eitelkeit menschlicher Pläne! . . . . Gott lenkt Alles! . . . . Als Graf von Chamisso zu Boncourt geboren, komme ich nach Würzburg, wo man berathschlagt, ob man mich zum Tischler machen soll; statt dessen werde ich wohldressirter Blumenverfertiger und Verkäufer zu Bayreuth; dann expedirt man mich als Porzellanmaler nach Berlin, wo sich eine glänzendere Carriere (erst als Page der Königin, dann als Offizier) vor mir aufthut; — werde ich nicht zur Klasse der schlichten und guten Bürger zurückkehren, die der Welt und ihrem Vaterlande nützen, Kinder, die wie wir einander lieben, zur Tugend und zum Glück erziehen und selbst das Glück von einer Frau empfangen, die dem Manne das ihrige verdankt?"

Ueber Chamisso's Kinderjahre hat seine Schwester seinem Freunde Hitzig die Mittheilung gemacht, daß er als Knabe immer nachdenklich und wortkarg, es vorzugsweise geliebt habe, sich abzusondern, um etwas zu lernen, oder über einen Gegenstand nachzudenken. Wäre er darüber — so erzählte die Schwester wörtlich — von seinen Spielkameraden geneckt und verspottet worden, so habe die Mutter, in deren Arme er sich gewöhnlich zu flüchten gesucht, den wilden Buben zugerufen: „Laßt ihn und quält ihn nicht; er wird euch alle dereinst in seiner Laufbahn überholen, wie er es jetzt euch schon in Folgsamkeit und Wissen zuvorthut!"

Für Adelbert's Jugend und damit für sein ganzes Leben war diese Zeit der Lostrennung von der Heimath von schweren Folgen. „Ich stand — sagt er selbst — in den Jahren, wo der Knabe zum Manne heranreift, allein, durchaus ohne Erziehung; ich hatte nie eine Schule ernstlich besucht. Ich machte Verse, erst französische, später deutsche."

Durch Prudens' Vermittelung erhielt Adelbert vom Mai 1796 an eine Stelle als Page bei der Königin Luise, Gemahlin Friedrich Wilhelm's II., Mutter König Friedrich Wilhelm's III. und Großmutter unseres allverehrten deutschen Kaisers Wilhelm. Hier fand er ausreichende Gelegenheit, sich für den preußischen Kriegsdienst auszubilden, dem er sich widmen wollte. Da auch sein Bruder Eugen in das Kadettenhaus aufgenommen war, suchten die Eltern Adelbert's um die Erlaubniß, sich in Berlin niederlassen zu dürfen, bei dem Könige nach, welcher eigenhändig antwortete: „j'ai reçu votre lettre, par celui de vos fils qui dans un talent de pur agrément a puisé les sources honorables qui soutiennent aujourd'hui sa famille. Quand on a élevé ainsi ses enfants, on doit sans doute les aimer doublement et doublement souhaiter à se rapprocher d'eux, et je vous accorde avec plaisir la permission de venir avec votre famille vous établir à Berlin auprès des deux fils que vous avez eu la satisfaction d'y voir placés. Sur ce, je prie Dieu, qu'il vous ait en sa sainte et digne garde.

A Potsdam, ce 2. Juin 1796.

Frédéric Guillaume."

Adelbert wurde unter die Zahl der Pagen d[er] Königin aufgenommen. Die gütige Fürstin ließ es ab[er] bei dieser Auszeichnung nicht bewenden. Durch ihre Für[sorge] erhielt Adelbert nicht allein umfassenden Priva[t]unterricht, es wurde ihm auch gestattet, an dem öffentliche[n] Unterricht in dem französischen Gymnasium zu seiner we[i]teren Ausbildung Theil zu nehmen. Er zeichnete sich bal[d] so vortheilhaft aus, daß er im März 1798 zum Fähnri[ch] und im Januar 1801 zum Lieutenant in dem zur Be[satzung Berlins gehörigen Regimente von Goetze e[r]nannt wurde.

Der Pagendienst sagte Adelbert nicht zu. Zu jene[r] Zeit fuhren die Pagen, auf dem Wagentritte stehend. E[r] hatte den Unterricht in französischer Sprache im collèg[e] français und lernte wohl erst ernstlich deutsch, als er i[n] den Dienst getreten war. Als Lieutenant soll er manchm[al] zerstreut, auch im Anzuge ungenau gewesen sein. In d[en] späteren Jahren träumte er öfter, daß er ohne Degen a[uf] der Parade erschienen sei und das „aber, Herr Lieutena[nt] in des Dreideibelsnamen" klang ihm noch in den Ohre[n.] Auf der Wache in Berlin lernte er Griechisch, währe[nd] die Kameraden um ihn herum rauchten, Karte spielten un[d] sich sonst amüsirten. Auch schrieb er als Secondelieutena[nt] seine Doktordissertation und, als er die Doktorwürde e[r]halten, sagte er in seiner humoristischen Weise: „jet[zt] endlich bin ich Lieutenant in der Philosophie und Dokt[or] im Regiment Goetz."

Des Dichters schlimmste Prüfungen scheinen in d[ie] Jahre gefallen zu sein, die er als Offizier in der Preußisch[en] Armee verlebte, von deren damaligen Zuständen (in d[en] letzten Jahren des vergangener Jahrhunderts nach d[em] glorreichen Ruhmperiode unter dem großen König Friedrich II. bis dicht zu der Zeit vor der Schlacht bei Jena) Chamisso in den Briefen an seine nächsten Familienangehörigen haarsträubende Schilderungen entwirft. Er hatte den militärischen Beruf mit Begeisterung ergriffen und widmete sich ihm mit dem größten Eifer. Allein als er die damaligen Verhältnisse näher kennen lernte und die Ueberzeugung gewann, daß die deutschen Heere jener Zeit der vortheilhaften Meinung nicht entsprachen, die man von ihnen hatte, erkaltete sein Eifer. Er zog sich daher von dem Umgange mit seinen Kameraden zurück und widmete sich mit Beharrlichkeit philosophischen, literarischen, und historischen Studien. Die Biographie hat diese unerquicklichste Periode im Leben des Dichters nur mit wenigen Strichen gezeichnet.

„Kein Volk, kein Vaterland, einzeln müssen wir's treiben", klagte damals Chamisso — „ich erschrak und wischte mir die Thränen, die rollenden von den Wangen. Ich liebe mein Volk und Land. Für mich ist in diesem Jahrhundert kein Degen gewachsen, zur Feder muß ich mich retten. Mein Vater ist gestorben, meine Mutter ist gestorben. Nur ein Fremder kann ich in den Häusern meiner Angehörigen sein, ich habe kein Haus mehr. Das Alte ist nicht mehr, noch nicht das Neue. Ich stehe allein, allein! gieb mir freundliche Worte, lieber Karl (Varnhagen). Frankreich ist mir verhaßt und Deutschland ist nicht mehr und noch nicht wieder" (aus den Briefen Chamisso's an Varnhagen im J. 1806).

Männer wie Heinrich v. Kleist konnten in jener höchst bewegten Zeit im Leben die Stelle nicht finden, die ihnen zusagte, und die Phantasie vermochte nicht ihnen den

Verlust der Wirklichkeit in irgend einer Weise zu ersetzen. Sie hatten ihr Vaterland, ja Deutschland und mit diesen höchsten Gütern sich selbst aufgegeben. Den gewöhnlichen Menschen ängstigen die Widersprüche seines Wesens nicht oder wenigstens nicht für längere Zeit, sie beschwichtigen sich bald in den Gewohnheiten, in den wiederkehrenden Beschäftigungen und Zerstreuungen des Lebens. Anders bei Menschen, welche immer Trieb und Enthusiasmus zu den Wissenschaften führen, vorzüglich bei Künstlern, Dichtern und Forschern, welche mehr oder minder den Trübsinn, den die Widersprüche der gewöhnlichen Welt und die Unbekanntschaft des eignen Innern erregen, niederzukämpfen und zu überwinden haben. Meist sorgt ein günstiges Geschick dafür, daß ein leichter Sinn solche Männer von ausgezeichneter Begabung tröstend über diese gefährlichen Klippen leitet oder daß sich die Krankheiten der Phantasie durch die Phantasie selbst heilen, wohl auch daß die hohe Erscheinung der Natur oder Religion und Philosophie das Herz beruhigen und es so bedeutsam organisirten Naturen vergönnt wird, ganz und mit voller Seele ihrer Kunst und Wissenschaft zu leben, so daß sie aus ihrem Innern die Welt und ihre Erscheinungen begreifen und wieder das Leben und dessen Ereignisse ihr Gemüth mit immer neuen Gestaltungen erfrischen. Die Lage Deutschlands, die trübe Aussicht in eine drohende Zukunft — verwirrte den Dichter des Hermann, der Ode Germania, des Prinzen von Homburg 2c. und bemächtigte sich so seines Gemüthes, daß er sich selbst den Tod gab.

Ganz anders hat vermöge des ihm besonders eigenen, im Eingange dieser Biographie näher dargestellten Charakters Adelbert's v. Chamisso die Conflicte seiner Dichternatur mit der Wirklichkeit bestanden und so zuletzt mehr und mehr, in immer größerer Vollendung die geistige Sammlung und Beruhigung gefunden, welche beim Schaffen und Gestalten poetischer Gebilde unerläßlich und, um die Beschwerden und Freuden des Daseins zu tragen, nicht zu entbehren sind.

Zweites Kapitel.

Adelbert's Eltern und seine Schwester waren inmittelst, da der damalige erste Consul Napoleon den Emigranten die Erlaubniß zur Rückkehr in ihr Vaterland gestattet hatte, wieder nach Frankreich gegangen.

Die Trennung von den Seinigen wurde dem tieffühlenden Dichter schwer, der Gedanke an die Heimkehr nach Frankreich und das Verlangen, in sein Heimathland zurückzukehren, erfüllt — nach seinen Briefen zu urtheilen — noch lange seine Seele, es gewinnt aber fast den Anschein, als wenn es im Plane des allmächtigen Lenkers der Welten gelegen hätte, daß er auf deutscher Erde ein Heim sich gründen, ein durch und durch deutsches Wesen annehmen und zu dem großen deutschen Sänger heranreifen sollte, dessen melodische und ergreifende Lieder unser deutsches Volk so gern liest, recitirt und singt. Auch Chamisso's Eltern bestimmten ihn, in Berlin zu bleiben.

Die Stimmung des Dichters zu jener Zeit zeichnet am Zutreffendsten die Stelle aus seinem Liede von der Erinnerung:

„Trauer umwölket den Blick, fern, fern von des Vaterlandes
Schöner besonneter Flur klagt der Verbannte das Leid.
Trauer umwölket den Blick, ach, nicht in der Sprache der Väter
Hebt er der Wehmuth Gesang fern von Lieben und fremd."

Den kindlichen — dem Dichter besonders eigenartigen — Grundzug seines liebenswürdigen treuen Charakters ergeben überall auch die folgenden Briefe aus seiner frühen Jugendzeit (aus dem Jahre 1800 und 1801).

1. An seine Eltern: „Ich werde nie deshalb mit einem Andern zusammenziehen um billiger zu wohnen und dadurch den geringen Rest von Freiheit, den wenigstens meine traurige Isolirung mir läßt, verlieren; ich werde mein eigenes Logis haben, sollte ich es auch unter dem höchsten Dache suchen. Ein treuer Pudel wird, zu meinen Füßen kauernd, mich über das Gefühl der Einsamkeit hinwegtäuschen. Meine rechtschaffenen Wirthe werden mich in meinem kleinen Dachstübchen zum mäßigen Preise von 1 Thaler monatlich (!) behalten und da werde ich mich mit Euch beschäftigen, mich in den Kreis meiner Lieben versetzen, Eure Briefe wieder lesen und Euch selbst lange, neue Briefe schreiben. Ich werde wenig Umgang haben, mir aber ein kleines Maleratelier einrichten und die Abende werden mit Schiller und Goethe und meinen anderen lieben deutschen Poeten in einer höheren Welt verlaufen."

„Ich will Euch Rechenschaft geben von einem der schmerzlichsten Augenblicke meines Lebens, von einer vielleicht ewigen Trennung von Allem, was mich an das Dasein fesselte. Am 3. d. M. (Febr. 1801) haben meine Eltern (so schreibt er an seine Freunde) Mittags die Reise angetreten und gestern habe ich schon Nachricht von Potsdam erhalten ... Theure Freunde, ich bin sehr bewegt gewesen, aber der Kummer kann meinen glücklichen Charakter nicht überwältigen; nur ein leichter Hauch von Melancholie ist zurückgeblieben. Die Schwärze (le noir), die Euch meine

Tinte manchmal zufließen läßt, ist auch mehr ein Product der Reflexion als das Gift einer wahrhaft tief getroffenen Seele ... Mein Leben ist sehr billig. Die Abendmahlzeiten kosten gewöhnlich 2 Gr. 6 Pf.; der Bursche (le bourche) monatlich 1 Thr. 12 Gr. Meine Wohnung wird mir auf 3 Thlr. monatlich zu stehen kommen. Ich habe noch keinen Pudel als treuen Gefährten meiner Einsamkeit, ebensowenig ein Maleratelier."

2. An seinen Bruder Hippolyt, der in Zweifel war, ob er sich mit Camille verloben solle:

"Einige Deiner Einwürfe sind sehr stark, sind betrübend; ja mein Freund, wir haben keinen Stein, auf den wir unser Haupt niederlegen können, um auszuruhen. Aber eine gerechte Hoffnung bleibt uns, und, mein Freund, da jene Klugheit, welcher Du den stolzen Namen der Weisheit beilegst, nur Dein Unglück herbeiführen kann, so fordere von einer günstigeren Gottheit die Glückseligkeit, welche sie Dir verheißt. Ach, zeige mir nicht Sorgen und Dornen in dem Rosenparadies, welches ich hoffte sich Dir erschließen zu sehen! ... Ohne Zweifel wird Dir das Leben rauhe und schwere Pfade, Mühe und Arbeit nicht ersparen, aber Deine Freuden werden sich steigern durch das Bewußtsein, sie im Schweiße Deines Angesichts errungen zu haben, und Du wirst Dem, der Alles lenkt, noch für Dein Schicksal hienieden danken und ihm segnend sagen können: „Hättest Du mich unter die Reichen und Großen gestellt, so hätte ich vielleicht traurig als ihres Gleichen vegetirt, und der göttliche Lichtstrahl, der mein Leben erhellt und mein Herz belebt, wäre vielleicht erloschen." Du bist ohne Vorurtheil, Du hast die privilegirtere Klasse durchgemacht ohne sie um ihr Schicksal zu beneiden, hast die Hohlheit ihres Daseins und den trügerischen Schein ihrer Vergnügungen kennen gelernt.

Vergnügen giebt es für alle Menschen, glaub' mir, daß ich für alle ihre Gesellschaften nicht die wohlthuende Wärme des Sonnenstrahls in den ersten Frühlingstagen hingäbe, daß ich das wunderbar wechselnde Schauspiel der Natur, welches denen unbekannt bleibt, die es nicht mit meinem Herzen zu genießen wissen, all' ihren Redouten und Festen vorziehe. Sei auch ohne Vorurtheil für Deine Kinder: Du wirst ihnen Dein Leben, Deine Tugenden, Dein Glück vermachen, und wirst viel für sie gethan haben. Weißt Du denn nicht, daß nur der Reiche mit geizigen Augen die Zahl seiner Kinder sich vermehren sieht und seine aufgehäuften Schätze sich zerstreuen?

Die Kinder sind der Segen in den anderen Schichten der Gesellschaft, und wenn jemals in Deinen alten Tagen das Elend seine schwere Hand auf Dich legen wollte, so werden Deine Kinder für Dich thun, Hippolyt, was Du für Deine Eltern gethan hast, und Du kannst stolz auf Deine Kinder sein . . . Camille würde unglücklich werden ohne Dich und Du ohne sie; das Wort hat entschieden; nun, so stürze Dich in Dein Geschick; drücke das Diadem der Liebe auf Deine Stirn (enfonce le bandeau de l'amour sur tes yeux) und so lange Du kannst, mein Freund, lebe in der Feenwelt, die sich vor Dir aufthut."

Die Briefe seines Bruders Hippolyt, der ihn unter Anderm ermahnt, sich vor der Lectüre schlechter Bücher zu hüten, machen auf ihn einen tiefen Eindruck; er blickt zu seinem ältern Bruder empor wie zu seiner irdischen Vorsehung, gesteht ihm alle seine Schwächen und Fehler und bittet ihn um Rath und Führung, da er sich selbst zu schwach fühle, ohne Zaum und Zügel auf dem rechten Wege zu bleiben:

„Ich sage, mit mehr Demuth als Hochmuth, daß ich mich leicht zu vielen Thorheiten hinreißen lassen könnte: allein ein Führer wie Du und eine Hand wie die Deinige sind ein zu kräftiger Schatz ... Ich bin unzufrieden mit meinem Schicksal, und sich zu beklagen, ist dem Menschen natürlich. Vielleicht bin ich nur ein Narr wie die Anderen, und wenn mein Ideal sich verwirklichte, würde es nur neue Wünsche in mir erwecken. Doch Du hast mir immer Gerechtigkeit widerfahren lassen. Ich seufze ja nicht nach einer physischen Verbesserung, ich wünsche nicht eleganter zu wohnen, weicher zu schlafen, feiner zu essen, sorgfältiger bedient zu werden — Gott bewahre! — manchmal aber, wenn ich die stark hervorstehenden Muskeln meiner Glieder ansehe, gehen mir sonderbare Gedanken durch den Kopf."

3. An seine Schwester Luise am 5. Mai 1800:

„Du wirfst mir vor, liebe Freundin, hohle Nüsse zu knacken. — Ich glaube, es ist zum Theil wahr, zum Theil falsch. Jedoch behauptest Du, meine vernünftige Life, die Du das arme Geschlecht der Männer so gut kennst, es befremdend zu finden, daß ich mich beklage, zu gut zu sein, gerade als ob ich der einzige in diesem großen Babel der Welt wäre, der mit dieser Thorheit behaftet wäre. — Es ist wahr, daß es so süß ist, der lieblichen Sünde, der Faulheit zu huldigen, so daß es erstaunlich ist, daß mir mein grauer Rock mit entsprechenden Pantalons nicht zu meinem Glücke ausreicht. Nimm mir meine Unruhe, die mich quält, liebe Freundin, und alles ist in Ordnung, aber wahrhaftig, um offen mit Dir zu sprechen, ich glaube nicht, daß Deine prächtigen Redensarten es fertig bringen, sie sind nur Oel ins Feuer. Mein thierischer Körper, behaupte ich, ist wie der Hahn in der Pastete. Der Sybarit auf seinem Lager von Rosenblättern würde mich um die Süße meines Schlummers beneiden, niemals vielleicht hat ein Generalpächter das Vergnügen einer einzigen meiner Mahlzeiten genossen, mancher Trunkenbold würde gern den Genuß kennen lernen, den ich durch mein Brunnenwasser habe, und erst mein grauer Rock, oh, mein grauer Rock, ich würde ihn nicht gegen den schönsten Anzug der Welt vertauschen, z. B. gegen den des ersten Consuls, denn während mein Kopf sich lustig macht, stößt jener Seufzer aus, um Herzen aus Eichenholz zu spalten. — Eine gute Ehe scheint mir das Meisterstück der Schöpfung, nichts ist schöner in der Natur, als der Anblick zweier jungen Gatten, die ein Band noch fester als das der Liebe, die das heilige Band der Elternschaft vereinigt. — Welch trauriges Geschöpf ist der alleinstehende Mann, sich selbst überlassen, ist er nicht das vollkommene Wesen, er muß eine Gefährtin haben, ihm ähnlich, um ihm beizustehen, seine Existenz zu ertragen, um ihm ein Interesse auf dem düstern Pfade des Lebens einzuflößen. Elend ist auch das Wesen, dem man die Ketten einer verhaßten Ehe anlegt, oh! der ist sicherlich unglücklich, der beständig Galle trinkt aus dem Becher, wo die Lippen Ambrosia suchen müßten. Leider tragen unsere Verdorbenheit, unsere Sitten, unsere Vorurtheile, alles zusammen dazu bei, das Glück einer Ehe viel schwieriger und viel seltener zu machen, so daß selbst die Herzen, die dazu geschaffen sind, das Glück in dem Band der Ehe zu finden, davor zurückschrecken. Wenn ich auch ein bischen thörig bin, so bin ich doch nicht so närrisch, wie Du vielleicht glaubst. Ich sehe in der besten Ehe Kummer und Sorgen, aber meine Liebe, diesen Kummer selbst ziehe ich meiner Gleichgültigkeit vor, wie ich ein schönes Gewitter am Abend eines heißen Frühlingstages der Ruhe in der Natur im Dezember vorziehe. Ich bin ein feinfühliges Wesen, und werde so lange unglücklich sein, als diese Eigenschaft meines Wesens in meinem Innern nur thätig ist, um mich zu quälen. Sollte auch das Feuer in meinen Adern fließen, ich würde es dem Eise vorziehen, dessen Last mich ermüdet. Hier die allgemeine Auseinandersetzung der Frage, wir wollen sie jetzt betrachten, damit wir nicht zum zweiten Mal auf weitere Erörterungen verfallen. Ich glaube nicht, daß es immer nöthig sei, um in der Ehe glücklich zu leben, bei Knüpfung des Bundes das zu empfinden, was man eine leidenschaftliche Liebe nennt, denn es kann selbst die Binde des kleinen Gottes vor unsern Augen uns den geliebten Gegenstand in einem so anderen Lichte und mit solcher blinden Liebe verschleiern, daß es uns ergeht wie jenem Manne beim guten Lafontaine, der am andern Morgen ein Monstrum statt einer Frau fand. Ich glaube meines Charakters sicher zu sein. Die Frau, die es versteht, uns Achtung abzuzwingen, die wahr und offen suchen wird, das Glück eines braven Mannes zu machen, würde bald meine ganze Zärtlichkeit haben, und ich glaube sicher, ich würde auch ihr Glück machen können. Vor allem keine schöne Dame, keine elegante, kein Schöngeist, das übrige wird sich von selbst finden! Du sagst mir z. B., daß Tin .. ein Landmädchen sei, aber meine Liebe, blicke mir doch ein wenig ins Auge (und dazu habe ich Dir vor einigen Tagen Gelegenheit gegeben) und sage mir offen, ob ein Mädchen vom Lande nicht an der Seite meiner langen Gestalt besser aussehen würde, als irgend eine Stadtschönheit, die herabblicken würde auf diesen Querkopf, einen Mischling von zwei Nationen, von denen die eine ihn der anderen zuschiebt. — Du sagst, daß sie ohne alle Lebensart sei, nun bei Gott desto besser, Manieren lernen sich nur zu bald und zu leicht, Verstand, Geist, Bildung, alles das ist unabhängig von dem, wovon Du sprichst und viel wichtiger, und doch sagst Du kein Wort davon. Ich liebe bei weitem mehr den ungeschliffenen Diamant, als den, den ein anderer polirt hat, und frage einmal Karl selbst, ob nicht viele meinen Geschmack theilen.

„Gutes Kind", das will etwas sagen, gutes Kind, ja, ich liebe diese Eloge, ich schmeichle mir auch ein gutes Kind zu sein. Dabei kommt mir das Sprichwort in den Sinn: „Gleich und gleich gesellt sich gern!" Plaudere doch ein wenig mit mir, liebe Lise, in dem Sinn meiner Thorheiten, ich habe es so gern, mich in die Spiele der kleinen Kinder zu mischen. Verschmähe es nicht, liebe Freundin, manchmal dasselbe mit mir zu thun, mische die Spiele Deiner lachenden Einbildungskraft mit den Spielen meiner Phantasie, ich bin noch Kind in vielen Punkten. Deine Klugheit vermeidet es, zu sehr sich dadurch zu kompromittiren, daß Du ein bischen mit den Deinigen schwatzest, selbst wenn es ihnen gut thut. — Ich habe Dir paketweise geschrieben, ganze Ströme Tinte sind jedesmal meiner Feder entflossen, wenn sich eine Gelegenheit bot, es für Dich geschehen zu lassen. Alles das war noch unterwegs, und ich schäme mich nicht, es noch heute wie ein alter Gichtgeplagter zu wiederholen. Ja, selbst unter meinem lieben grauen Rock, meine Liebe, schlägt mein armes Herz traurig den Takt zu der ebenso traurigen Musik meines Lebens, und dieselben Melodien bringen dieselben Noten, wenn man sie auf's Papier bringen will. Ich sehe Euch Alle viel vernünftiger, als mich selbst. Ich spiele unter Euch die Rolle des kleinen Jungen, dem man zuhört, wenn er schwatzt, dessen Naivetät manchmal Lächeln, zum Oeftern aber Achselzucken verursacht. Auch ich könnte eine gewiegtere Persönlichkeit vorstellen, aber ich bin nicht im Stande, alles das für mich zu behalten, was mir in den Sinn kommt, und ich muß, wenn ich meinen grauen Rock anhabe, auch so schreiben, wie ich denke, um so schlimmer für Euch, für mich und für mein Papier, wenn es nur Thorheiten sind. Ich würde gern Dein Geschick gesichert sehen, und bin, nach Allem, was Ihr mir einstimmig sagt, ganz zufrieden gestellt. Ich kann zwar nicht läugnen, daß dieses Band Dich ein wenig von Deinen Brüdern trennen wird. Die wichtigsten Pflichten fesseln eine Frau an ihren Mann, eine Mutter an ihre Kinder. Indem Du Dein Glück von ihm forderst und ihm es schuldest, werde ich nicht die Ungerechtigkeit begehen, eifersüchtig auf das seinige zu sein, zuerst wirst Du Frau sein, und dann kannst Du auch gute Schwester sein, und unsere Herzen werden sich nicht dadurch entfremden, sondern Dir stets ergeben sein. Du weißt, daß ich von Euch Allen Neffen erwarte. Eure Kinder werden wir eben so lieb sein, als meine eigenen, und die Würde des Onkels würde mich ein wenig für die des Vaters trösten. Ich habe nur noch einen Gedanken, oder vielmehr der Gedanke tritt unter den andern hervor, ob ich wohl jemals diese lieben Kinder werde umarmen können; denn, meine liebe Freundin, wenn Du welche hast, wird man sie niemals in diesem verfluchten Lande (wahrlich; das Wort ist mir entschlüpft) lassen, um das Metier auszuüben, das ich treibe, es verdorrt den Geist und tödtet das Herz; drehe ihnen lieber den Hals um, wie in Lacedämon, aber mache keine preußischen Soldaten daraus. Wohl ist es eine schöne Sache, Soldat für sein Vaterland zu sein, an der Grenze zu fallen, sein Leben in der Mitte von besiegten Feinden seines Vaterlandes zu verlieren; aber dieses Leben, liebe Lise, zu verkaufen um den Preis von 8 Thlr. 25 Gr. monatlich, das ist ein schändliches Metier. — Dabei fällt mir ein, meine Liebe, ich war bei der Ober=Hofmeisterin — „und Du hast sie gesehen?" fragst Du wohl — ganz und gar nicht, aus dem einfachen Grunde, weil das erste Mal die Thür zu war und das zweite Mal die Thür nicht offen war. — Man war bei der Toilette. Uebrigens beschwöre ich Dich, ich, der ich nur das Glück aller Menschenkinder im Kopf habe, eins der traurigsten Individuen in Ruhe zu lassen, und unsere er= habene Souverainin nicht weiter (übrigens sehr nutzlos wie ein Klysma) zu quälen mit den versprochenen Lumpe= reien, mit verfallenen Vierteljahrs=Raten 2c. 2c.

Ich würde das Alles mit Freuden für einige glück= liche Minuten hingeben, wo ich Dir die Spitze des kleinen Fingers drücken könnte, und nimm dies nicht für eine bloße Galanterie, sondern meinem geraden Charakter gemäß sage ich Dir, daß ich, wenn ich zwischen nichts und wenig zu wählen habe, ich noch lieber wenig als nichts nehme. Du wirst Dich vielleicht über die große Rolle amüsiren, die ich meinem grauen Rock (ohne die gleichen Pantalons zu vergessen) in der Geschichte meines Lebens spielen lasse, aber in der That, er ist mir sehr angenehm, ich weihe ihm lieber eine Stunde, als allen Mächten der Erde, ich bin zufrieden, wenn ich eine Stunde den menschlichen Größen abgewinnen kann, um sie ihm zu weihen. Aber sei ruhig, ich nutze ihn, ohne ihn zu mißbrauchen, ich bin verständig, wie ein kleiner Engel, und gehe überall hin, wie ein Hund, den man dahin peitscht, wo er hin soll. —

Aber mein unglückliches Geschick verfolgt oder ereilt mich schon, indem man mich im nächsten Jahre an den Hof schickt. Du siehst, man sieht sich vor. Adieu, nimm im Sinn des Scherzes Alles auf, was Dich in meinem Briefe unangenehm berühren könnte, und liebe Deinen guten Teufel von einem Preußen, der Dir um den Hals fallen möchte, dies ist aber leichter gesagt, als gethan.

Ich habe, gute Freundin, ein wenig Heimweh, und Alles, was mir den Ort, der mich zur Welt kommen sah, ins Gedächtniß zurückruft, ist für mich die Pflanze von Otaheiti, mein Herz klopft beim Anblick gewisser Gegenstände, gewisser Gerichte, die an mein liebes Frankreich erinnern, und ich bin wie ein Kind. Neulich malte ich mir den Garten im Gedächtniß bis in die kleinste Krümmung der entferntesten Alleen, bis auf den unbedeutendsten Strauch, und meine Einbildungskraft wurde so lebhaft, daß sie mir mit der größten Bestimmtheit alle diese unbeachtet gebliebenen Einzelheiten vorführte. Ich war wie außer mir. — Du begreifst es nicht, meine Freundin, und Du würdest lachen, wollte ich Dir auseinandersetzen, mit welchem Entzücken noch heute das heimatlich französische Grün, sein bekannter Duft mein Herz erfüllt. — Und wohl, meine gute Freundin, wirst Du es glauben, daß ich, meinem theuren Vaterlande wiedergegeben, dennoch theure Erinnerungen aus meinem Exil mitnehmen werde. Ich würde weinen, wenn ich wieder das Land meiner Geburt küssen würde, aber in mein Geburtsland würde ich das süße Andenken an das gastliche Land mitnehmen, und diesem Andenken würde sich die Erinnerung an die guten Leute, an die Orte, wo sich mein Jünglingsalter entwickelt und wo ich unter dem Einfluß der Verhältnisse in der That das geworden bin, was ich bin, anknüpfen. — Ich würde gern auf dem französischen Boden Rindfleisch mit Pfefferkuchen, Suppe mit Speck und Mandeln 2c. wiederfinden. Ich schätze den Charakter des Volkes, das zwar wenig versteht, den Geschmack der Speisen zu verfeinern, aber nicht unterläßt, große Dichter und tüchtige Philosophen zu erzeugen, wäre es auch nur mein Freund Kant, über den ich übrigens Dich bitte, keine Bemerkungen zu machen, wie damals, wo Du mich so zum Lachen brachtest, als ich Dir nicht gut folgen und Dich nicht widerlegen konnte, da ich ihn nicht gelesen hatte. Lache und sage, da ist er wieder mit seinen Querköpfen von Deutschen, aber sage nicht, daß mich das Geschick hier gut placirt hat, denn ich vegetire zwar noch hier, meine Freundin, aber ich lebe nicht mehr hier. Denke darüber, was Du kannst oder was Du willst, ich habe Dir beinahe dasselbe Lied schon vorgesungen, aber ich weiß hier nichts anzufangen."

4. An seinen Vater und seine Mutter:

„Ja nur zu oft, lieber Vater und Mutter, hat meine Einbildungskraft und mein Herz meine Feder geführt, ich muß es bekennen, aber die Welt der Dichter ist so schön! Wie glücklich fühlte ich mich doch, einen Augenblick die Augen zu schließen und mich in den Olymp versetzt zu träumen. Wenn Ihr es auch meinem Herzen verzeiht, so klagt Ihr doch meine Urtheilskraft an. Ja ich fühle nur zu sehr die strengen Grenzen der traurigen Wirklichkeit;

auch ich bin wie Ihr mit den Fesseln der Welt, in der wir gezwungen sind zu leben, beladen und ich trage in diesem Sinne die ganze Kette der Nothwendigkeit. Und vielleicht drücken mich diese Ketten mehr, da ich auf den Flügeln der Einbildungskraft eine schönere und freiere Welt durcheilt habe. Es bleibt mir nichts davon, als einige in den Augen der Menschen bizarre Ideen. Wenn ich nun auch mit Wohlgefallen einige Augenblicke phantasiren kann und mich ganz und gar einigen Extravaganzen hinzugeben scheine, so rufen mich doch meine Fesseln bald zur vollen Erkenntniß der Wirklichkeit zurück. Ich sage mit mehr Demuth als Stolz, ich glaube nicht, daß diese Ideen mich jemals zu irgend welchen Thorheiten hinreißen können.

Du hast da einen Traum gehabt, lieber Vater — —. Ich gestehe — — — aber — — man muß viel träumen, wenn man es liebt, mit offenen Augen zu schlafen. Dennoch erinnere ich mich nicht, irgend etwas so Befremdendes geträumt zu haben. Ich lese abermals diesen Brief, und ich träume mit Dir. Einige Ideen, die mir dieser Traum gelassen, will ich Dir mittheilen. — Jung, reich, von Familie und daran zu denken, sie auswandern zu lassen, sie aus dem Vaterlande zu verbannen, sie für immer den Ihrigen zu entreißen und den Mann unwiderruflich in der Fremde festzuhalten, den man all' den von der Natur gebotenen Verhältnissen, die zu empfinden, die zu lieben sein Herz wie geschaffen ist, hätte zurückgeben können. — — — Ich träumte früher, es ist wahr, daß eine Preußin mich an die Scholle ihres Vaterlandes fesseln könnte und mich ihrem Vaterlande gewinnen, so daß ich durch neue Bande gefesselt, die früheren so sehr bedauerten gänzlich lösen würde. Aber eine Französin? Könnt Ihr Brüder ihr, Eltern, Freunde geben? Ich müßte ihr sagen, würdest Du wollen, daß Dein Gatte sein Blut einem Fremden verkaufte, das eines Tages auch von ihm das Deiner Brüder, Deiner Eltern, Deiner Freunde fordern könnte, Verzeihung, ich verfalle schon wieder in meinen Fehler. — — Aber warum, wenn das Vermögen das Recht gibt, sich selbst seine Ketten zu wählen, warum andere als die von der Natur angewiesenen verlangen und sich selbst von dem Busen, der uns genährt, losreißen? Wenn ich träumte, liebte ich es immer, meine Rückkehr ins Vaterland meiner Lebensgefährtin — zu verdanken zu haben, und liebte sie deshalb desto mehr. Das Geschick hat noch nicht sein Siegel unwiderruflich auf meine Auswanderung gedrückt und dies wird von meiner Lebensgefährtin abhängen. —

Uebrigens, liebe Eltern, Ihr kennt beide meine Ansicht über die Ehe, wie der Gedanke allein zu leben, ganz allein für mich, meinem liebend gefühlvollen Herzen widerspricht. Was soll ich heute noch hinzufügen, ich überließ mich Gedanken, die das Tageslicht bald verscheuchte und die ich nur flüchtig im Dunkel der Nacht zu hegen wagte, heute bin ich ganz bestürzt, und suche, wenn diese dunkeln und unbestimmten Bilder sich zu formen und bestimmte Gestalten anzunehmen scheinen, mich auf das Zeugniß meiner Augen zu stützen. Ich habe lange und reiflich einige Sätze Eueres Briefes überdacht und erwarte mit Ungeduld fernere Nachrichten. Aber wie sie auch ausfallen mögen, und wie weit auch die Verbindung angeknüpft sein mag, ich bringe das Opfer, meine Reise nach Dresden aufzugeben. Eure Briefe werden mich also hier treffen. Ein Wort, ein Wink und ich bin der Eurige. Verbannt, noch immer fern von Euch,

fern von Allem, was mir theuer ist, allein, ohne Freund
hält mich die Hartherzigkeit meines Charakters davon a[b]
mich dem Kummer zu überlassen, der in meinem Herze[n]
entspringt. Wenn ich auch bisweilen Klagen ausstoße[n]
konnte, die lebhafter in meiner Einbildung erschienen, s[o]
bin ich doch in der Wirklichkeit sehr gefaßt und weit ent[-]
fernt, unglücklich zu sein, gehorche ich geduldig dem Gebo[t]
der Nothwendigkeit. — Ich werde nie daran denken, meinen
Brüdern zur Last zu fallen, wenn ich nur mein Brot habe,
und wenn ich es auch nur hier finde, und doch habe ich
Mama schon öfter meine Gedanken über den Rock, den ich
trage, mitgetheilt. — Ja, wenn das Geburtsland immer
noch Feuer und Wasser seinen ohne Besitz herumirrenden
Kindern versagte! Ja dann würde ich sagen, ich ehre den
deutschen Charakter, ich liebe unseren Monarchen, ich be=
mühe mich, die Pflichten meines Standes, obgleich sie mich
oft drücken und mich wenig befriedigen, zu erfüllen, so
aber liebe, gute Eltern möget Ihr es nicht befremdend
finden, daß ich, da das Geschick die Fesseln bricht, und das
Vaterland Euch wieder seinen Schooß zu öffnen und Euch
eine Hütte in der Mitte Eurer Kinder anzubieten scheint,
es vorziehe, unter Euern Fittigen vielleicht mehr Verborgen=
heit, aber sicher mehr Glück zu genießen. Ja mehr Glück!
daran könnt Ihr selbst nach meinem entwickelten Charakter
nicht zweifeln. Ich muß daher gestehen, daß ich mit Angst
sehe, daß Diejenige, mit der mich zu verbinden Ihr vorhabt,
durchaus andere Ideen hat, denn diese Ideen müssen mit
dem Charakter zusammenhängen. Können sich aber so
verschiedene Charaktere vereinigen? Wenn Ihr die geringe
Sicherheit eines andern Landes hervorhebt, so erwidere ich,
das ist etwas anderes. Denn in Anbetracht dessen gestaltet

sich alles anders, es ist dann nicht mehr eine Auswanderung, es ist nur eine Reise, auf der der Reisende einen weit glänzenderen aber auch viel unbequemeren Rock als die einfachen Reisekleider trägt. Das Vermögen, welches in Frankreich bliebe, würde mir als ein Unterpfand der Rück= kehr erscheinen, oder, wenn Ihr das Bild in einem dunkleren Lichte zeigt, müßte dieses Unterpfand zurückgezogen werden, und dann wäre es keine Reise mehr. — Ihr alle, Ihr lieben Eltern, Lise, meine Brüder, Ihr stützt Euch darauf, was ich ohne die Revolution gewesen wäre, ich erwidere, daß ich ein ganz anderer Mensch geworden wäre, daß ich unter den durchaus anderen Verhältnissen nicht die Ideen, nicht den Charakter entwickelt hätte, der heute eben meine Persönlichkeit ausmacht.

Andere Vorurtheile bringen andere Sitten mit sich. Würde ich besser geworden sein? Ich glaube schwerlich. Ich will daher unser Unglück, durch das ich mich gebildet habe, nicht anklagen, aber wollet nur nicht den Maßstab, der vielleicht für jeden anderen Menschen gepaßt, jetzt auf mich anwenden, da er nicht mehr für mich paßt. Andere Zeiten haben andere Sitten. — Ich weiß nicht, ob Ihr mir Unrecht geben und zu viel Ueberspanntheit in meinen Ideen finden könnt; ich mußte, ich gestehe es ein, ein wenig der Versuchung widerstehen, um der Vernunft, die mir dies diktirt, Gehör zu geben, ich will sagen, meine Vernunft, denn so ist nun einmal die Welt, daß jeder seine eigene hat, und diese mit der göttlichen Vernunft, die ich glaube zu walten ganz aufgehört hat, verwechseln möchte. Ich erkenne vieles, das man mir sagen könnte, im Voraus, ich sehe, daß mein Auge sich noch nicht alle Gesichtspunkte klar gemacht hat. Ich werde nur zwei

Punkte hervorheben. Ich liebe fremde Dienste durchaus nicht. Ich glaube, daß mit einigem Vermögen ein zurückgezogenes Privatleben glücklicher als jedes andere sein muß, und erwäget wohl, daß keine Pflicht mich auf den Platz, den ich einnehme, gerufen hat. Wenn Ihr mir sagen wollt, daß jeder Mensch einen Beruf zu erfüllen hat und durch Pflichten gebunden sein muß, so werde ich Euch antworten, daß ich die Pflichten des Gatten, des Familienvaters, des Sohnes zu erfüllen hätte, daß die Sphäre meiner eng begrenzten Thätigkeit besser ausgefüllt wäre, daß ich vielleicht viel in einem kleinen und nichts in einem großen Kreise sein würde. Aber ich muß dieses Kapitel, das meine Träumerei wohl schon zu sehr verlängert hat, abbrechen. Ich bitte Euch jedoch mir zu antworten. Ein Wort, bevor ich schließe! Glaubet mir, liebe gute Eltern, daß seit einigen Wochen alles, was ich gesehen, alles, was ich erfahren, nicht für meine Erfahrung verloren gegangen ist. — Ich habe soeben meinen Götze gesehen, es ist in alledem ein gut Theil Quamquam; und ich sehe, daß, wenn Ihr jemals das große Wort „Komm" auszusprechen habt, es gut sein wird, dem General ein Wort zu schreiben, daß Ihr es seid, die Ihr mich ruft, daß es für das Geschick meines Lebens sei, daß ich hier für immer gebunden sei u. s. w.

In Paris wurde der Mutter Adelbert's die freudige Ueberraschung zu Theil, von der Königin von Preußen ein eigenhändiges Schreiben zu erhalten des Inhalts: „vous ne pouvez vous attendre qu'à recevoir des nouvelles satisfaisantes de votre fils, dont la conduite mesurée et l'application le font servir de modèle à ses frères d'armes."

Adelbert zogen vorzugsweise die historischen Vorlesungen des Philosophen Ancillon, des späteren Ministers, und des Professors Erman an, durch eifrige Privatstudien suchte er seine Kenntnisse überall zu erweitern. In die deutsche Sprache, welche er allem Anscheine nach erst von seinem 15. Lebensjahre an zu erlernen anfing, und in die deutsche Poesie lebte er sich vollständig ein. Die besondere charakteristische Eigenschaft Chamisso's, welche zu den Zierden seiner edelen Persönlichkeit gehörte, sein Thätigkeitstrieb vollbrachte auch hier Wunder in seiner raschen geistigen Fortentwickelung. So lange er körperlich nicht gehemmt war, mußte er in ständiger Bewegung sein, in leiblicher oder geistiger; laufen, im strengsten Sinne des Worts, denn was er gehen nannte war so, daß kein anderer ehrlicher Mensch mitkommen konnte oder sitzen, wie angepfählt, um etwas fertig zu schaffen, wobei ihn Niemand drängte, als er sich selbst. So gesund wie sein Körper bis zu den letzten Lebensjahren war auch sein Urtheil. Alle seine Kameraden und Freunde liebten ihn wegen seines nobelen und zuverlässigen Charakters, und wenn der Adel, indem er sich der Abstammung von ruhmwürdigen Vorfahren erfreut, in der That die Vorrechte angeborener edeler Gesinnung hat, so gab es wohl nicht leicht einen so würdigen Repräsentanten seines Standes, als unsern Dichter, der, frei von allem Hochmuthe, selbst keinen großen Werth den ihm beigelegten äußeren Vorzügen zuerkannte.

Die ältesten der mir aus dem Chamisso'schen Familienarchiv mitgetheilten noch unbekannten, von dem Dichter an seine nächsten Verwandten gerichteten Originalbriefe datiren vom Jahre 1798 — aus dem 18. Lebensjahre Adelbert's. — Sie offenbaren überall schon den echt männlichen Charakter, die unwandelbare Treue, die Hoheit, innere Tüchtigkeit und Wahrheit seiner Gesinnungen, die liebenswürdige Anmuth und Offenheit seiner gewinnenden Persönlichkeit. In diesen Briefen beklagt er sich unter Anderm darüber, daß er noch zu viel rede und noch zu wenig denke, daß Schweigen in rechter Weise Gold sei. Gern, schreibt er weiter, tausche er sich mit einem geistreichen Menschen, der anders denke wie er, über eine interessante Frage aus und berichtige oft aus den von seinem Gegner vorgebrachten Gründen die eigne Anschauung unter Bereicherung seiner Kenntnisse. In diesen seiner frühsten geistigen Entwickelung entstammenden Briefen schildert er mit freimüthiger Offenheit bald die eine, bald die andere Seite seines Herzens.

Unter der größeren Anzahl der Originalbriefe des Dichters finden sich einige so originelle und charakteristische vor, daß ihre Mittheilung von allgemeinem Interesse sein möchte. Sie beziehen sich auf die Zeit, wo Chamisso Page am Königlichen Hofe in Berlin war.

„Auf einem Hofballe neulich — schreibt er darin — „erkannte mich die Königin Mutter: „Sie tanzen nicht? O, Sie müssen tanzen!" sagte sie. „Ew. Majestät, meine Aufwartung zu machen, war mein einziger Wunsch, da ich gar nicht tanze und auch keine Lust dazu habe, denn man muß sein Talent zu nichts zwingen, wozu man kein Geschick hat." Was war an dieser Antwort so verbrecherisch, sie hat durchaus nicht gefallen. Man will, daß ich tanze, daß auf allen Bällen, auf jeder cour, zu jeder Zeit, an jedem Ort meine Gestalt dem Monarchen angenehm begegne (in die Augen falle). Man will, mit einem Wort, daß ich mich zeige, daß ich den liebenswürdigen Gesellschafter spiele. Aus mir will man einen liebenswürdigen

Mann machen, aus mir! Ich werde, was in meinen Kräften steht, thun, sie zu befriedigen; aber seufzend gebe ich die bescheidene Rolle des Chevalier auf. — Der Vater sagt: „Wenn man sich zeigt, kommt man vorwärts." Wenn ich mich so zeige, und in meiner Lage, wie kann ich hoffen, vorwärts zu kommen, hier vorwärts zu kommen? Eine dumme Figur! Würde sie nicht anstatt des erwarteten Effektes nur langweilen? Lise sagt: „Wenn man sich zeigt, wenn man auf die Bälle geht, kann man gefallen und eine gute Parthie machen. Das ist's!" Ich sage: „Es würde durchaus nicht so sein, wenn ich eine vernünftige Frau, die die Gefährtin de votre serviteur sein möchte, suchen und finden würde." Jedoch, die Meinung des Stärksten ist immer die beste. Aber die Kosten! für die Wagen allein, im Monat mindestens 5 Thlr. 8 Gr. Meine Gage verschwindet wieder, ehe sie noch recht angekommen ist, und das Beste dabei ist, daß es mir an allem fehlt. Ich habe keine Hemden, keinen Mantel, nur ein paar Stiefel, und sie schreien mich mit offnem Munde an; meine Gamaschen fehlen, meine Kleider werden zu kurz, löcherig, verschwinden; ich habe kein Petschaft, einen für den Offizier jeden Augenblick nöthigen Gegenstand. Ich habe weder einen Korb, meine Sachen zu tragen, noch Vorrath, ihn zu essen, überhaupt nichts, was man braucht. Um meine Sachen wieder etwas in Ordnung zu bringen, müßte ich wenigstens 100 Thlr. in der Lotterie gewinnen. 30,000 Thlr. wären zu wenig für ein Vermögen.

Ich hüte mich wohl in die Lotterie zu setzen, aber ich überlege, was ich machen würde, wenn ich gewönne. Lise will die Grundlage von Sand zu dem Schlosse geben, das ich in die Luft baue. (Lise hat immer große Lust, ein

Loos zu nehmen.) — Einen Thaler zu sehen ist eine Glück=
seligkeit für uns; wie lieblich uns auch die Physiognomie
eines Kuchens erscheine, wir fasten wie die Heiligen. Ich
möchte nur meinen Ausgaben gewachsen sein und meine
Gläubiger befriedigen können! — aber! — Ich bin traurig
wie eine Nachtmütze!" . . .

„Welcher Zauber — schreibt Chamisso in einem weiteren
Briefe aus seiner Jugendzeit — hat mich, den kalten Ver=
standesmenschen, und die Leere meiner Vernunftstiefe in
Euren Augen zu einem Wesen mit glühender Einbildung
umgewandelt? Ich wiederhole Euch nochmals: Weder
Einbildungskraft, noch Gedächtniß, eine kalte Vernunft, in
der Philosophie eine bescheidene Vernunft, welche selbst die
Hoffnung aufgibt, nicht mehr zweifeln zu können, ein
liebevolles Herz, Neigung zum Guten und Wahren, und das
lebendige Bewußtsein seiner geringen Energie: das ist Euer
Bruder! — Ein Fehler meiner Arbeiten ist, die vermittelnden
Ideen wegzulassen, welche, indem sie anscheinend widersinnige
Behauptungen einander nähern, dieselben zu einem systema=
tischen Ganzen verbinden; ein anderer, nicht weniger wesent=
licher Fehler ist, meine Ausdrücke nicht präcis genug zu wählen.
Jedes Wort unserer ungenauen, unkorrekten armen
Sprache hat anerkannter Weise 20 Bedeutungen; ich wende
es an, ohne zu sagen, in welcher Bedeutung, ja bisweilen
gebe ich ihm noch eine 21te, ohne darauf hinzudeuten.
Erinnere Dich, Hippolyt, daß auf alle Deine kälteren und
weiseren Briefe ich Dir antwortete: „Das ist es, was ich
ausdrücken wollte. Theure Freunde, es ist sehr schwer,
sich verständlich zu machen."

Ueber seine Stellung zur Gesellschaft in damaliger
Zeit äußert Chamisso sich in folgender Weise: „Ich liebe

die Gesellschaft nicht, es ist nur erlaubt zu reden, um nichts zu sagen, und jeder Mensch, der eine Meinung hat, ist daraus verbannt. Was mich anbetrifft, so habe ich, ungeachtet meines Skepticismus einige, an denen ich festhalte. — Jedoch liebe ich, irgend einem Wesen zu begegnen, mit dem sich reden läßt und mit dem des Ausführlicheren über Streitfragen zu diskutiren. Aus dem Aufeinanderprallen verschiedener Meinungen blitzt oft der Funke der Wahrheit hervor. Nach solchen Unterhaltungen hat man sich immer gegenseitig aufgeklärt, und Jeder hat etwas gewonnen.

Ihr habt meine Moral groß und schön gefunden; aber beurtheilt mich nicht nach meiner Moral ... Denn mit Schrecken sehe ich mich weit von dem Wege, den Ihr mir vorgezeichnet. Das tugendhafte Wesen ist das, welches kämpft und siegt, die Tugend ist die Stärke, und Niemand ist weniger stark als ich — soll ich malen wie ich bin? Meine Ausdrucksweise ist stockend, mein Gedächtniß untreu, Einbildung dürftig. Ich habe ein gesundes Urtheil, gefühlvolles Herz, Liebe zum Wahren und Gerechten, aber ich bin schwach, und diese Schwäche ist nur zu sichtbar."

Im Sommer 1800 ist Hippolyt ernstlich krank in Rußland, ohne daß die Brüder davon nach Berlin schreiben (um ihre Angehörigen nicht zu ängstigen) — wahrscheinlich Scharlach oder Masern — Briefe der innigsten Theilnahme folgen der endlichen beruhigenden Mittheilung über die eingetretene Reconvalescenz. Ungefähr um dieselbe Zeit reist Lise nach Dresden und später nach Paris.

Lise lernt einen jungen Franzosen Vorial kennen, mit dem sie als Kind ehemals in Frankreich gespielt. Sie gewinnt ihn lieb; doch sind ihre Eltern einer Verbindung mit ihm entgegen.

An seinen Bruder Hippolyt schreibt (1800) Chamisso: "Bewahre mir Deine Liebe, gib mir oft mit Deinen Rathschlägen den Beweis, daß Du Denjenigen, dem Du sie gibst, nicht verachtest, die Hochachtung, die ich Dir, Du lieber Aeltester, zolle, steht nur der Freundschaft nach, die ich für Dich, mein Hippolyt, und für Dich, liebenswürdiger Charles, empfinde. Liebt Ihr auch immerhin einen guten Teufel von Bruder, der mehr liebevoll wie liebenswürdig ist. Unsere liebe gute Freundin beweist mir auch eine Freundschaft, welche ich herzlichst erwidere. Ach wenn Du sie (Lise), wenn Du unsere herrliche Mutter umarmen wirst, so sprich manchmal mit ihnen von dem armen Verbannten und daß ich in Gedanken immer in Euerer Mitte lebe — doch, was sage ich, ich hoffe bald unsere Mutter in meine Arme zu schließen und ich werde das hohe Glück des Zusammenseins mit den Eltern um so seliger genießen, weil es nur zu kurz sein wird — ach und dabei noch das schmerzliche Gefühl, daß es wie im Flug vorübereilt!"

In dem v. Chamisso'schen Familienarchiv hat sich folgender, von des Dichters Hand niedergeschriebener Tagebuchsauszug — datirt vom 7. April 1801 — vorgefunden: "Lectüres: Schiller und Goethe, Shakespeare in der Uebersetzung von Eschenburg, von Babo's Trauerspiel: Otto v. Wittelsbach.

Auch französische Lectüre, von Diderot, Rousseau.

Vielleicht werde ich, da man es wünscht, auch das théâtre français wieder lesen, namentlich Stücke von Voltaire. Ich sehe diesen Lumpenkerl an Charakter und Gesinnung und seinen esprit als Eigenarten der französischen Literatur an, welche man in Deutschland ebensowenig zu erreichen im Stande sein wird, wie man im

Französischen z. B. Schiller mit seiner poetischen Urkraft, dem Schwung seiner Gedanken, der Tiefe seines Gemüts und allen seinen übrigen hervorragenden Eigenschaften nimmer kopiren könnte.

Folgende monatliche Ausgaben verzeichne ich hiermit:

1. Mittagessen und andere Mahlzeiten	5 Thlr.	21 Gr.
2. Brot	2	„	14 „
3. Logis	2	„	18 „
4. le bourche	1	„	12 „
5. Lesegebühren	—	„	14 „
6. Wäsche	1	„	12 „
7. Beleuchtung	—	„	12 „
8. Pulver u. s. w.	—	„	12 „
9. Handschuhe waschen	—	„	5 „

Total 15 Thlr.

Im Juni 1801 schreibt Chamisso, beunruhigt wegen eines wahrscheinlichen Feldzugs gegen Frankreich: „Ich denke daran, meinen Abschied zu nehmen oder während des Feldzugs unter der Reserve zurückzubleiben, daß es gegen mein Gefühl und gegen meine Grundsätze ist, mein Vaterland zu bekämpfen."

Aus dieser Zeit stammt auch folgender Brief des Dichters:

„Lise ist gut und dauernd „lebig"; dieser Teufel von Vorial! Die Verlöbnisse en français halten solche Wichte nicht wie die meisten ehrlichen Deutschen. Man soll sie laufen lassen diese Ungetreuen. Doch ist's traurig genug für ein Mädchen von 25 Jahren. Zwar hielten sie einen hohen Rath, andere Partien für sie anzuspinnen; mais, es wurde nichts draus."

Drittes Kapitel.

Chamisso's Verlangen, die Seinigen wieder zu sehen, sollte früher befriedigt werden, als er selbst geglaubt hatte. Sein jüngerer Bruder Eugen, der in der Ingenieurschule in Potsdam aufgenommen und zurückgeblieben war, erkrankte so bedenklich, daß er sich entschloß, ihn den Eltern zu bringen. Zwar starb Eugen bald darauf, aber Adelbert mußte in Geschäften, die er für seinen kränkelnden Vater übernahm, noch länger in Frankreich bleiben, sodaß er erst zu Anfang des Jahres 1803 nach Berlin zurückkehrte. Er hatte gefunden, daß mit den Anschauungen der Seinigen seine eignen nicht mehr übereinstimmten und dachte nun daran, sich eine andere, seinem Wesen angemessenere Stellung zu verschaffen.

In dieser Zeit studirte Chamisso mit der ihm eigenthümlichen Ausdauer deutsche Literatur, besonders zog ihn Klopstock's Messiade, weit mächtiger aber noch Schiller's Genius an; und als er längst auf der Höhe des dichterischen Ruhms stand, bekannte er, daß, wenn er sich durch seine poetischen Gestaltungen einen Platz im Herzen des deutschen

Volkes errungen, er dies vorzugsweise der Bekanntschaft mit Schiller's Meisterwerken verdanke, da sie mit elektrischer Kraft die noch schlummernden Kräfte seiner Seele früh geweckt hätte. Er verehrte Schiller als das vollendete Muster reiner Humanität, wie sie seit den Tagen der Griechen nicht wieder gesehen worden. Hören wir den Sänger selbst, wie er in die Harfe greift und die Akkorde anschlägt:

An Friedrich Schiller.

Des heil'gen Herzens tiefstem Grund entschweben
Der Ideale göttliche Gestalten;
Den Stimmen gleich der himmlischen Gewalten
Erstrahlen Deine Lieder in das Leben.
Dir mußte sich das junge Herz hingeben,
Da glühend ihm die starken Töne hallten;
Ich sah des Lebens Blüten sich entfalten,
Den Retter Dich, in fernem Lichte schweben.
Dir wollt' ich nah'n in Geistes Umarmungen,
Nach jenem Lichte wollt' ich stark mich schwingen;
O höhne nicht des Sterblichen Erkühnen!
Vom Lorbeer nicht das Haupt mir zu umgrünen,
Nicht, um gemeinen Lobpreis zu erzwingen:
Um Deines Herzens Preis hab ich gerungen.

Im reiferen Alter schwärmte Chamisso mehr für Goethe, und wie er diesen Dichterfürsten verstanden, sagt uns auch sein Trinkspruch (5 Monate nach Goethe's Heimgang):

Ich sag' Euch, Goethe lebt, ob in der Gruft,
Und viele Todte scheinen nur zu leben.
Sie regen sich und athmen Gottes Luft
Und scheinen vielen Sorgen hingegeben.
Ihn trennt von allen Sorgen eine Kluft,
Er lebt und wirkt und schafft, da andre streben,
Da wir, wie er zu leben, streben, ringen,
Ein Glas darauf: es mög' uns auch gelingen.

Und in einem andern Liede (zu Goethe's Geburtstag):

> Ich las im Goethe eben nun
> Und las im Fauste just:
> Ich fand in Grethchen's Kerker mich,
> Da weint' ich unbewußt.
> Dem Frühling bringt, dem herrlichen,
> Nur eure Blumen dar,
> Die besten eurer Lieder singt
> Dem Goethe immerdar.
> Des Thaues Perlen senken still
> Auf Blumen sich herab —
> Ich weih' ihm freudig, aber stumm
> Das Beste, was ich hab'.

Chamisso schrieb im Jahre 1803 den Faust, den er — wie er selbst sagt — aus dankbarer Erinnerung in seine Gedichte aufgenommen habe. „Dieser fast knabenhafte metaphysisch-poetische Versuch," fügte Chamisso hinzu, „brachte mich zufällig einem andern Jünglinge nahe, der sich gleich mir im Dichten versuchte — Varnhagen v. Ense. Wir verbrüderten uns und so entstand unreiferweise der Musenalmanach für 1804, der, weil kein Buchhändler den Verlag übernehmen wollte, auf meine Kosten herauskam. Diese Unbesonnenheit, die ich nicht bereuen kann, ward zu einem segensreichen Wendepunkte meines Lebens. Obgleich mein damaliges Dichten meist nur in der Ausfüllung der poetischen Formen, welche die s. g. neue (romantische) Schule anempfahl, bestehen mochte, machte doch das Büchlein einiges Aufsehen. Es brachte mich einerseits in enge Verbrüderung mit trefflichen Jünglingen, die zu ausgezeichneten Männern heranwuchsen; anderseits zog es auf mich die wohlwollende Aufmerksamkeit von Männern, unter denen ich nur Fichte nennen will, der seiner väterlichen Freundschaft mich würdigte."

Hören wir nun auch Varnhagen's wichtige und interessante Berichte über seine Freundschaft und geistige Verbrüderung mit Chamisso.

In dem Abschnitte „Jugendfreunde" rühmt Varnhagen in den Denkwürdigkeiten seines Lebens von sich, daß selten einem Menschen so beglückte Lebenslaunen sich ausgebreitet hätten, als ihm der Zeitraum sich geboten, in welchem er, vom Ende des Maimonats bis tief in den Sommer hinab, mit allen Kräften und Entzückungen der Jugend einhergegangen sei. In erhabenen Freundschaften habe er damals gelebt, fast kein Tag sei für ihn vergangen ohne anregende Gesellschaft theils in der Stadt, theils auf dem Lande. Gleichwohl erkennt er an, daß neues Zuströmen „zu diesen schon anschwellenden poetischen und sentimentalen Fluten durch die Bekanntschaft erfolgt sei, die ihm in Charlottenburg mit einem preußischen Offizier zu Theil geworden, der, auf die ersten leisen, gleichsam freimaurerischen Zeichen einer solchen Brüderschaft, ebenfalls ganz unvermutet als Dichter sich ihm enthüllt habe und zwar als einer von der seltsamsten Art, die größtentheils schon darin begründet gelegen, daß dieser deutsche Dichter eigentlich ein Franzose gewesen." Es war dieses niemand anders als Adelbert von Chamisso. Den Franzosen, erzählt uns Varnhagen von ihm weiter, konnte Chamisso in keinem Zuge verleugnen. Sprache, Bewußtsein, Sinnesart, Manieren und Wendungen, alles erinnerte an seine Herkunft, nur war sein ganzes Wesen dabei mit einer besonderen, seinen Landsleuten sonst nicht gerade eigenen Ungeschicklichkeit behaftet, die doch viele Gewandtheiten und Fertigkeiten gar nicht ausschloß, sondern ihnen nur etwas Wunderliches zugesellte; woraus denn allerlei hervorging, was er selbst oder Andere als Unfall oder Uebelstand zu tragen hatten. Seine langen Beine, die knappe Uniform, der Hut und Degen, der Zopf, der Stock und die Handschuhe, alles konnte ihm unvermuthet Aergerniß machen. Am Meisten aber und am Sichtbarsten kämpfte er mit der Sprache,*) die er unter gewaltigen Anstrengungen mit einer Art von Meisterschaft und Geläufigkeit rabebrechte, welches er auch in der Folge zum Theil beibehalten mußte. Varnhagen will mit Staunen und Bewunderung dem Dichter zugehört haben, wie er seine Gedichte mit „seiner zerquetschenden Aussprache, in einer Thüre stehend, und den Durchgang hemmend, aus dem Gedächtnisse recitirte."

„Er ist ein wunderlicher Mann" — schreibt ein Freund an Fauqué — „ich finde ihn sehr liebenswürdig, geistreich und verstandvoll, aber er ist unglücklich zu nennen: denn er hat kein Vaterland! Seine Natur gehört ganz seinem Mutterlande an, er kann davon sich nicht trennen und kann doch auch nicht zu den Menschen gehören, die dort auf dem Boden Frankreichs wachsen."

Sehr bald wurde Varnhagen „Chamisso's, der sich als der bravste Kerl der Welt zu erkennen gegeben, vertrauter Herzensbruder."

Der Herausgeber der ersten illustrirten Ausgabe von Chamisso's Werken (Berlin, Grote 1876), Justizrath Rauschenbusch in Hamm, welcher als Berliner Student im Hause und in der Familie des Dichters freundschaftlich

---

*) So behielt Chamisso verschiedene Gallicismen bis an sein Lebensende in Rede und Schrift bei z. B. „selon moi" (nach mir). Ebenso schreibt er zuweilen: „für mich" statt „was mich betrifft" — „pour moi".

aufgenommen war und dem auch der Verfasser manche werthvolle Mittheilungen aus jener Zeit verdankte, erzählt, daß ihm Chamisso, als er die Uebersetzung des Puschkin'schen Liedes: „Die zwei Raben" vollendet gehabt, diese gegeben habe, um den letzten Vers, der ihm nicht geschmeidig genug erschienen, zu verbessern. Auch soll Chamisso stets französisch gezählt und nach Hitzig's Mittheilung in der Nacht vor seinem Tode unausgesetzt französisch gesprochen haben.

Chamisso war 21—22 Jahre alt, als er zuerst die Macht der Liebe fühlte und das Dichterwort an ihm sich bewährte:

> Alles fügt dem Dichter sich gleich,
> Will ihn als König grüßen;
> Er aber legt sein ganzes Reich
> Dem schönsten Kind zu Füßen.   (Geibel.)

In dem Hause des reichen Banquiers Ephraim, in welchem Chamisso viel verkehrte, lernte er Cérès Duvernay, eine 24jährige reizende junge Witwe kennen. Varnhagen theilt hierüber in seinen Denkwürdigkeiten mit: „war auch Adelbert's Geist durchaus dem Deutschen zugewandt, so hatte doch in seinem Herzen die schöne Landsmännin den Vorzug erhalten, welche durch Schicksale hierher verschlagen war. Cérès Duvernay vereinte mit tiefer Schönheit eine seltene Bildung, wie sie denn Englisch und Italienisch vollkommen sprach und ebenso Shakespeare und Tasso wie ihren Racine las. Ihre Auszeichnung und Lage deutete auf höhere, doch unglückliche Verwickelungen, deren Geheimniß aber, aller Forschung ungeachtet, stets gewahrt geblieben." Man weiß nur, daß sie als Emigrantin aus Frankreich nach Berlin verschlagen worden war und dort im Ephraim'schen Hause eine Zufluchtsstätte gefunden hatte. Eine Tochter der Familie schildert Cérès als kokett und gefallsüchtig und Chamisso selbst spricht sich in einem Briefe dahin aus:

„Tu es dans ton triste égoïsme et dans ton faux orgueil ma chère soeur, un vice que j'ai quelque fois repris avec véhémence et qu'il faut que je gourmande encore parce qu'il m'alarme et c'est moi qu'il peut offenser".

Während die Tochter Ephraim's Cérès als eine „femme du monde" bezeichnet, welche es in ausgezeichnetem Grade verstanden, sich durch feine Manieren, erhöht durch Anmuth der Erscheinung und Eleganz der Toilette, durch Effekte des Esprit und einschmeichelndes Benehmen in der vornehmen Gesellschaft beliebt zu machen, schildert sie dagegen unsern Dichter als unbeholfen und schüchtern in seinem Auftreten; auch in der animirtesten Gesellschaft habe er es vorgezogen, sich in die Winkel zurückzuziehen und ohne ein Wort zu sprechen, darin zu verweilen, meist düster und theilnahmlos vor sich hinstarrend und bei Anreden trocken und kurz abweisend antwortend. Cérès schuf aber Adelbert bald zu einem neuen Menschen um. Und — les extrèmes se touchent. Der Dichter entbrannte in heftiger Leidenschaft für die geistvolle pikante Frau, die aber nur in zarter Verehrung und Aufmerksamkeit für sie hervortrat. Seine Zuneigung blieb nicht unerwidert, wie ein Brief Chamisso's an sie in folgender Stelle ergibt: „Sache que si quelque chose me relève dans ma petitesse et soutient mon orgueil, c'est d'avoir pu mériter ton amour, d'être aimé par toi." Während nun aber Chamisso die Liebe mit der ganzen Kraft seines jugendlichen Herzens erfaßte und sich in den vollen Besitz des Gegenstandes seiner innigen Neigung zu setzen strebte, betrachtete die junge Witwe einerseits, durch ihre erste Heirath ohne Zweifel berechnender geworden, und einsehend, daß die Liebe allein nicht das Glück vollständig mache, andererseits durch ihre Eltern gemahnt und gewarnt, die Verhältnisse viel ernster. (Chabozy, Dissertation über Chamisso's Jugendleben, München 1879.)

An Cérès' Geburtstage schenkte ihr Adelbert einen Arbeitsbeutel von weißem Atlas, auf welchem er die Attribute der Cérès auf die sinnreichste Weise geordnet hatte. Die Schnüre des Beutels waren von seinem eigenen Haar, er hatte sie selbst geflochten. Oben befand sich die Inschrift: Honny soit qui mal y pense. Stiefmütterchen (Pensée) waren Cérès' Lieblingsblumen. Eines Tages entfiel ihr ein Strauß, den sie am Busen trug. Chamisso hob ihn auf und wollte ihn ihr zurückgeben, sie aber schenkte ihn ihm, und er brachte ihn ihr am nächsten Tage mit folgenden Versen zurück:

A Cérès Duvernay. (1803.)

L'autre jour mon oeil envieux
Voyait le Zéphire amoureux
Oser de son aile légère
Caresser et tes longs cheveux
Et ta parure printannière.
J'étais triste, j'étais rêveur,
Lors de ton sein fut arrachée
Une aimable et charmante fleur,
La fleur que l'on nomme Pensée.
Le bonheur l'enleva vers moi,
Duvernay je te vis sourire,
Ta bouche s'ouvrit pour me dire,
Cette Pensée elle est à toi.

Pensée et charmante et chérie,
Je la recueillis dans mon coeur,
Redoutant que bientôt flétrie
Elle n'eût le sort d'une fleur.
Et triste toujours et rêveur,
En proie à ma mélancolie,
Je voyais le sort d'une fleur,
D'une rose, d'une pensée,
Passager comme le bonheur
N'avoir qu'un instant de durée.
Hélas! insensé que j'étais,
J'avais d'autres sujets de craindre.
Apprends mon destin Duvernay,
Et dis-moi si je suis à plaindre?
Bientôt je sentis cette fleur
Devenir graine dans mon coeur
Et cette graine se repandre,
Lever et croître et me surprendre,
Remplir le jardin de mon coeur.
Depuis ce jour mille pensées
Malgré moi troublent mes journées
Fleurissent pendant mon sommeil,
Se flétrissent à mon réveil,
Renaissent avec ton image,
Et me poursuivent en tous lieux.
Duvernay voilà ton ouvrage —
Ecris-en la fin dans tes yeux.

Adelbert de Chamisso.

Mit welcher Grausamkeit die gefall- und eroberungssüchtige Französin ihren Freund planmäßig zu quälen verstand, zeigt folgender Hergang, den uns Henriette Ephraim berichtet: — Eines Tages als die Frauen ihres Kreises im Garten versammelt waren, unterhielt sich Cérès sehr lebhaft mit mehreren hinzugekommenen Herren, während Chamisso gänzlich von ihr unbeachtet blieb. Im Laufe der

Unterhaltung wand sie Blumenkränze, von denen sie jedem der Anwesenden einen auf das Haupt drückte. Chamisso war der Einzige, der keinen erhielt. Er rief in einem schmerzlichen Tone aus: Et je serai donc le seul qui n'en aurai pas.*) Dies jammerte die mitleidige Henriette Ephraim, sie besann sich einen Augenblick und flocht einen für ihn, welcher zu den nachstehenden Strophen Veranlassung gab:

An Henriette Ephraim.

Ihr, die mir das Haar bekränzet
Mit dem schönen grünen Zweig;
Seht den Kranz, er ist verwelket,
Ausgedorrt der grüne Zweig.
Sagt, o sagt mir Unerfahrnem:
Welket auch der Liebe Kranz?
Ihre Blumen, ach die schönen,
Strahlen sie nicht ew'gen Glanz?

Alles, was er von ihr zu erleiden hatte, schreckte den jungen Dichter jedoch nicht ab, der angebeteten Cérès in seiner Unschuld einen förmlichen Heirathsantrag zu machen, was in Chamisso's Lage nur als eine jugendliche Thorheit erschien. Er war Secondelieutenant, ohne alles Vermögen und paßte seinem Innern nach durchaus nicht zu der gefallsüchtigen Frau. Dessen ungeachtet kostete es sie einen Kampf, ihm den abschläglichen Bescheid zu ertheilen, bis sie sich endlich entschloß, dies in folgenden Versen zu thun:

Stances irrégulières de Cérès à Adelbert.

A l'amitié douce et paisible
Pourquoi préférer les tourmens

---

*) Und ich allein soll leer ausgehen!

Qu'éprouve une âme trop sensible
Sous les lois du Dieu des amans?
Loin de nous pareille folie,
Que l'amitié file nos jours
Le ciel brûlant de l'Arabie
Vaut-il celui des Troubadours?

Si l'amour offre quelques charmes
Ah! combien il cause de maux!
L'inquiétude et les alarmes
Eloignent de nous le repos.
Voit-il sa victime expirante
Le cruel rit de ses douleurs,
Mais l'amitié compatissante
S'empresse d'essuyer nos pleurs.

Fuyons l'amour et son ivresse
Que notre encens purifié
Jusqu'au trépas brûle sans cesse
Sur les autels de l'amitié.
De son culte aimable et sincère
Augmentons encor la douceur.
Recevez le doux nom de frère
Et donnez-moi celui de soeur.

Diese Strophen hat unser Dichter selbst, wie es nach der Handschrift scheint, gleichzeitig mit dem Original — wie folgt, nachgebildet:

Das Lied von der Freundschaft.

Thörig ist's, dem sanften Glühen,
Das die Freundschaft mild erregt
Jene Wunden vorzuziehen,
Die die Liebe grausam schlägt.
Liebe nimmer uns erscheine,
Freundschaft bleib' uns zugewandt.
Wer verläßt Italiens Haine
Für Arabiens heißen Sand?

Für das flüchtige Entzücken,
Das die Liebe sparsam bringt,
Wie viel Qualen uns durchzücken,
Welcher Schrecken uns umringt!
Liebe mag die Blicke weiden,
Wenn ihr Opfer sinkt ins Grab;
Freundschaft nahet sich dem Leiden,
Trocknet ihm die Thränen ab.

Drum der Liebe bangen Schmerzen,
Ihrer Trunkenheit entflohn,
Woll'n der Freundschaft wir die Herzen
Reichen uns zu schöner'm Lohn.
Uns die Freundschaft zu versüßen
Noch mit einer schönern Zier,
Laß mich Dich als Bruder grüßen,
Gib den Schwester-Namen mir.

Darunter hat Chamisso das bekannte Wort auf das Papier, welches obige Strophen enthält, geschrieben:

Freundschaft ist ein Knotenstock auf Reisen,
Lieb' ein Stäbchen zum Spazierengeh'n.

Von dem Eindruck, welchen diese Begebenheit auf ihn machte, geben aber nachstehende Couplets Zeugniß.

A Pauline*) (seine Schwägerin);
Sur l'air: Femme sensible.

En m'arrachant le bandeau du mensonge,
Reveil cruel, tu déchires mon coeur;
Le vrai bonheur, je le goutois en songe,
J'étais heureux: j'ai perdu le bonheur.

Qui, je croyois inspirer la tendresse,
Je m'envyrois d'une aussi douce erreur,

---

*) Abgedruckt in Chamisso's und Varnhagen's Musenalmanach für 1804. S. 192.

> J'en savourois la coupe enchanteresse,
> J'étais heureux: j'ai perdu le bonheur.
>
> Illusion d'une jeunesse ardente!
> Hélas! j'osois juger d'après mon coeur.
> Combien j'aimois — ô Déesse in constante!
> J'étais heureux: j'ai perdu le bonheur.
>
> Le Dieu d'Amour, ô ma chère Pauline!
> Juste pour toi, ne t'offre que la fleur:
> Ton frère, hélas! a rencontré l'épine:
> J'étais heureux: j'ai perdu le bonheur..

Doch hat der treue Adelbert der wankelmüthigen schönen Landsmännin unverändert seine freundlichen Gesinnungen bewahrt. Cérès war 1804 nach Frankreich zurückgekehrt, Chamisso setzte nicht allein den Briefwechsel mit ihr fort, sondern besuchte sie auch 1806 in Paris. Erst im Jahre 1809 wurden alle Hoffnungen Chamisso's auf eine Verheirathung mit C. Duvernay vernichtet, indem diese im Februar 1809 ihre schon seit einiger Zeit beabsichtigte Verehelichung mit einem Beamten der französischen Armee in Spanien, Mr. von Montcarel, vollzog. Bis dahin gehen die Nachrichten über sie; Chamisso gab sich, aber ohne Erfolg, alle erdenkliche Mühe, über ihr weiteres Geschick etwas zu erfahren.

Chamisso wurde es erst nicht leicht, den Schmerz über diese Täuschung zu bekämpfen; auf ihn, den durch und durch gediegenen und alle wichtigen Lebensereignisse ernst und reiflich erwägenden Mann, hat sein Verhältniß zu C. Duvernay einen tiefgehenden und nachhaltigen Einfluß ausgeübt. Die Erfolglosigkeit seiner Bemühungen um ihre Hand war eine Hauptursache seines Trübsinns während seiner Jugendzeit. Zu wirklich innerer Ruhe kam er erst wieder, als er seine ihm völlig ebenbürtige, die Größe seines Geistes und Gemütes richtig würdigende liebenswürdige Gattin gefunden hatte (1819). Zunächst verlangte Chamisso jetzt mehr denn je nach durchgreifender geistiger Thätigkeit und fand ein Terrain für poetisches Schaffen in dem innigen Anlehnen an den Freundeskreis Varnhagen-Hitzig, Neumann, Theremin, de la Foye u. A. Aus diesem Kreise ging der Musenalmanach von 1804 hervor, dessen Einführung ein Gedicht Chamisso's in Terzinen „die jungen Dichter" bewirkte, welcher Letztere als Mitherausgeber des Almanachs und als ein Pariser bezeichnet ist, der sich erst seit einigen Jahren mit dem Studium der deutschen Sprache und Litteratur beschäftigt habe. Das Gedicht lautet:

 Es weht der Nord, es drücken schwer die Schranken: —
  Doch plötzlich hallt aus Thuiskon's Bardenhaine
  Beflügelt der Gesang, hallt mir, dem Franken,
 Hallt tief mir in das Herz, daß neu erscheine
  Der Schönheit Idealenwelt — — —
 Und nach dem schönen Ziel kühn zu ringen
  Erhebt der Fremdling sich. Ein Jüngling ringet
  Gleich ihm, des Zieles Höhen zu erschwingen.

  Ihr Sänger ew'ger Lieder, männlich schreiten
  Dem Chor der Lebenden uns anzureihen,
 Wir Namenlosen: Kronen zu erstreiten
  Muß das Unendliche der Mann erzielen;
  Wir ringen aufwärts, und den goldnen Saiten
 Entbeben leise Töne schon, es spielen
  Apollon's Strahlen leuchtend um die Leier,
  Und mächtig in dem regen Busen fühlen
 Auflodern wir der künft'gen Lieder Feuer.

 Chamisso übernahm — so erzählt uns Varnhagen, dessen Denkwürdigkeiten wir gleichfalls diese Hergänge entnehmen — es, auf Werbung auszugehen und einige Freunde anzusprechen, von deren poetischen Liebhabereien er schon Kenntniß hatte. Allein, noch ehe wir selbst gedruckt waren, sahen wir uns gleich zuerst in Stolz und Macht des Richteramts versetzt und mußten die ersten Beiträge, die uns angeboten wurden, des Druckes unwerth erklären. Besser gelang es mit andern. Der damalige Referendarius beim Kammergericht, nachherige Kriminal=Direktor Hitzig, übergab willkommene Uebersetzungen aus dem Spanischen, Englischen und Italienischen nebst ein paar eigenen Stücken unter seinem Vornamen Eduard; Ludwig Robert, Bruder von Rahel Levin, steuerte aus seinem Schatze reichlich bei, und Franz Theremin, Kandidat des Predigtamtes von der französischen Kolonie, beglückte uns mit einigen Blättern. Durch eine unglückliche Nachgibigkeit kam auch ein Gedicht von dem sogenannten Naturdichter Gottlieb Hiller hinein, das wir nachher hundertmal wegwünschten. Nun war ein leidliches Manuscript beisammen und geordnet, allein jetzt mußte damit ein Durchbruch bei irgend einem Verleger versucht werden, und hier zeigten sich große Schwierigkeiten. Chamisso's und meine Bemühungen bei Buchhändlern, die wir kannten oder nicht kannten, schlugen sämmtlich fehl, man wagte nicht an der Vortrefflichkeit unserer Gedichte zu zweifeln, aber man wollte Namen, die schon berühmt und bekannt wären, und wir mußten voll Ingrimm sehen, daß man dafür auch solche gelten ließ, über die wir uns weit erhaben glaubten und deren wir uns nur geschämt hätten. Endlich war nichts Anderes zu thun, wenn wir gedruckt sein wollten, als es auf unsere Kosten zu werden, und es fand sich ein guter Mann in Leipzig, der seine Firma dazu hergab. Chamisso war es eigentlich, der mit seinem Gelde das Unternehmen machte, und obgleich Neumann und ich einen Theil der Exemplare ihm abkauften, wird er doch, bei dem sonstigen geringen Absatz, nicht ganz ohne Einbuße davon gekommen sein. Genug, wir waren gedruckt, wir Alle zum erstenmale, und das war keine Kleinigkeit! —

Von dem literarischen Werthe dieser Jugendversuche kann gar keine Rede mehr sein;*) ganz unabhängig von diesem aber verknüpfte sich für uns Theilnehmer ein unendlicher Lebensgewinn mit diesem grünen Buche, wie es von der Farbe seines Umschlags fortan hieß. Unsere Freundschaft befestigte sich durch dieses gemeinsame Auftreten, neue schlossen sich zahlreich an, verwandtes Streben und empfänglicher Sinn nahm, wenn auch nur im Stillen, von uns Kunde, und in weiter Ferne und späten Jahren begegneten uns noch werthe Wirkungen einer damals erregten günstigen Aufmerksamkeit. Aber auch unmittelbar durften wir unsern Muth, unsere Zuversicht und selbst unser Talent durch ein Erscheinen erhöht fühlen, das wir unter keines fremden Namens Gunst und Schutz, sondern als Neulinge selbstständig in eigener Leitung gewagt. In den Stand eines Autors zu treten, wäre es auch nur mit so geringen Mitteln, als die unsrigen damals, dürfte zu keiner Zeit, so lange nicht die literarischen Verhältnisse und selbst die Sitten eine große Umwandlung erfahren, als etwas Gleichgültiges anzusehen sein. Die Ehre und der Reiz, welche damit

---

*) Wohl aber — so scheint es — werden immer anzuerkennen bleiben der Ernst und die Liebe, mit welcher die jugendlichen Herausgeber das Redaktionsgeschäft betrieben und wovon die Briefe Chamisso's an die Freunde Zeugniß ablegen. Es galt allen wirklich die Sache selbst mehr, als der Wunsch, sich bemerklich zu machen.

verbunden sind, schimmern lockend auch den Königen und Helden, und von allen Genüssen, die dem Alter nach und nach absterben, hält dieser am längsten aus. Man denke daher, welch ein Schritt für uns Jünglinge dies war, wir empfingen damit eine neue Mündigkeit, die wir selbst ausgaben; wir traten auf das Feld wo die Kränze lagen, und wenn wir Dichter zu sein behaupteten, so mochte dies im ästhetischen Sinne noch ferner wie bisher bejaht oder verneint werden können, im literarischen waren wir es aber einmal gewiß.

Aufsehen genug bewirkten wir, in unsrem nächsten Kreise das außerordentlichste; die Frauen besonders waren gereizt und geschmeichelt, an dem Schmuck unserer Dichtung, der jetzt erst gefaßt worden, so nahen Theil zu haben.

Chamisso machte Varnhagen mit den ihm persönlich noch fremden Poeten des Almanachs bekannt. Theremin besonders erschien Letzterem als ein höherer Geist und nahm ihn durch seine schöne, wohlklingende und edle Sprache ein. Die poetischen Thee's des grünen Buches, welches die Grundlage und Hauptbeziehung der gemeinsamen Zusammenkünfte blieb, nahmen ihren Anfang sehr einfach bei Hitzig, der vielen Raum hatte und durch liebenswürdigen Sinn und geselligen Geist den anziehendsten Vereinigungspunkt bildete; es gaben diese Zirkel durch innige Wärme der Freundschaft und durch geistige Erhebung ein reines Glück zu kosten, welches die Nacht ihn von den Sternen herabzurufen schien, im Gegensatze des Tages, der die Verbundenen wieder in die mannigfachsten Geschäfte einer Wirklichkeit zersplitterte, die sich auch noch von jenem geheimen Lichte möglichst erhellen sollte. Die späteren Thee's, die dann abwechselnd bei Graf Alexander zur Lippe, Robert und Theremin gehalten wurden, hatten schon die Einfachheit und Unschuld der ersten nicht mehr, es drängten sich schon mehr Ansprüche und Absichten herzu. Auch hatte die Gesellschaft schnell zugenommen. Ein sinnvoller gutmüthiger Stubengenosse und nachheriger Schwager Hitzig's, Adolf von Uthmann, und ein liebenswürdiger Schicksalsgefährte Chamisso's, Louis de la Foye, französischer Emigrirter und preußischer Offizier wie er, und auch in Kenntniß und Uebung des Deutschen ihm nachstrebend, brachten dem ursprünglichen Ton und Behagen keine Aenderung. Unruhiger, verschiedenartiger, belebter und zerrissener wurden die Abende durch die Einführung Koreff's, eines jungen Arztes aus Breslau, der seine Studien in Berlin vollendete, und seine universelle Genialität auch in Gedichten, unerschöpflich aber in jeder Redeweise, in erhabenen, humoristischen und possenhaften Ausbrüchen, an den Tag legte; mit ihm gleichzeitig wurden auch Georg Reimer und darauf noch einige andere wirkliche oder angebliche Poesiefreunde zu ihren Versammlungen gezogen, wo nun die glänzendste Unterhaltung gepflegt wurde. In der Folge kehrte mehr Einfachheit und Innigkeit zurück, die Gesellschaft war kleiner, Koreff tiefer mit ihnen befreundet und gefühlvoll-ernst in seinen Mittheilungen; meistens trafen sie bei Chamisso auf der Wache zusammen, wenn er sie am Brandenburger oder Potsdamer Thore hatte, und zwischen militärischen Unterbrechungen hin verwachten sie halbe und ganze Nächte in Gesprächen über Poesie oder Studien- und Lebenspläne, deren Ausführung ihnen noch ferne lag.

Viertes Kapitel.

Im Frühjahr 1804 sah Berlin bedeutende literarische Gäste. Schiller's Anwesenheit erregte große Bewegung; nicht nur in allen Gesellschaftskreisen bemühte man sich um ihn, auch im Theater und auf der Straße vor seiner Wohnung schallte ihm der Jubel entgegen.

Er sah im Theater Wallenstein, die Jungfrau von Orleans und die Braut von Messina in einer scenischen Vollendung aufführen, wie er sie selbst nicht in Weimar gewohnt, und sie in Berlin nur Iffland's begeisterter und unermüdeter Sorgfalt zu verdanken war. Prinz Louis Ferdinand, welcher nur zu bald bei Saalfeld den Heldentod eines Max Piccolomini erleiden sollte, lud Schiller zur Tafel, und die Königin Luise zeichnete ihn durch viele Beweise ihrer Huld aus. Der Plan, ihn zu beständigem Aufenthalt nach Berlin zu ziehen, ist von der kunstsinnigen Fürstin, auf welche Schiller's Dichtungen einen tiefen Eindruck gemacht und die sich dankbar dafür beweisen wollte, wohl ohne Zweifel ausgegangen.

Auch die Staël kam nach Berlin und erregte dort allgemeine Aufmerksamkeit. Später passirte der berühmte schweizer Geschichtsschreiber Johannes von Müller Berlin. Varnhagen zog um diese Zeit zu Adelbert von Chamisso, der ihm eine gastliche Zuflucht angeboten.

Nordsternbund nannten die jungen geistvollen Männer, welche sich in Berlin unter der Aegide der beiden Brüder Friedrich und August Wilhelm v. Schlegel schaarten und bald eine literarische Bedeutung einnahmen, wie ehedem der in Begeisterung für Klopstock vereinte Göttinger Hainbund, ihren Kreis, weil er, da der Norden das Land der Wissenschaft, mit dem Zeichen ττπα (το του πολου αστρον) den Nordstern zu seinem Symbol gewählt hatte.

Durch den Musenalmanach zog Chamisso die Aufmerksamkeit bedeutender Männer auf sich, die ihn anspornten, die durch die Verhältnisse versäumte Bildung nachzuholen. Wie Varnhagen studirte er in den Jahren 1804 und 1805 die griechische Sprache, welche er bald so meisterhaft handhabte, daß er darin verschiedene, in der von Hitzig besorgten Herausgabe seiner Werke veröffentlichte Briefe an seine Freunde schrieb. Er versäumte darüber aber in keiner Weise, seiner dichterischen Thätigkeit sich hinzugeben. Mit Varnhagen gab er noch zwei Jahrgänge des Musenalmanachs heraus, zu welchen neben Andern Fouqué, Aug. Fr. Bernhardi und Rosa Maria, Varnhagen's Schwester, Beiträge lieferten. Im Jahre 1804 ging Varnhagen nach Hamburg, um sich auf dem Johanneum zum Besuche der Universität vorzubereiten, ihm folgte zu gleichem Zwecke Neumann im Jahre 1805. Auch unser Dichter mußte im Oktober 1805 Berlin verlassen, um seinem Regimente zu folgen, das nach verschiedenen Märschen im März 1806 in Hameln einrückte und bis zur Uebergabe der Festung einen Theil der Besatzung bildete.

Reizend beschreibt Chamisso diesen Zug in einem Briefe: „eine liebenswürdige Unordnung ist bei uns anzutreffen, Brot und Futter fehlen und ich habe gemerkt, daß hohl im Leib seiende Pferde gar nicht gern von Zeitungslesen satt werden. Meine Compagnie ist die unordentlichste unter allen. Derselben capitain d'armes scheint ein unbeholfener Schuft, ein karger, wohl charakterisirter charakterloser Waschlappen, mein Premierlieutenant aber ein guter Soldat und Kamerad, mit dem ich bei dem ersten Marsch Kriegsbruder auf du und du geworden bin. Im Ganzen lobe ich mir unsere raschen muntern Franzosen." Ob er sich gleich auf dem Marsche mit mancherlei Studien beschäftigt und gedichtet hatte, so ward ihm doch das Soldatenleben je länger, desto unerträglicher, weil er fühlte, wie wenig er für gediegenere Bildung zu thun vermochte. Zudem verleideten ihn die damaligen politischen Zustände und seine eignen bedrängten Verhältnisse mehr und mehr seine militärische Stellung und verdüsterten ihm Lage und Stimmung. „Nein" — schreibt er an seine Freunde Varnhagen und Neumann — „so dauere ich hier nicht aus, ich muß es gewaltsam ändern und ein anderes Unterkommen finden, ich bin ja nackt, wie wenn ich in die Welt gekommen bin und der Menschensohn hat nicht, wo er sein Haupt hinlege."

Um eben diese Zeit fand die erste Annäherung statt zwischen Chamisso und Friedrich de la Motte Fouqué. Dieser gab einige Gedichte für den sogenannten grünen Almanach ein, der sich jedoch in diesem, seinem dritten Jahrgange zu einem rothen umwandelte. Ob ein Zeichen wachsenden Erblühens? Fouqué bejaht in seiner Lebensgeschichte dieses. Es habe das in den Zeitumständen gelegen, wie solche der deutschen Literatur, absonderlich der poetischen, bald nachher so hemmend in den Weg traten. Die eigentlichen Begründer des Almanachs — Chamisso, Varnhagen, Wilhelm Neumann — zeigten sich in diesem Jahrgange beträchtlich vorgeschritten an innerer Klarheit und Kunstfertigkeit der Formen, obgleich die damaligen Meister der romantischen Schule diese Jünglinge noch nicht vollständig anerkannten. Es war eine Ungerechtigkeit, absonderlich in Bezug auf Chamisso, dessen Uebertritt, oder besser: „Heimkehr" aus der neufranzösischen zu der deutschen Sprache, als der Mutter aller ursprünglich germanischen Rede, schon an sich eine allzu beachtenswerthe Erscheinung war, um seine Dichtungen so oberflächlich als Jugendversuche flüchtig zu überblicken, und bis auf Weiteres einstweilen ad acta zu legen. Aber auch die Namen Varnhagen und Neumann stehen seither in einem Lichte, welches kundgibt, wie man schon damals ihren Aufgang bei geziemender Beachtung besser hätte würdigen mögen. Jenes Nichtbeachten von Seiten der Meister jedoch, mitunter wohl gar von Achselzucken begleitet, gab den drei wackern Jünglingen Veranlassung, die Echtheit ihres Bestrebens durch eine ruhmwürdige Beharrlichkeit zu bewähren, und, je ungünstiger das Wetter von Außen sich anstellte, je tiefer und fester ihre Wurzeln in den Grund zu senken. Möge noch oft manch ein edler, frühe mißkannter Dichtergeist Kraft schöpfen aus Jener Beispiel, und Labung aus ihrem dennoch rühmlichen Erfolge.

Das Jahr 1806 stieg herauf, wohl von Vielen in seiner schweren Bedeutsamkeit ahnend angeschaut, von Niemandem vielleicht jedoch die plötzlich gegen dessen Ende so viel des Schönen und Guten zerschmetternden Donnerschläge für möglich erachtet.

Der Bade-Aufenthalt in Nenndorf, welchen Fouqué gewählt, war im Ganzen eben ein Bade-Aufenthalt gewöhnlicher Sorte: langweiliges Ringen nach Kurzweil. Aber einzelne bedeutende Erscheinungen leuchteten dennoch dazwischen empor.

Chamisso kam zweimal von Hameln, wo er als preußischer Infanterie-Lieutenant in Garnison stand, zu Fouqué herüber, die Beiden schlossen innigen Dichter- und Herzensbund miteinander. Er hat vorgehalten, wenn auch späterhin von einigen Zeitnebeln getrübt, dennoch im Wesentlichen treu vorgehalten bis ans Ende, und so schreibt Fouqué, ich hoffe, meinen Adelbert einst in großen Freuden da wiederzufinden, wo es keine Nebel mehr gibt und keine wankenden Freunde mehr. Dich grüß ich noch immer mit dem Gruße, womit Du mich hienieden so gern zu grüßen pflegtest: „Mein Vielgetreuer!" —

Wer denkt da nicht unwillkürlich an die Verse Fouqué's.

Adelbert von Chamisso 1813.

Trifft Frank' und Deutscher jetzt zusammen,
Und jeder edlen Muth's entbrannt,
So fährt an's tapfre Schwert die Hand
Und Kampf entsprüht in wilden Flammen.

Wir treffen uns auf höherm Feld,
Wir zwei verklärt in reinerm Feuer,
Heil Dir, mein Frommer, mein Getreuer
Und dem, was uns verbunden hält.

Durch Fouqué angeregt, begann Chamisso in Hameln ein größeres, aber unvollendet gebliebenes dramatisches Gedicht: „Fortunatus Glückseckel und Wünschhütlein, ein Spiel." Der Dichter ist in der Handlung dem Volksbuche

gefolgt, die Form dieser Poesie zeichnet sich durch Gewandt=
heit, die Darstellung durch lichtvolle Klarheit aus. Der
Dialog ist in fünffüßigen Jamben, hin und wieder in
jambischen Trimetern, in der lebensfrischen Schlußscene in
Trochäen geschrieben, dazwischen kommen Terzinen, lyrische
Stanzen u. s. w. vor.

Wie genau und gewissenhaft Chamisso auch mit den
Grundsätzen der Metrik sich bekannt machte, wie meisterhaft
er Reime und Silbenmaße handhabte, ergibt am Klarsten
sein Brief an seinen Freund und Landsmann de la Foye:
„Noch soll ich Dir über Deine Stanzen sprechen, nun da
gilt wieder alles, was ich von den Sonetten Dir gesagt
habe, und für das Erste: unbarmherzig, unbarmherzig,
hörest Du, lerne Du mir Deutsch, sage ich, und richtig
dekliniren und flektiren auf allen Wegen, vorher läßt sich
nichts anfangen, vorher sollst Du mir nichts wieder an=
tasten. - Lerne nur hübsch fleißig und artig, welche Fälle
regiert werden von den Präpositionen und den Verben
und welchen Geschlechtes die Wörter sind, dann rücken wir
zur Arbeit — das ärgert mich denn, Deine Stanzen sind
sehr gut, ja wahrlich, wäre es nur nicht so schwer, die
verdammten Flecke wegzuputzen — Genitiv des Verlangens,
des Strebens ꝛc., man umranket nicht sich um etwas,
man umranket etwas nur — der Liebesgebäude, der Liebe
Gebäude; solche Elisionen sind auch schlecht wie „holde
Blum'"; wie „und stimm' sie". Zum Andern muß ich
Dir sagen, daß Du die liebliche Form der sich wiegenden,
dreimal fliehenden und dreimal zurückkehrenden Stanze, die
da zwei gleichreimende Verse endlich schließen, beleidigst,
indem Du die zweiten Verse in die dritten hineinlaufen
läßt. Ein Punkt gehöret von Rechtswegen jeglichem zweiten

Vers und enjambements zu den coups d'effet, wie etwa in den französischen Alexandrinern. So etwas mußt Du wegbringen, indem Du gute Stanzen liesest. Siehe doch den Leuten auf die Hände, indem sie arbeiten. — Auch sprech' ich Dich wohl nicht zum letzten Mal über dies Gedicht, das mich sehr erfreut hat — aber noch über einen Punkt muß ich warnen: daß mich Deine Gedichte ja nicht an andre schon dagewesene erinnern. Das ist, was Fichte an unserem Almanach getadelt hat, am meisten an ***, am wenigsten aber an mir, und er hat mir derb eingeschärft, dieses negative Lob ja recht zu behaupten. Deine Stanzen möchten mich an Stanzen oder doch an Verse von mir erinnern. In den „jungen Dichtern", fällt mir eben ein, steht: „des Lebens Sterne sind ach! ausgeglommen."

In der Ruhe seiner Studien wurde er durch die Kriegserklärung des Kaisers Napoleon an Preußen furchtbar aufgerüttelt. Wohl hatte er sich schon im Jahre vorher mit dem Gedanken vertraut zu machen gesucht, seinen eigenen Landsleuten als Feind gegenüber zu stehen; jetzt aber drohete ihm Schlimmeres. Im Begriff den Krieg zu eröffnen erließ Napoleon am 7. Oktober von Bamberg aus ein Dekret, wonach jeder Franzose, der in den Reihen des Feindes diente, im Falle der Gefangennehmung vor ein Kriegsgericht gestellt und binnen vierundzwanzig Stunden erschossen werden sollte. Chamisso war durch dieses Dekret dem schmachvollsten Tode ausgesetzt und seine Brüder und Freunde waren um ihn in tödtlicher Angst, ja auch seine Familie schien gefährdet. Erst in den letzten Tagen des Oktober, zu einer Zeit, wo er sich körperlich sehr unwohl fühlte, scheint er (durch einen Brief seines Bruders Hippolyt) Kunde von der ihm drohenden Gefahr erhalten zu haben.

Er wollte zur Beruhigung der Seinigen wenigstens das nach Umständen Mögliche versuchen. Er wendete sich daher an den Kommandanten des Regiments Prinz Oranien (diesen Namen führte sein Regiment seit dem März 1806), und dieser ertheilte ihm am 3. November den Bescheid: „da er bereits im Juni um seinen Abschied eingekommen sei, derselbe aber vom Könige abgeschlagen worden, so sei es jetzt unmöglich, von Neuem darum einzukommen, sodaß es ihm nicht zur Last gelegt werden könne, wenn er auf das kaiserliche Defret den Dienst nicht verlasse und nicht nach Frankreich zurückkehre. Man zweifle daher nicht, daß auch der Familie des Lieutenants von Chamisso, welche sich in Frankreich aufhalte, keine nachtheiligen Folgen daraus erwachsen könnten, da er selbst etwas Unmögliches möglich zu machen nicht im Stande gewesen." Da der Postenlauf nach Hamburg noch frei war, so schickte er dieses Dokument an Fanny Hertz, die er im Sommer 1805 in Berlin hatte kennen lernen, mit der Bitte, es in die Hände seines Bruders zu befördern und beim französischen Gesandten in Hamburg Gebrauch davon zu machen. Er selbst ergab sich ruhig und muthig in das Verhängte; „ich bleibe getrost in Reih' und Glied gegen mich selber," schreibt er am 5. November an Neumann, „muß es nach begehrtem Ausspruch, und bei dem Allen werd' ich nicht verstanden und vielleicht wohl gar hegt man Mißtrauen gegen mich."

Chamisso hatte, wie wir hier einschalten wollen, längst den Entschluß gefaßt, im Frühjahr 1806 einen längeren Urlaub zu einer Reise nach Frankreich zu nehmen, um sich mit seiner Familie über seine Pläne für die Zukunft, denen besonders seine Mutter entgegen war, zu verständigen und über die Herbeischaffung der äußeren Mittel zu besprechen, welche er zur Ausführung derselben bedurfte. Nach seiner Rückkehr gedachte er den Militärdienst zu verlassen und sich in Gemeinschaft mit den Freunden wissenschaftlichen Studien zu widmen, er wollte nicht mehr blos dichten, er wollte vor Allem etwas Tüchtiges lernen, um, falls die Verhältnisse es gestatteten, eine weitere Reise mit Nutzen unternehmen zu können. An das Studium der Naturwissenschaften dachte er damals noch nicht; sein Ziel war überhaupt tiefere, gründliche Bildung.

Gegen Ostern 1806 bereiteten sich Varnhagen und Neumann, denen sich Aug. Neander angeschlossen hatte, Hamburg zu verlassen und die Universität Halle zu beziehen; sie forderten den Freund bringend auf, ihnen dorthin zu folgen. Auf seinen Wunsch nahmen sie ihren Weg über Hannover und kamen von dort aus nach Hameln; Neander traf erst in Halle wieder mit ihnen zusammen. „Am zweiten Osterfeiertage (den 7. April 1806), „so erzählt Varnhagen," hatte Chamisso am Osterthor zu Hameln die Wache; Neumann und Varnhagen brachten alle ihre Stunden bei ihm zu und mancherlei Gespräche fanden Statt über künftiges Studiren, Bilden, Handeln. Unter solchen Erörterungen kam die Nacht; die drei Freunde lustwandelten bei herrlichem Mondschein durch die einsamen Festungswerke. Da überkam Chamisso ein mächtiges Gefühl, er fiel den Freunden um den Hals und erklärte fest und feierlich, er wolle nun ganz ihnen gehören, ihre Studien und Geschicke theilen, den Abschied fordern und ihnen nach Halle folgen. Von diesem Augenblicke rechnete er selbst die ganze nachherige Entscheidung seines Schicksals. Seine damalige Stimmung hat er wenige Tage nach der Abreise der Freunde in „Adelbert's Fabel" poetisch dargestellt, welche zuerst in den von Varnhagen und Neumann herausgegebenen „Erzählungen und Spielen" erschien und in den 2. Band der Werke aufgenommen ist. Er forderte seinen Abschied, das Gesuch blieb lange liegen; nach langem Harren erfolgte endlich (im Juli) die Antwort, seine Bitte war abgeschlagen; er fügte sich mit schwerem Herzen in das Unabänderliche."

Im November 1806 ging Hameln an die Franzosen über. Was Chamisso von dieser Uebergabe an Varnhagen schreibt, ist zur richtigen Herstellung und Würdigung des Charakterbildes des ritterlichen und durch und durch edelen Dichters ganz unentbehrlich, weil wohl nicht leicht aus andern Dokumenten der Konflikt des gegen seine Landsleute kämpfenden Franzosen so bestimmt erkennbar wird. Wir theilen daher dieses Schreiben hier nochmals im Zusammenhange mit: „Ein neuer Schimpf haftet auf dem deutschen Namen, es ist vollbracht das Schmähliche, die Stadt ist über.

„Erwarte keine Erzählung von mir, nein, den tiefen Ingrimm meiner Seele will ich nur in Dein Herz weinen. Siehe, ich konnte eigenes Unglück, dessen mir auch auf meiner Bahn ein Theil geworden, mit wohlmännlicher Fassung ertragen, und kann heute mich noch immer nicht fassen, mich nicht denken, ich habe nur Jammer, nur Thränen, die in mein Herz zurückfallen und es schwellen, daß ich nicht Athem holen kann. O Freund, müssen Einzelne so reich an Schande sein, daß sie den Becher über Tausende, Starke und Gesunde, auszuleeren vermögen, und sie in eigene Niedrigkeit ziehen und verderben. O! es ist ein Hartes, bei Gott! ein Hartes, der schuldlosen Opfer eins zu sein, und zürnend Schamröthe über sein Gesicht glühen zu fühlen, da man nichts verbrochen.

"Erinnere Dich der trauten Gespräche, deren wir pflogen. Wie wahr, dessen wir damals einverstanden, daß es nur unter seinen Landsleuten sich ziemt, die Waffen zu führen, und wie schwer hat es auf mich gedrückt! Möchte doch damals mein Abschied, den, eingesehenem Mißverständnisse mich zu entziehen, ich gefordert, mir zugestanden worden sein; welchen unsäglichen Schmerzen wär' ich entgangen! Aber auch durch diese schwere Prüfung mußte ich gehen, und die angeborene Freiheit, nach der ich vergebens die Hand streckte, duldend von der Schmach empfangen und nicht selbsthandelnd sie wieder erwerben. So rächt sich die Jugendsünde an dem Mann. Herben Kampf hatt' ich gekämpft, mein Freund, und gelitten, was ein Mensch, was einer, der alles schwer nimmt, wie es meine Art ist, nur leiden kann und mag, bevor ich, mich in meine Lage schickend, verschmerzt habend das Ungeheure, selbst gegen mein Volk, ins schöne waltende Waffenspiel zu treten, nun ungetheilt und froh mich gerüstet.

"Und also, also sollte es mir vergolten werden! In der gewaltigen Stimmung hatte ich nicht der Pfeile geachtet, die wohl schonungslos von den Unsern gegen mich geschnellt worden. Ich hatte mir ein Genüge gethan, und sie hatten nicht Macht über mich, aber nun, siehe, nun in der Stunde der Entscheidung, da streckte die alte Sünde wieder ihr Haupt empor und höhnte gräßlich. Ich, der ich unternehmenden Muth, wie es die Zeit heischte, und erhöhte Kraft innen fühlte, ich, der Franke, war als ein solcher gelähmt, und konnte vor Wuth nur weinen, weinen wie ein Weib, da Männerthaten geschehen mußten, Thaten, die nur mir, aber nur mir zu unternehmen verwehrt waren. O, wär' ich nur ein preußisches Kind gewesen, Freund,

und hätten wir auch zu Grunde gehen müssen, da es zur Gegenwehr zu spät war, so wäre doch mindestens mit kühner That blutigem Siegel unser Untergang gestempelt ein edlerer gewesen; nicht blos in sich selbst wühlend, wäre dieser stark muskulöse Körper in unmittelbare Fäulniß übergegangen, wie es meine Augen geschaut, sondern hätte sein Brandmal getilgt, und wäre dann durch das Eisen, wie es schön ist, umgekommen. — — —

„Es ritten die Befehlshaber nach einer Warte, dort hatten sie Unterhandlungen mit den Franzosen angesetzt. Sie kehrten am Abend heim, und in unserm Kaffeehause ging das Wort, der Handel sei geschlossen. Wie es laut ausgesprochen, erhoben wir uns im Sturme, riefen Fehlende in Hast herbei und gingen viele an Zahl zum Commandanten, daß er uns Rede stehe und die Wahrheit sage. Lecoq und die anderen Generale waren beisammen. O, mein Freund, nicht um meiner Seele Preis hätte ich mögen einer der Sünder sein. Sie standen ängstlich vor uns da, blöden, lichtscheuen Wortes Antwort uns gebend: In Berlin sei doch schon der Feind, die Macht des Königs vernichtet, Magdeburg und Küstrin, Spandau und Stettin und Gott weiß, welche Städte mehr, hätten die Thore wohl eröffnet, warum doch ein Gleiches nicht thun, in der Zukunft müsse es doch kommen, und endlich, es sei nun einmal geschehen. —

„Daß es geschehen, ist die Schmach, warum begierig nach Anderer Schande fragen, eine gleiche auf sich zu laden? Nach dem, was zu thun, um ehrenfest zu bleiben, fragt, und wir werden Antwort wissen!" —

Wir sind nur auf siebenzig Tage verproviantirt. — „Auf 70 Tage doch. Wo ist sonst die sturmreife Bresche in unserm Hauptwall?" — Es wird doch keines Nutzens sein. „Wer fragt nach Nutzen? Aber auch also! Eine starke Kriegsmacht aufzuhalten und sonstiger Wirksamkeit zu entziehen, ist Nutzen. Und wißt Ihr, ob das Kriegsglück sich nicht wenden, ob nicht ein Friede noch geschlossen wird?" — Es ist nun an keinen Frieden und an keinen Krieg mehr zu denken und wir werden uns doch ergeben müssen. — „Und was gewinnt Ihr, es jetzt zu thun? Zeit ist noch immer, die Waffen zu strecken und hinzugeben die braven Bursche, die nicht also denken wie Ihr!" Also verloren wir Zeit und Worte, und es fand sich nicht gleich einer, der da gesprochen hätte: „Folgt mir!" Mehrere von uns fanden sich in dem Kaffeehaus wieder ein und hielten sich dort versammelt. Ich redete unter ihnen: „Wer den Uebergabeantrag unterschrieben, hat sich selber gerichtet und gebunden, es ist nicht auf ihn ferneres Zutrauen zu hegen. Ohne Haupt sind wir, das ist das Gebrechen. Alle Eines Sinnes, und fest auf uns vertrauend, laßt die Namen auf Zettel schreiben, in einen Hut werfen und schwingen, und das Loos gebe uns ein Haupt. Laßt dann die Regimenter unter die Waffen treten, die Thore öffnen und ruft aus: „Wer nicht kämpfen will, bis er falle, ziehe hin, wir brauchen seiner nicht." Ich redete noch, da ward Alarm geschlagen. Es war 10 Uhr an der Zeit. —

„Die Burschen wußten sich verrathen und ließen ihre Wuth walten. Ein Magazin war eingebrochen. Die erste Idee war wohl, was man nicht genossen, zu zerstören, auf daß auch der Feind es nicht genösse. Der Alarm brachte noch die Regimenter und Bataillone zahlreich zusammen. Keiner ertheilte Befehle; man ging nicht auf die Wälle, sondern blieb auf offener Straße da. Man langweilte sich, ging endlich auseinander. Alles war in Waffen auf den Straßen, vieles zog nach den Magazinen. Stückknechte raubten, und die zerschlagenen Branntweinfässer mahnten den Soldaten, das karg vorenthaltene Gut nicht eitel verrinnen zu lassen. Er hatte viele Monate die schwere Bürde der sechszig Patronen, immer hoffend auf den Feind, und nie ihm entgegengeführt, ungenutzt getragen; nun wolle er sie auch knallen hören. Der erste Schuß war ein Signal, mit dem ein Lauffeuer begann, welches bis am Morgen durch die Straßen fortdauerte. O, mein Freund, am schreckhaftesten ist die Verzweiflung, wenn sie in die Gestalt der rauschenden Freude sich verkehrt. Das ist ihr Wahnwitz! —

"Ein solches Schauspiel bot die Nacht dar, erhellt von den Blitzen des Salpeters. — Bei der Compagnie von Britzke, Regiment von Haak, standen die zwei Brüder Warnava, Soldatensöhne und Soldaten selbst. Ihre Geschichte zeugt, wie sie, eng verbunden, stets in Freud' und Leid' aneinandergehangen. Die setzten sich wechselseitig das Gewehr auf die Brust, drückten zugleich ab und fielen einander in die Arme, nicht überlebend die Schmach ihrer Waffen."

Wie uns Schläger in Lewald's Europa erzählt, stand Chamisso trauernd bei den brüderlichen Leichen, aber gerade ihr Tod führte ihn zur Befreiung aus den Fesseln des Dienstes; er ließ sich einen Paß nach Frankreich geben, ging aber vorab nach Berlin und betrieb seine Entlassung, die ihm später, nachdem das Ehrengericht sein Benehmen überall als „pflichttreu im Kriege" erkannt hatte, in der ehrenvollsten Weise wurde.

Wir theilen hier auf Grund von Palm's Aufzeich=

nungen und der Familiendokumente noch einen Auszug mit, den Chamisso später über die Ereignisse in Hameln dem Ehrengerichte einzureichen aufgefordert wurde, worauf er unterm 21. März 1809 das Zeugniß „der Pflichttreue im Kriege und über Befreiung von jeglicher Anschuldigung in Beziehung auf sein Benehmen in Hameln" erhielt und ihm unter dem 1. Mai der Charakter als Premier-Lieutenant vom König ertheilt wurde, da dieser Bericht, welcher sich von Chamisso's eigner Hand geschrieben im Konzept in seinem Nachlaß vorgefunden, zur Erläuterung von Manchem zu dienen wohl geeignet ist und das schönste Zeugniß für die ritterliche Gesinnung des Berichterstatters ablegt.

„Aufgefordert, von meinem ganzen Dienstbenehmen während des letzten Krieges und von meiner eignen Gefangennehmung Auskunft zu geben, lege ich dem Hochlöblichen Tribunal zu fernerer strenger Prüfung folgenden Bericht darüber ab. Ich habe während der Berennung und bei der Einnahme Hameln's durch den Feind (einziges Kriegsereigniß, wobei ich mich befunden) keine eigene Commission erhalten, worüber ich besonders Rechenschaft abzulegen hätte, und habe nur beim Regiment und zwar beim 2. Bataillon und in der Compagnie von Lochau gleiche Gesinnung und gleiches Schicksal mit meinen wackern Kameraden getheilt. Nichts destoweniger habe ich Gelegenheit gehabt an den Tag zu legen, daß ich in ihrem Sinne mit einverstanden war, der sich gegen eine schmachvolle Uebergabe der Festung vor dem Angriffe kraftvoll erhob. Ich erinnere, daß ich am Tage, wo, bei zu befürchtender Ueberantwortung der Stadt, der Obrist von Caprivi, der sämmtliche Forts kommandirte, das 2. Bataillon von Oranien, das eben vom Fort abgelöst worden war, wieder heraufberief, versprechend, daß er nach Soldatenart die ihm anvertrauten Mauern bis auf den letzten Stein vertheidigen wolle, daß ich, der ich mir in der letzten Nacht einen Fuß im Dienste beschädigt hatte, sobaß ich nur mit Mühe gehen konnte, vom Fort Nr. 2 nach dem Fort Nr. 1 stieg, um dem Herrn Obristen im Namen aller zu danken und ihn von der Treue und Kriegslust der Besatzung zu versichern. Ferner: daß ich mich am Abende der Kapitulation unter dem Haufen der Offiziere befunden habe, die sich beim Kommandanten einstellten, um zu versuchen, was noch übrig bleibe, um Festung und Ehre zu retten, und daß, nachdem uns die Generale mit eitlen Versprechungen entlassen hatten, ich noch mit vielen im Kaffeehause mich befand, über die Gemeinsache verhandelnd, als mit dem Alarm das Zeichen gegeben ward, daß die Zeit zu unternehmen unter Berathen und Beschließen abgelaufen sei, indem die verbreitete Nachricht des Abfalls den Muth der Soldaten in unsinnige Wuth verkehrt hatte.

Zu einer tapfern Vertheidigung der Festung Hameln hat es nur daran gefehlt, daß Einer sich der Führung anmaßte und zum Haupt aufwarf; daß Keiner sich unterfangen hat, dieses zu thun, ist ein Vorwurf, der zwar Alle, aber auch Jeden nur in dem Maße trifft, als er im Rang und Ansehn hochstand und Kriegsdienstjahre zählte. Ich war ein obskurer Subaltern, und noch mehr, ein Geächteter aus dem Volke des Feindes.

Ich kehre zu der eigenen Sache zurück. Ich habe die Nacht des Aufruhrs, nachdem das Regiment, das vollzählig auf dem Alarmplatz zusammengekommen, nach und nach auseinandergegangen war (Keiner ertheilte Befehl), bei dem Obristen von N. allein zugebracht, um ihm zum Adjutanten zu bienen, wenn er es beburfte. Er ward genöthigt, sich in das Lazareth zurückzuziehen. Gegen Morgen geleitete ich ihn noch unter dem letzten Schießen nach seiner Wohnung. Nach dem am Tage erfolgten Einmarsch der Holländer und der gänzlichen Auflösung der Unsrigen habe ich keinen Anstand genommen, das Cartel anzunehmen, habe mich auf Ehrenwort gefangen gegeben und einen Paß nach Frankreich erhalten.

Endlich aufgefordert: „auf mein Ehrenwort zu erklären, ob ich gegen einen Offizier des Regiments etwas Nachtheiliges zu sagen hätte," gebe ich, der Aufforderung Genüge zu leisten, folgendes mein Gutachten über diejenigen von den Herren Offizieren vom Regiment Oranien, mit denen ich dieselben Kriegsereignisse erlebt habe, und ihr Benehmen ab, und verbürge mein Ehrenwort, daß ich, was ich weiß und wie ich es meine, rücksichtslos heraussage.

Ich halte dafür, daß das Benehmen nur zweier Männer einer fernern Prüfung unterworfen werden könne, ja müsse. Diese sind der Herr Obrist von N. und der Herr Obrist von X., zwei Männer, von denen ich während meiner Dienstzeit mehr Gutes als Böses empfangen habe. Die Uebrigen, in ein gemeinsames Schicksal unabwendbar verwickelt, haben nichts vermocht, als ihre Gesinnung auszusprechen, und sie haben es gesammt nach Möglichkeit schön und kräftig gethan. Mein eigenes Bewußtsein spricht sie frei.

Der Herr Obrist von X., Commandeur des Regiments von Oranien, war vor dem Kriege zum Brigadier der in Hameln stehenden Truppen vom Könige bestellt, durfte vor allem auf das brave Regiment, das er kommandirte, bauen, kein Zweifel erhob sich gegen die ehrenfeste Tapferkeit des Herrn Obristen. Darin traute ihm der Soldat, und, wie

die Stimmung war, er wäre ihm sonder Anstand durch
Feuer und Flammen gefolgt. Hätte sich der Herr Obrist
von N. nicht der Gewalt in der Festung bemächtigen können
und dem, was geschehen ist, vorbeugen? Hätte er es nicht
gesollt? Ist er nicht dem Könige Rechenschaft schuldig über
die ihm anvertrauten Truppen, welche selbst nur des Kampfes
begehrten? Ich erhebe als Zweifel gegen den Herrn Obristen
von X. das, was er nicht gethan hat. Dagegen ist er
nach der Stadt mitgeritten und hat einen Zeugen zu den
Verhandlungen der Kapitulation abgegeben.

Der Herr Obrist von X., der sämmtliche Forts komman=
dirte, hatte aus eigenem Gefühle gelobet, dieselben, auch
wenn die Stadt übergehen sollte, zu vertheidigen. Die
Hoffnungen der Truppen, deren er sicher war, ruhten auf
ihm; er hat sie getäuscht, er hat gewiß, vom Machtwort
der Generale niedergeschmettert, für diese Forts kapitulirt.

Was die Offiziere anbetrifft, die späterhin beim Feinde
Dienste angenommen, so mag ihre That, wenn sie erst
erwiesen ist, sie richten.

Schließlich. Ich fürchte nicht von denen, an die ich
das Wort richte, und nicht von denen, die es gleich mir
führen, getadelt oder widersagt zu werden, wenn ich von
dem Grundsatze ausgegangen bin, daß es sonder fernere
Rücksicht schmachvoll sei, eine Feste dem Feinde zu über=
antworten und ihm deren Besatzung gefangen zu liefern,
wenn noch kein Angriff auf diese Feste geschehen, keine
Laufgräben vor derselben eröffnet worden sind, wenn noch
zur Stunde keine Hungersnoth in ihr herrscht; ja wenn
der schwächere Feind die flüchtige Berennung aufgehoben
hat, die Bürgerschaft gefaßt und die Besatzung voller Muth
ist, und ich brauche nicht auf den Buchstaben des Kriegs=

Reglements Friedrich's mich zu berufen. Mögen denn die Urheber der Kapitulation Hameln's für den neuen Schandfleck, den sie dem deutschen Namen aufgeheftet haben, büßen; wir wälzen die Schuld von uns ab und waschen uns von der Schmach rein.

Ich halte dafür, daß bei gegenwärtigem Ehrengerichte, wie in jeder Ehrensache, der Mann für sein Wort stehen muß; ich begehre also nicht, daß mein Name von meinen Worten getrennt werde."

Dixi.

Fünftes Kapitel.

Obgleich Chamisso sich glücklich schätzen mußte, daß er nicht in den Fall kam, gegen seine Landsleute zu kämpfen, so fühlte er doch die Schmach, die dem Ruhme und der Ehre des besonders unter Friedrich's II. Führung so bewunderten preußischen Heeres widerfahren war, dem er angehörte, eben so tief, als wenn er ein geborener Preuße gewesen wäre. Auf Ehrenwort Kriegsgefangener, erhielt er einen Paß nach Frankreich, wohin ihn seine Eltern schon vor dem Ausbruche des Krieges dringend berufen hatten.

Auf der Reise in sein Vaterland schreibt Chamisso am 3. Dezember 1806 noch aus Deutschland an Varnhagen in Berlin von Wesel aus: „Wo Du auch seiest und Dich diese Zeilen treffen, ersuch' ich Dich, meiner zu gedenken und mich nicht lange Deines Wortes harren zu lassen. Meine Schicksale weißt Du. Schmach Denen, die Schmach bereitet haben, wir waren bei Gott! ein gutes, ein starkes Kriegsvolk, und freudig der Waffen, aber da das Haupt fehlt, muß in dem Körper die Gährung eintreten, die in Fäulniß übergeht. — Gewesen! nicht rückgeschauet und nicht mit Bangigkeit die Seele gequält! Vorwärts denn, immer vorwärts — ich bin mir bewußt, ein Reiner zu sein, der da gethan hat, was in ihm war, die Kräfte sind da, und die alten begehrten Bahnen mir offen. —

Auf der Pilgrimfahrt bin ich begriffen nach dem Mutterlande — die mußt' ich so begehen; doch verarmt und des Segens Eurer Umarmung beraubt, zieh' ich hin. — Möge liebvoll meiner warten das Waltende! Ihr indeß werdet die alte, donnergeschlagene, auseinander versprengte Heerde wieder sammeln und meiner denken, daß ich zu ihr mich fügen kann, in der Zeit, wenn es Gott gibt; drum liegt es Euch ob, mit Worten mich zu verfolgen und nicht sinken zu lassen.

Ich werde für uns Koreff aufsuchen, wo er sich versteckt halte, und werde La Foye umarmen, von Beiden erfahrt Ihr durch mich, und sie durch mich von Euch. — Zusammenhalten müssen wir, und stets uns anrufen, auf daß wir wach bleiben.

Es hat mir sehr wehe gethan, nichts von Dir aus Berlin zu erhalten. Ich gebe der Post schuld. — Bist Du noch in Berlin, so ist Bendel — mein Bursch — mit mündlichen Aufträgen an Dich ergangen, und mit einer 2. Lieferung des Fortunat. A propos von diesem. Da ich nun ganz vereinzelt bin, ist es mir wichtig, ein grünbliches Wort darüber zu vernehmen; ich werde vielleicht dort auf dem Lande Zeiten haben, da ich daran wacker werde arbeiten können.

Zweitens bitt' ich um Bericht über Eueres Buches Schicksal — ist es da, und wie? Ein Exemplar begehr' ich, und zwar auf dem sichersten, schleunigsten Wege. Was macht das „gelehrte Berlin?" An alle Freunde entrichtet meinen Gruß und laßt Gebet ergehen, daß sie meiner nicht vergessen; als ein deutscher Student will ich fortan leben und sterben.

Sollt' ich aber dort, was Gott verhüten möge, untergehen, ist dieses mein Testament. Mein Hab und Gut an Möbeln und dergleichen fällt τ. τ. π. ά. anheim — die Auswahl meiner Bücher aber und ein Kästchen mit Briefen, Dokumenten, Pretiosen ꝛc. wird La Foye zugeschickt, als Ersatz für die verlorenen Bücher. —

Du weißt bereits, daß uns're Hallenser in Göttingen sind — es war mir zwar nicht weit, sie zu besuchen — des Rathes hätten doch wir nicht pflegen können, da Du fehltest — und es war mir darum zu thun, mit peinigendem Gefühl im Herzen, von dem Schauplatze zu flüchten, wo nach zehn langweiligen Jahren der Aufruf zu begehrtem Wirken das Signal ward dieser Ereignisse. Ihr schloß ich mich grade am stärksten an in diesen ersten frohen Stunden der Erwartung — eine solche sollte die Katastrophe werden! — Als gute Brüder haben sie mich, den anerkannten Bruder umarmt, ich hatte sie mehr schätzen gelernt, sie mich, und schmerzlich war die Trennung; ein hin sich gebendes Abwärtssehen vom persönlichen Interesse, vom finanziellen und irdischen, für eine Idee, ein Nichts, wie sie es nennen, lebend — doch erhebt es den Soldaten, unbewußt lebt er Poesie, und bei Gott — in seinen Kriegen ist er nach dem Dichter der nächste bei Gott, ich habe es gefühlt. —

Willst Du Worte, ich gebe nur Klänge, Lebe wohl.
Adelbert.

Habt Ihr gelehrte und andere Aufträge für Paris, lasset es mich gleich dort erfahren."

Um Weihnachten 1806 ist Chamisso in Paris, seine Eltern hatten Einleitung zu einer Verheirathung getroffen, die, wie sie hofften, den Sohn in das Vaterland und in ihre Nähe dauernd zurückführen sollte. Allein schon vor seiner Ankunft waren Vater und Mutter gestorben, Letztere am 24. Oktober, Ersterer am 3. November. Cérès Duvernay führte ihn in ihre Familie ein und bewies ihm unveränderte Freundschaft; „sich selber treu, theilt er an de la Foye mit, begegnet sie mir vor Freunden und Fremden wie sonst in Lützow."

Er besucht „Menschen und Bibliotheken", schweigt aber am Liebsten von der Zukunft und läßt die Zeiten gehen und kommen. In Paris hält ihn nichts. „Wo ich auch bin — klagt er — entbehre ich des Vaterlandes. Boden und Menschen sind mir fremd, drum muß ich mich immer sehnen. Vieles im Mutterlande hat ein Recht an meine Liebe.

Lieber, guter, herrlicher Junge! (schreibt er an Varnhagen) wer könnte daran zweifeln:

„Was paßt, das muß sich finden,
Was liebt, zusammensein!"

Ja, wir werden uns finden und fortan zusammen sein frühzeitige Männer, ewige Jünglinge in der Liebe, nimmer altern und wie uns freuen, daß, von so vielen Plagen und Hemmungen befeindet, wir nach innerer Nothwendigkeit siegten.

In Kerkern und Fesseln habe ich bis jetzt gelebt und der Kerkermeister reichte mir zu bestimmter Zeit mein Brot, mich schwindelts allein auf der Ebene zu schreiten, laß mich nicht irre gehn und wohl in Eure offenen Arme fallen." Auf Bitte seiner Geschwister und Verwandten verweilte Chamisso bis zu Ende September 1807 in Frankreich.

Die Verhältnisse in seinem ehemaligen Heimatlande Befriedigten ihn in keiner Weise. Auf französischer Erde geboren, wollte er als echt ritterlicher pietätsvoller Charakter nicht gegen Frankreich und seinen Kaiser im deutschen Heere das Schwert ziehen. Er bedauerte den großen Mann, der es nicht verstand, seinen übermüthigen Sinn zu zähmen, der, Herr eines ganzen Welttheils, in sein kurzes Leben das zusammenzudrängen eilte, was Jahrhunderte nicht durchzuführen vermögen, indem er Spanier und Deutsche, Polen und Dalmatier, Italiener und Franzosen gleichsam in einem Topfe kochen und gar machen wollte zu gleicher Zeit und dessen rastlose Ungeduld fast an Raserei grenzte, zum Despotismus, zur Verwirrung der Völker und zu seinem Sturze führen mußte. In der dramatischen Scene: „Der Tod Napoleon's" läßt Chamisso Europa sagen:

Napoleon!
Weltherrscher einst, in Fesseln jetzt Verschmachtender;
Zurück von Dir nicht fordernd das vergoss'ne Blut,
Das theu're meiner Kinder, nein den hohen Preis,
Um welchen fließen es gesollt, erschein' ich Dir.
Es rangen zwei Weltalter um die Herrschaft; Du
Stiegst auf, du Schicksalsmächtiger, da ward es still;
Nicht Friede — schweigsam lagen sie zu Füßen Dir
Du Franklin nicht, nicht Washington, Du hast gebaut
Vergänglich für die trunk'ne Lust des Augenblicks.
O hättest Freiheit Du geschaffen nach Deiner Macht,
Noch ständen aufrecht Deine Bilder, unentweiht
Von Händen, die zu heben unvermögend sind
Das Dir entsunken, Dein gewicht'ges Herrscherschwert.

Der finstere Despotengeist in Napoleon war es, was Chamisso anwiderte. Seine freie Seele hörte die Ketten klirren, womit der gewaltige Schlachtenlenker Europa bedrohte. Prophetisch spricht er es in obigem Gedichte aus, wie die Völker gelitten unter dieser Alles verschlingenden

Eroberungsgier, unter dieser schrecklichen Verwirrung einer weltgestaltenden Idee.

Auch sonst fühlte der Dichter in seinem Geburtslande sich nicht mehr befriedigt. Chamisso's vorurtheilsvoller Blick erkannte freudig an, daß Lessing die deutsche Poesie von der geistlosen französischen Herrschaft auf literarischem Gebiete erlöset und hier mit wuchtigen Keulenschlägen die Zwingburg französischen Einflusses zerschmettert hatte.

Von dem volsthümlichsten Dichter Frankreichs, Béranger (wenige Monate — vor Chamisso — 13. August 1780 geboren), dessen chansons Chamisso mit Gaudy in Deutschland durch ihre gemeinsame Uebersetzung eingeführt hat, urtheilt Ersterer: „ohne Gesinnung und Charakter, welche eben die Wurzeln seiner Poesie sind, würde Béranger nur ein Mann von Talent sein, wie es deren so viele gibt, nicht aber der Dichter, der Alle überragt. Von ihm gilt: „mes chansons c'est moi; le peuple c'est ma muse".

Das französische Volkslied ist wesentlich frivol. Les rondes (Reigen, das allein echt französische Volkslied, nach welchem getanzt wird) sind ohne Ausnahme der Art, daß sich der Fremde höchstens wundert, sie auch in gesitteten Kreisen zu finden. In der höheren Literatur besiegt der Franzose les faveurs de Glycère und sa belle maitresse wo der ehrbare Deutsche in der Regel seine Liebe, seine Braut, seine Frau, und seine Kinder meint.

„Sogar den gottlosen Beranger, schreibt König Friedrich Wilhelm IV. als Kronprinz in seinem berühmt gewordenen eigenhändigen, Seitens der Söhne Chamisso's wie ein Heiligthum aufbewahrten Schreiben vom 16. Mai 1836 an den Dichter — haben Sie nicht übersetzt, sondern verdeutscht — ich wollte Sie hätten ihn zerdeutscht!"

Vergeblich versuchten es Chamisso's Geschwister, ihn in Frankreich zurückzuhalten; nur die Nothwendigkeit, seine Vermögensverhältnisse zu ordnen, noch mehr aber die Unmöglichkeit, vor Abschluß des Friedens mit Preußen einen Paß zu erhalten, verzögerten seine Abreise bis Ende September. Nach kurzem Aufenthalte bei Fouqué in Nennhausen, wo er mit Neumann und mit Varnhagen zusammentraf, reiste er mit Letzterem nach Hamburg, der dort die Seinigen besucht hatte und nahm darauf in Berlin seinen bleibenden Wohnsitz. Ein Bild der Erscheinung des damals 26jährigen Jünglings gibt uns eine zarte Frauenhand. „Chamisso — so schreibt Rosa Maria, Varnhagen's Schwester, trug eine elegante polnische Kurtka mit Schnüren besetzt, ging mit schwarzem, natürlich herabhängenden Haar, mit einer leichten Mütze, was ihm sehr wohl stand und nebst einem kleinen Schnurrbart seinem geistreichen Gesicht voll Ernst und Güte, seinen schönen sprechenden Augen voll Treue und Klugheit, einen eigenthümlichen Ausdruck verlieh, sodaß er als eine angenehme Erscheinung auffiel, und Bekannte von mir sich erkundigten, wer der schöne Mann gewesen sei, mit dem man mich auf der Straße hatte gehen sehen. Zugleich war er voll ritterlicher Höflichkeit und Galanterie, ein Erbtheil seiner französischen Abkunft, die manchmal einen Anstrich von Steifheit hatte, weil sie echt altritterlich war, sodaß man sich in alte Zeit versetzend, ihn sich gern als einen Chevalier und ritterlichen Troubadour hätte denken mögen. — — — — — Mit seinem lieben Gemüt, seinem ausgezeichneten Geiste, wußte er Zustände und Verhältnisse bald mit Ernst und Gefühl, bald mit Witz und Humor immer richtig aufzufassen. Manchmal war er voll der heitersten Laune, fröhlich wie ein Kind, zu Spiel und Scherz aufgelegt. Er sprach das Deutsche zwar nicht ohne Anstoß, an sich war es jedoch vortrefflich und die Unterhaltung mit ihm immer angenehm und interessant. Ich möchte ihn am liebsten deutsch sprechen hören, obgleich sein Französisch auch vorzüglich war. Alle diese liebenswürdigen Eigenschaften, seine Innigkeit und Treue, Verstand und Güte, gaben sich bald in seinem Wesen kund, man mußte ihn lieb haben, ihm volles Vertrauen schenken."

So war Chamisso, als er den Boden seines Adoptiv-Vaterlandes zum zweitenmale betrat, wo es ihm jedoch nicht wieder heimisch zu Muthe werden wollte. Die hohe Schule zu Halle, wohin er seinen Freunden Varnhagen, Neumann und Neander folgen wollte, bestand nicht mehr, sie selbst waren in die Welt zerstreut. Hören wir seine eigenen Worte über seine Stimmung: „Irr' an mir selber — schreibt er — ohne Stand und ohne Geschäft, gebeugt, zerknickt, verbrachte ich in Berlin die düstre Zeit. Da wünschte mir ein Freund, ich möchte nur irgend einen tollen Streich begehen, damit ich etwas wieder gut zu machen hätte und Thatkraft wiederfände."

Den wichtigsten und entscheidendsten Abschnitt auf seinem damaligen Lebenswege bildete für Chamisso nach seiner Rückkehr in Deutschland im J. 1807 seine Entlassung aus dem Militärdienst am 11. Januar 1808. Er theilt zunächst die Königliche Entlassungsordre in einem Briefe vom 22. Januar 1808 Fouqué ihrem wörtlichen Inhalte nach mit, sie lautete: „Auf Eure Vorstellung vom 2. d. bewillige Ich Euch hiermit den nachgesuchten Abschied aus Meinem Militärdienst, will Euch auch zugleich die Erlaubniß ertheilen, die alte Armee-Uniform zu tragen, wegen des

Charakters als Capitain hingegen muß Ich Mir Meinen Beschluß noch bis nach Beendigung der jetzt verhängten Untersuchung über das Benehmen der einzelnen Offiziere im Felde vorbehalten. Ich bin Euer gnädiger König. Friedrich Wilhelm. Memel, den 11. Januar 1808."

„Auf die verhängte Untersuchung also — schreibt Chamisso an Fouqué weiter — kommt es jetzt an, wie aus den Worten erhellt, und bei also gesetztem Spiele den Durchfall zu kriegen, wäre mir fatal. — Ich kann mir dennoch nicht verhehlen, daß meine positiven Verdienste um die Krone Preußen keine größere noch mindere sind, als daß ich eben nicht fortgelaufen bin, woraus erhellt, daß, um einen Kapitain aus mir zu machen, und zugleich nach gerechten Grundsätzen gegen Alle zu verfahren, die Armee in zwei Parteien eingetheilt werden müßte, davon man die eine hängen, die andere aber zu lauter Capitainen befördern müßte. Dem sei wie ihm wolle, nicht darüber laß' ich mir ein graues Haar wachsen, und lasse geduldig hinter mir untersuchen, bis man mich wieder mit Briefen heimsucht. Ich habe doch nur mich leidend zu verhalten. Oder müßtest Du etwa, was ich außerdem noch in dieser Angelegenheit vornehmen könnte? Findest Du nicht auch für gut, daß ich jetzt, mit einigen Worten in den Zeitungen, mich meinen Kameraden scheidend empfehle? — Uebrigens, mein theurer Freund, hab' ich Dir wenig Erfreuliches zu melden. Wir kranken Alle und sind sehr herunter gestimmt. Wir arbeiten Alle nicht, führen nur den schwachen defensiven, und keinen offensiven Krieg gegen den Unhold — ist das nicht um zu unterliegen? je stärker er heute ist, desto muthiger müßte man gegen ihn zu Felde gehen. Ich weiß es, und predige es auch mir selber vor, was hilfts? Die Gnade fehlt (la grace efficace), die Kraft gibt, kräftig zu sein! Varnhagen würde vielleicht zu manchen dieser Worte, die ich, etwas leichtzungig oder leichtfeberig, für ihn mit, ausgehen lasse, die Nase rümpfen; auch geht er, glaub' ich, am ruhigsten, emsigsten und freubigsten von uns fort, welches Wort aber kein Wunder enthält. Neumann ist gänzlich von seinen Geschäften hingenommen, seine Zeit und Freube sind verrathen; bei solch gestalteten Dingen schlummert der Hoppelpoppel oder Doppelroman fast fest, und regt sich ganz langsam nur bei Neumann, wo er jetzt in der Schlafstelle liegt. Ich, mein guter Freund, rauche Tabak, und das ist fast das Beste. Will sich wer an mich hinanranken, zieht er mich nur hernieder. — Varnhagen, ich und unsere Freunde haben das Einwohnen derselben Zimmer aus vernünftigen Gründen aufgegeben, wir sind ganz nah im selbigen Gebiete und können in Pantoffeln über die Straße uns erreichen. Varnhagen wohnt nunmehr letzte Straße Nr. 56. Ich bewohne noch das alte Stammhaus, ziehe aber mit dem neuen Monate Mittelstraße Nr. 54.

Wenn Du diesen Brief nicht lesen kannst, mein tapfrer guter Freund, wie er wirklich, um gelesen zu werden, eine große praktische Kenntniß der Klauenschriften erfordern mag, und es Dir sonst baran liegt, so komme zu mir herüber und laß Dich an mein Herz brücken. Ich bitte Dich indeß, es mir anzurechnen, daß ich für Dich zu einem schreibähnlichen Thun gekommen bin, und kommst Du nicht balb mich zu umarmen, so schreibe.

Sei herzlich mir gegrüßt, mein Theurer, und verleihe mir Mund und Zunge in bem schönen Kreise, dem Du einwohnst. Ich bin gar arm und zerrissen."

Chamisso suchte nun mit allem Eifer seine Kenntnisse zu erweitern, er lernte Lateinisch, Spanisch, beschäftigte sich mit italienischer Sprache und Literatur, aber es fehlte doch seinen Studien ein fester Halt, ein bestimmtes Ziel. Dies Bewußtsein mußte ihn um so tiefer drücken, als seine Freunde Berlin verlassen hatten, und so entschloß er sich denn, dem Wunsche seiner Geschwister nachzugeben und die ihm angetragene Stelle eines Professors am Lyceum zu Napoleonville anzunehmen. Gleich nach seiner Ankunft in Frankreich erkundigte er sich nach seiner Professur. Die Sache scheint in Paris in Ordnung gewesen zu sein, denn eine Behörde adressirte in der That ein vorliegendes amt= liches Schreiben an ihn: „À M. de Chamisso, professeur au Lycée de Napoleonville"; aber als er an den Diri= genten jener Anstalt, Polonçau, schrieb und ihn fragte, „welche Stelle denn ihm eigentlich zugedacht sei und in welchem Fache er Unterricht ertheilen solle?" antwortete ihm dieser:

„Kein Platz sei an dem Lyceo vacant; die Obern wüßten selten den Augenblick der Erledigung eines solchen und dann sei in der Regel schon anderweit darüber bestimmt."

Das klang freilich nicht sehr tröstlich; aber unser Freund scheint es sich nicht sehr zu Herzen genommen zu haben; denn in einem unvollendeten, nach Berlin bestimmten Briefe, dessen Anfang sich vorgefunden, schreibt er: „Meine An= sprüche geltend zu machen und meine Anstellung in dieser Carrière ernstlich zu betreiben, hat mich Vieles abgehalten. Mitglied der Universität und Professor! — Das klingt an und für sich gut. Doch jeder Schuft, der Stunden gibt, heißt hier zu Lande ebenfalls Professor und wird eben nur en canaille traktirt; im Lehramte ist des Geldes wenig, an Ehre noch weniger zu holen. Man dient — um zu dienen. Ihm (Napoleon) muß Alles dienen; er hat überall seine Fäden gesponnen und das große, fromm gewordene abgemarterte Trampelthier, das französische Volk, das nicht mehr weiß, wie es einmal dazu gekommen ist, hat mehr Zügel am Kopfe, als Muskeln sich zu bewegen. Ich habe es also abgewartet und bin indessen mit sonstigen Hoffnungen, der gewöhnlichen Kost der Pflastertreter der großen Stadt, abgespeist worden, denn jeder Bewerber hat seine Hoffnungen und zwar die gegründetsten. Jeder hat Protection und Credit, und das ist das einzige Verdienst und Recht, Viele wollen mir also viele Stellen verschaffen: wobei es ihnen selten Ernst darum ist; ich bin gewohnt, solche leere Geschwätze zu durchschauen, habe es immer abgewartet und habe bis dahin jedesmal die Stelle nicht bekommen, habe mich aber auch darum ganz und gar nicht ins Bockshorn jagen lassen."

Von Interesse ist unter der großen Zahl der mir von der Familie des Dichters mitgetheilten, bis dahin noch nicht veröffentlichten Originalbriefe Chamisso's ein vom 28/12. 1808 datirter, welcher bestätigt, was von Palm in dessen biographischen Mittheilungen vermuthet wird, daß Chamisso's Bruder und seine Schwester Schritte für ihn in Paris gethan haben und daß der Dichter selbst schon davon im Jahre 1808 Nachricht erhielt. Neu indessen ist die ganze Auffassung der eröffneten Aussicht von Chamisso's Seite, sie scheint jedoch mit dem, was er darüber an Fouqué schreibt, in Widerspruch zu stehen. Man sieht, Chamisso hatte das Rechte, seiner Natur Gemäße, eben noch nicht gefunden. —

Der fragliche Brief, an Chamisso's Bruder Hippolyt und seine Schwester Luise, jetzt Madame d'Engente gerichtet, lautet:

„Ich antwortete Post um Post, falle Euch um den Hals, und gehe, ohne Athem zu schöpfen, direkt an das, wozu Ihr mich haben wollt. Nach meiner Meinung würde nach einer Erbschaft von 100,000 écus der Platz, für den Ihr mich vorschlagt und für den mich selbst anzubieten ich niemals die Dreistigkeit gehabt hätte, die unerwartetste, die vortheilhafteste und unverdienteste Gabe des Glücks sein.

Zur Sache: Meine Freunde haben mich von dem, woran ich zweifelte, überzeugt, daß ich mit Hilfe von Büchern und einiger Vorbereitungszeit hinreichend befähigt sein würde, um zu Knaben eines College in der Provinz in Französisch über jeden Zweig der Literatur sprechen zu können. — Ich weiß vollständig das, warum es sich handelt, und was ich nicht weiß, finde ich in den Büchern. — Ich verstehe Deutsch und Französisch, ich lese Italienisch, ich kann Griechisch wie ein mittelmäßiger Schüler (es ganz zu lernen ist die Aufgabe von mehr als einem Menschenleben), ich will mich genauer ausdrücken, ich erkläre Homer mit aufgeschlagenem Buch. Im Lateinischen bin ich noch gar nicht zu Hause. Muß ich denn aber Lateinisch wissen? Ich werde es ohne Zweifel lernen, aber in drei, ja selbst in sechs Monaten kann ich bei den geringen Vorkenntnissen doch noch nicht so viel darin wissen, um mich in irgend einer untern Klasse damit hervor zu wagen. Ueberdies werde ich anderweitig enorm zu thun haben, um mich in Tausend Dingen vorzubereiten. Werde ich ein Examen zu bestehen haben? Was für eins? Das würde der Schwerenothsteufel sein!

Meldet mir so bald als möglich, so ausführlich als Ihr es nur könnt, worum es sich handelt, das, was man verlangt, welcher Zweig des Unterrichts mir übertragen werden wird, und welche Lehrstunden ich zu halten haben werde, und für wen? (Ich meine für Schüler welcher Klasse und von was für Fähigkeiten.)

Das Departement der Marne ist das, welches mir natürlich am meisten zu passen scheint. — Die, die mich verlangt haben, können mich nicht bebauern, sie müssen mich eben gebrauchen, wie sie mich finden werden, und so wie ich bin, werde ich mich zerreißen, um mit den andern mich zu verständigen. — Nur kein deutsches Departement! vor Allem nur nicht Paris!!

Erwäget Alles, was ich gesagt habe. — Setzet mich nur nicht einer schimpflichen Zurückweisung aus! Schicket mir alle Programme, Organisationspläne ꝛc. Bedenket vor Allem, daß es mehr werth ist, sich besser zu erweisen, als man sich angekündigt, und mehr zu halten, als man versprochen, wie gerade das Gegentheil.

Für wann ist der Anfang? Kann man nicht Zeit gewinnen? Jeder gewonnene Augenblick ist Gold werth. Je später, je besser, vorausgesetzt, daß ich unterrichtet werde, worauf ich mich vorzubereiten habe. —

Wenn man aber von mir Lateinisch verlangt!! Nun, in sechs Monaten bei Tage und bei Nacht kann man schon etwas lernen! Könnte ich vielleicht durch Krankheit hier zurückgehalten werden? —

Wenn etwas zu Stande kommt, wann wird es zu Stande kommen? Wann wird es sich entscheiden? — Ich werde Bücher nöthig haben. Ich werde sie hier auf Kredit nehmen. — Ich denke, ich werde es nur im Falle der

Gewißheit thun. Bin ich erst angestellt, werde ich einige
Schulden machen, die ich bald abbezahlt haben werde. —
Laßt es nicht an Briefen, nicht an Nachricht fehlen!! —
Du, Lise, schreibe so, daß man Dich lesen kann. Dein
Brief, ich schwöre es Dir, hat mich nicht sehr unterrichtet.

Ich werde Dir nichts von dem, was ich sehe, und
von dem, was hier passirt, schreiben, obwohl der Augen=
blick interessant sein mag. Ich spreche vielleicht ein ander=
mal davon. —

Ich falle Euch um den Hals. — Tausend Freund=
schaftsbezeugungen, Tausend Umarmungen, Tausend Grüße.

Schützenstraße Nr. 10,
bei Buchhändler Hitzig.
Ad."

In Erwartung, eine anderweite Anstellung zu er=
halten, benutzte Chamisso seine Muse, um das Studium des
Spanischen fortzusetzen. Auch verband er sich zu literarischen
Unternehmungen mit Helmina von Chezy, eine Enkelin
der Karschin, welche Letztere zu einer Zeit, wo die
deutsche Poesie überhaupt erst nach innerer und äußerer
Vollendung, die Sprache nach Feststellung des Ausdrucks
rang, von ihren Zeitgenossen als Phänomen angestaunt,
die deutsche Sappho genannt wurde und sich sogar an die
politische Poesie wagte, Schlachtlieder dichtete, Friedrich's II.
und Preußens Größe in patriotischen Oden feierte. Cha=
misso übersetzte mit der Chezy gemeinschaftlich A. W. v.
Schlegel's Vorlesungen über dramatische Literatur und kam
durch sie mit Frau von Staël in nähere Berührung, die
sich damals, von Napoleon auf 40 Stunden von Paris
verbannt, ständig auf dem Schlosse Chaumont aufhielt, wo auf
ihren Wunsch Chamisso längere Zeit bei ihr verweilte.

Frau von Staël war eine jener sogenannten geist=

reichen und gebildeten Damen der großen Welt, welche in den Salons herrschen und dort das bewunderte Orakel der Männer und Frauen sind. Diese Rolle vermochte Frau von Staël mit um so größerem Glanze und Erfolge zu spielen, da sie vermöge der Verhältnisse und Beziehungen, in denen sie stand, Allen Alles zu sein im Stande war. Sie war nämlich einerseits als Tochter des Banquiers Necker zugleich bürgerlich und protestantisch, also in ihren Ansichten nicht nur dem Liberalen zugeneigt, sondern auch der englischen Aristokratie näher stehend, als der altfran= zösischen und deutschen; sie gehörte andererseits aber auch als Tochter und Gemahlin eines Ministers der vornehmen Klasse an; sie war endlich als Freundin der Recamier und Chateaubriand gegen den Katholicismus, wenn er sich poetisch geberdete, nicht gerade feindlich gesinnt. Eitelkeit war von früher Jugend an bis an das Ende ihrer Tage die Seele ihres Wesens. Schon als junges Mädchen glänzte sie im Salon ihres Vaters; schon im sechzehnten Lebensjahre ließ sie, als ihr Vater wegen der Herausgabe seines Compte-rendu heftig angegriffen wurde, eine Lobrede auf ihn drucken, und erregte durch diese Schrift großes Aufsehen. Zur Zeit des Direktoriums übte sie einen po= litischen Einfluß durch ihren Salon aus, in welchem sie die eleganten Männer der konstitutionellen und doktrinären Partei um sich sammelte. Sie wollte rathend und handelnd in die Wirklichkeit eingreifen. Allein der Consul Bonaparte fand dies ebenso störsam und unbequem, wie ihre spitzigen Epigramme, und sandte der kühnen Dame ein Ausweisungs= Dekret zu, weil sie ihm durch ihr conversationelles Talent die Leute irre machte, von denen er unbedingten Gehorsam verlangte. Nachher conspirirte sie von den verschiedensten

Städten des Auslandes her gegen den Kaiser der Franzosen. Sie erregte dadurch den Aerger desselben in um so höherem Grade, da sie überall als Schriftstellerin und als geistreiche Salon=Dame bewundert ward*) und, so unnatürlich auch ein solcher Bund war, die Constitutionellen und Royalisten, die Belletristen und Diplomaten, die Bürgerlichen und die Männer der Ritterschaft mit einander für einen Zweck vereinigte.

Für ganz besonders gefährlich aber sah für die damaligen politischen und literarischen Verhältnisse in ganz Europa Napoleon das Buch der Staël über Deutschland an. Aus diesem Werke war eine Verschmelzung der britischen, französischen, deutschen aristokratischen Bildung hervorgegangen, welche aller Natur ermangelt und als ein Widerhall leerer, wenn gleich liberal und constitutionell

---

*) Schiller, von dem Frau von Staël in einem ihrer Einladungs=Billete gesagt hatte:

„Vous qui êtes aussi simple dans vos manières qu'illustre par votre génie"

urtheilte über die Staël in einem Briefe an Goethe:

„Es ist Alles aus einem Stück und kein fremder pathetischer Zug an ihr. Dies macht, daß man sich trotz des immensen Abstandes der Naturen und Denkweisen vollkommen wohl bei ihr befindet, daß man Alles von ihr hören und ihr sagen mag. Die Klarheit, Entschiedenheit und geistreiche Lebhaftigkeit ihrer Natur können nur wohlthätig wirken. Das einzige Lästige ist die ganz ungewöhnliche Fertigkeit ihrer Zunge; man muß sich ganz in ein Gehörorgan verwandeln, um ihr folgen zu können. Goethe konnte Frau von Staël keinen Geschmack abgewinnen. Sie hatte von ihm geäußert: ich mag Goethe nicht, wenn er nicht eine Bouteille Champagner getrunken hat, was diesen zu der Erwiderung veranlaßte: da müssen wir uns denn doch schon manchmal zusammen bespitzt haben."

genannter Salon=Bildung sich darstellte. Das Buch über Deutschland war die Frucht des innigen Freundschaftsbundes der Frau v. Staël mit August Wilhelm v. Schlegel, der sie 1806 und 1807 auf ihren Reisen begleitet, und sich dann bei ihr auf ihrem Gute in Coppet aufgehalten hatte, und der durch diesen Verkehr in eben dem Maße französirt, wie die Staël germanisirt ward.

In diesem Buche wurde die damals immer noch nicht zu Ansehen gelangte Literatur und Art unserer Nation so zugestutzt, daß der deutsche Michel fortan in allen adeligen Salons von Frankreich und England mit Ehren erscheinen konnte. Diese Ehre gönnte Napoleon den armen Deutschen nicht. Er ließ die in Paris gedruckte erste Ausgabe des Buches noch vor dem Erscheinen confisciren und vernichten. Das Werk erschien jedoch nachher in Genf, und erhielt gerade durch Napoleon's Verfahren größere Bedeutung. Es ging überhaupt dem Kaiser Napoleon in der Literatur ebenso, wie in der Politik. Er wollte durchaus keine neue Art von Literatur, und Alles sollte seinen politischen Zwecken angepaßt werden; seine Macht scheiterte aber auch in Betreff der Literatur an dem Streben, das Alte unter neuen Namen gewaltsam festzuhalten.

In Paris lernte Chamisso Uhland kennen. Uhland schreibt darüber an seine Eltern, daß ihm in der Gallerie des Louvre zu seiner Ueberraschung Varnhagen begegnet sei, der als Fähnrich mit dem Obersten Fürsten Bentheim nach Paris gekommen. Durch Varnhagen sei er mit Chamisso bekannt geworden und Abends öfter mit ihm zusammen gekommen. Chamisso lese ihm in seinem Zimmer seinen Fortunat vor.

Den Eindruck, welchen Uhland auf ihn gemacht, schil=

bert Chamisso seinem Freunde Wilhelm Neumann so:
„Während so Viele gar vortreffliche Gedichte verfertigen,
von der Art, wie Alle sie machen und Keiner sie liest,
schreibt Dieser welche, wie Keiner sie macht und Jeder sie
liest, ich sage nichts mehr. Er ist klein, unscheinbar, dick=
rinbig und schier klötzig. Von ihm soll etwas nach dem
„Pantheon" (von Kannegießer) gemarschirt sein."

Und an Rosa Maria schreibt er über Uhland: „Ich
habe Uhland selbst in Paris kennen gelernt und eine an=
sehnliche Sammlung seiner Gedichte gelesen, darunter auch
das Schifflein. Ich kann wohl sagen, daß mich nach
Goethe kein Dichter so angeregt hat. Es gibt vortreffliche
Gedichte, die, möcht' ich sagen, Jeder schreibt und Keiner
liest, gar schöne Sonette und was dergleichen mehr ist,
andere wiederum, die Keiner schreibt und Jeder liest, und
von dieser letzten Gattung sind die Uhlandischen, die Form
darin ist wegen der Poesie da, wie an den andern die
Poesie wegen der Form. Uhland selbst ist unanscheinlich
und man möchte nicht diese goldne Ader hinter ihm suchen.
Kennen Sie: Der Knab' vom Berg, der Lauf der
Welt, den kleinen Roland? Das Schifflein war
mir eben nicht sein liebstes Lied." —

Ueber seine Bekanntschaft mit Helmina von Chezy
schreibt Chamisso an Varnhagen's Schwester Rosa Maria:
„Ihr ganzes Leben, das sie mehr aus Begeisterung als
nach klugem Plane gelebt, ist eine lange Kette von Miß=
geschicken, die sie jedoch mit Muth ertragen. Sie ist gut,
rein, ganz Liebe, unbegreiflich wie jedes Weib. Sie hat
zwei Kinder und eigentlich keinen Mann mehr. Die Buben
sind wahre Raphaelische Engel, mit goldnen Locken und
blauen Augen; sie bändigt sie schlecht; sie liebt sie unend=

lich; sie denkt den einen nicht zu überleben, dessen Leben
sie in der Wurzel angegriffen glaubt. Sie ist ganz un=
gelehrt, nur lieberreich, doch keine Dichterin. Sie hat aber
ein unglaubliches Talent zu schreiben.

Das Textbuch zu der von Karl Maria von Weber
komponirten Oper „Euryanthe" ist von ihr, und manches
sonst, was man nicht überall weiß. Sie kommt auf
dem ungelehrtesten Wege zu dem gelehrtesten Zeug, so
würde sie bei Gelegenheit wohl Persisch lernen und
weiß schon viel davon aus ältern Zeiten. Sie verabscheut
Paris und Frankreich und wird wohl nach Deutschland
zurück kehren. Sie denkt nach Wien, und ich rathe ihr
nach Norddeutschland, da sie ihrem Wesen und ihrer
Religion nach eine Norddeutsche ist. Ich wünschte, sie
begegnete Ihnen, Sie würden in dem Obigen manche ihrer
Züge, und nichts von ihrer Physiognomie wieder erkennen.
Ob Sie sich wechselseitig anziehen werden, weiß ich nicht
zu beurtheilen." —

Ueber sein Verhältniß zu Frau von Staël und „über
den Aufenthalt am Hofe der Staelernen Frau in Chaumont"
— wie er sie selbst nennt, schreibt Chamisso in seiner an=
muthigen Weise an Neumann: „Chaumont auf dem mit=
täglichen linken Ufer der Loire liegt wunderherrlich auf
einer Höhe, man hat über die Esplanade des innern Hofs,
wie von den Zinnen der alten, schönen, festen gothischen
Thürme, die göttlichste Aussicht über den breiten schönen,
geradefließenden Strom und über die Landstraße fern am
andern Ufer, in eine reiche, grüne, unabsehbare Ebene mit
Weinbergen, Ansiedelungen, Saaten und Wäldern reich
erfüllt. In dieser alten Burg hausen denn nun die vor=
nehmen Geister alle, der kluge, zierliche, schwerfällige

Schlegel, die dicke feurige Staël, leichter, froher, anmuthiger Bewegung, der milde fromme Matthieu de Montmorenci, die schöne angenehme Recamier ꝛc. Die Staël hat Natur, Begeisterung und Tiefe, sie besteht aus deutschen Ernstes Feuer und französischer Scherzeslust; dazu hat ihr die Natur aus Ironie eine recht dicke Scholle Erde zum Körper gegeben."

Interessant ist Chamisso's Urtheil über August Wilhelm von Schlegel in einem Briefe an Fouqué aus jener Zeit: „Ich habe Dir durch Hitzig alles Liebe von Schlegel berichten lassen. Seine abgeglätteten Formen haben mich, wie immer bei mir der Fall, zur ausgelassensten Freiheit begeistert, und wir haben manches zusammen abgehandelt. Ich blieb einmal fast die ganze Nacht mit ihm eingesperrt. Er bezeigte viel Anhänglichkeit zu Dir, viel Rührung für die Worte an Fichte, viel Achtung für Dein Talent und den „Schlangentödter", nicht gleiche Freude an der „Numancia". — Er schätzt Wernern hoch, Oelenschläger (seine nordischen Tragödien) tief, er findet das Große in dem Vorgefundenen. — Er selbst hat nun alle vier Hände voll zu thun mit dem Drucke des Werkes der Frau von Staël, mit dem dritten Bande seiner Vorlesungen (wir werden ihn nach dem Manuscript übersetzen), und wünscht endlich noch vor seiner Abreise nach Amerika (im Herbst) einen Band des Shakespeare fertig zu bringen. Er behielt sich vor, an Dich zu schreiben. Er meinte, er würde wohl fortan noch deutsch dichten, aber in Prosa solle man doch trachten, allgemein verständlich zu sein, und warum solle man da nicht die französische Sprache gebrauchen. Er ist Meister des Stils in dieser canaillösen Sprache. — So viel von Wilhelm, der übrigens dick und fett ist, und hier nirgends als bei Véry, (restaurateur aux Tuileries) speisen wollte, weil man sonst nirgends fressen könnte." —

Ich selbst war während meiner Studienzeit in Bonn ein eifriger Zuhörer Schlegel's und hielt nach den geistigen Genüssen, welche seine geistvollen Vorträge mir bereiteten, den Ausspruch Heinrich Heine's nicht für übertrieben: „je öfter ich zu Schlegel gekommen, desto mehr empfinde ich, welch' ein großer Kopf er ist und daß man sagen kann:

wunderbare Grazien ihn umrauschen,
um neue Anmuth von ihm zu erlauschen."

Doch störte zu sehr seine maßlose Eitelkeit. Seine Vorlesungen hielt er meist in den Abendstunden, kam dann vor dem Portal des Universitätsgebäudes vorgefahren, zwei elegante Livréebediente saßen auf, der eine, weißbehandschuht, besorgte die Aufwartung im Auditorium; am Meisten liebte es Schlegel, sich mit seinen 22—23 Orden angethan, so auf dem Katheder zu placiren, daß er, von der Sonne beschienen, mit seinem Glanze in dem ihrigen blendete. Er dichtete von sich:

„Der Erste, der's gewagt auf deutscher Erde
Mit Shakespeare's Geist zu ringen und mit Dante,
Zugleich der Schöpfer und das Bild der Regel;
Wie ihn der Mund der Zukunft nennen werde,
Ist unbekannt; doch dies Geschlecht erkannte
Ihn bei dem Namen August Wilhelm Schlegel."

Die Zeit, welche Chamisso im Schlosse und im Kreise der Frau von Staël verlebte, liefert eine solche Fülle von Material zur Beurtheilung der damaligen bewegten Zeit, und ist so unentbehrlich für das klarere Hervortreten des ureigenen Charakters des Dichters, daß wir auf einzelne besonders interessante Züge noch im Näheren zurückkommen müssen. Wir lassen hier am Liebsten Chamisso selbst erzählen:

„Man arbeitet in Chaumont den ganzen Tag und sieht sich nur in der Regel zu den drei Speisestunden, als 12, 6 und 11 Uhr. Die Staël gefällt mir am Ende mehr als der Deutsche, sie hat mehr Lebensgefühl, ob sie sich etwa weniger als er auf Anatomie versteht, hat auch mehr Leben, mehr Lieb' im Leibe, sie hat das Gute der Franzosen, die Formleichtigkeit, Lebens=Kunst und Anmuth, sie hasset sie aber sehr, bis auf ihre Freunde. — Ich passe aber in diese Welt gar nicht, ich habe mit ihnen nichts. Und obgleich eben keinerlei Zwang angelegt ist, so entbehre ich doch allerlei Freiheit: — erstlich lieb' ich eben Keinen hier und es liebt mich auch Keiner, — da ging es mir doch in Berlin und selbst in Paris besser, — kurz ich verschmachte an diesem Quell Kastalia's. Selbst das Rauchen wird einem sauer gemacht." —

„Paris und Berlin sind, wie Du weißt (dieser Brief ist an Neumann gerichtet) von jeher die Sonnen meiner kometartigen Bahn gewesen. — A propos de sottises, — Du willst wohl von Varnhagen etwas hören, nun, er ist dick und fett, und stark, die Montirung, die ich an ihm nur einmal gesehen habe, kleidet ihn ganz ausnehmend — sonst ist er ganz aber derselbe, — so lebt er in Paris von Eis, um das Essen zu sparen, und hat ein Cabriolet wegen der Schuhe: — er ist wirklich geliebt und angesehen, ja gar bewundert in seinen Verhältnissen. Auch sind von den Leckereien, die er liebt, Speichelleckereien ganz ausgeschlossen, und es ist ein großer Gefalle, den er den Leuten thut, sich ihnen noch einige Tage zu gönnen, denn er sagt sich heute oder morgen von ihnen los; — er hat auch schon seine Demission einmal eingereicht, sein Obrist liebt ihn sehr, braucht ihn und hält ihn hoch und in Ehren. Dem Kaiser Napoleon ist er vorgestellt worden. — Er hat mich mit aller alten Liebe und Innigkeit, mit offenem Zutrauen umarmt, und wir haben die paar Tage recht freundlich neben einander in freier Bewegung uns gefreut. Durch Rahel mußt Du die besten Nachrichten von ihm haben; sie ist nun ausschließlich die Achse, um die er sein Leben windet." —

„Die Staël ist kein gemeines Weib. Sie hat Gradheit und Enthusiasmus; sie faßt alle Ideen mit dem Herzen an, sie ist leidenschaftlich und stürmisch. — Andrerseits ist die Welt ihr Geburtsort, sie bewegt sich nur in ihren Formen; und aus Paris vertrieben, ist sie eben aus der Welt verbannt; — ihre Existenz ist durch und durch politisch. Alles, was mich von ihr trennt, macht sie mir wiederum zu einer merkwürdigen Erscheinung. — Auf meinem Felde ist sie mit der Seele einheimisch, und trotz meiner Fremdheit in ihrer Sphäre hat sie mich aufgesucht und erkannt, sie hat mir Freundschaft und Zutrauen erwiesen, und ich habe mich ihrer gefreut. — Am höchsten muß ich einen Schlegel auf ihre Bürgschaft schätzen, er ist eitel, eifersüchtig — aber groß, uneigennützig, bieder, und reines Gold. — Das Haus geht toll und um; — eine seltsame und im Grunde hübsche Sitte ist eingeführt, das gesprochene Wort ist verbannt, — in den Geselligkeitsstunden macht uns der gute Pertora Musik, und wir sitzen an einem runden Tische, worauf Tinte, Federn und Papier, und vermöge der sogenannten petite poste ist man in geschriebenem tête-à-tête, mit wem und so vielen man will, begriffen; — sonst ist im Garten l'allée des explications, und man hat auch fleißig explications mit einander. Der Teufel ist immer los, Freundschaft ist hierzulande eifersüchtiger denn Liebe. — Schlegel ist der petite poste abhold und bleibt auf seinem Zimmer; er liebt eifersüchtig, drohend, gebietend, wird mit der größten Freundschaft und Hochachtung behandelt. Die Staël rechne ich zu meinen Freundinnen, sie weiß viel von meinem Leben, ich viel von dem ihrigen, und ich schätze sie. — Die Staël ist ein sehr merkwürdiges, seltenes Wesen. — Ernst der Deutschen, Glut des Südens, Form der Franzosen. — Sie ist redlich, offen, leidenschaftlich, eifersüchtig, ganz Enthusiasmus. — Sie faßt die Gedanken nur mit der Seele an. Sie hat keinen Sinn für Malerei — Musik ist ihr Alles, sie lebt nur in Tönen, Musik muß um sie sein, wenn sie schreibt, und sie schreibt im Grunde auch nur Musik. — Mit der Geometrie des Lebens sieht es da übel aus — sie ist für Freiheit und Ritterthum gleich begeistert. Sie ist vornehm, ja in Bezug auf sich selbst eine arge Aristokratin, sie weiß es selbst und Alles, was sie weiß, sagt sie den Freunden. Sie ist eine Person aus der Tragödie, Kronen muß sie empfangen, schenken oder auch wegwerfen, so kann sie lieben und leben. Sie lebte in der Region, wo sich die politischen Gewitter bildeten, die über die Erde entschieden. Sie muß wenigstens das Geräusch der Carossen der Hauptstadt hören — sie verschmachtet in der Verbannung. Das hat Napoleon wohl gewußt und berechnet.

Ich könnte Dir um diese Figur eine reiche Fülle anderer merkwürdiger Figuren bunt abzeichnen, wie ich sie vor den Augen habe. Ich will sie Dich blos ahnen lassen

und Du sollst Dir diese Welt in innerer beständiger Gäh=
rung vorstellen, vornehme, fremde, tapfere, witzige, zierliche
Kerls, Jeder ein ausgebildetes Talent. Und nur Liebe,
Eifersucht, Schadenfreude, Seelensorge, Verrücktheit. — Die
gute Staël, die das Scepter führt, ist im Grunde die
Sklavin aller Launen — sie darf den nicht sprechen, dem
nicht schreiben ꝛc. Sie hat zu mir Zutrauen und Freund=
schaft gefaßt und mir wohl ein gutes Theil ihres zerrissenen
Herzens gesagt. Sie darf mich nicht in ihr Zimmer auf=
nehmen, mich oft nicht sprechen ꝛc. — Sie predigt mir
übrigens die ihr so wesentliche Eleganz und zieht be=
sonders gegen die Pfeife musikalisch zu Felde. Vox clamavit
in deserto! Von hier werb' ich binnen kurzem zu de Ba-
rante, préfet de la Vendée, auteur du livre sur la lité-
rature du XVIII siècle, ziehen.

Jede Erschütterung soll mich nordwärts zu Euch her=
aufkugeln, und die italienische Sonne soll mich von meiner
Seele und meinem Herzen nicht verlocken. Jeglichesmal,
daß ich die Siebenmeilen=Stiefel anzuziehen Miene mache,
hält mich die Herrin mit Kunst und Natur fest, ich thue
ihr den Willen, denn sie hat Macht. Ein Mächtiger, der
sie gut kennen mag, hat von ihr gesagt, je ne veux pas
lui faire de mal, mais je veux l'annihiler. Kenntest
Du sie, so würdest Du in den Worten den ganzen
Umfang ihres Unglücks sehen, ich sage Dir, daß es in den
Worten liegt, auf daß Du sie daraus erkennen mögest.
Ich schicke Dir heute oder nächstens oder bringe Dir alle zu=
sammen eine schöne Sammlung merkwürdiger Autographa ꝛc.

„Ich kann nur im protestantischen Deutschland gedeihen!"
ruft Chamisso aus, an dessen Ohr immer lauter der Ruf
bringt:

„Dich drückt die Luft, in der Du athmest, flieh!"

„Bieder, treu," schreibt er an Hitzig (1811), „wie ich's in der Art habe zu sein, schweb' ich hier mir unerträglich, zwischen gleich verhaßter Heuchelei und Freigeisterei; soll ich Partei nehmen? — Ich bin oft in mir sehr zerknirscht"..... und er wendet folgende Verse Danté's auf sich selbst an:

> Nel mezzo del camin di nostra vita
> Mi ritrovai per una selva oscura
> Che la dirita via era smarrita.

Er eilte nach Coppet bei Genf zu Frau von Staël; aber auch hier fand er die gewünschte Herzensruhe nicht. Frau von Staël, die ebenfalls viel zu erleiden hatte, erwies ihm nicht mehr dieselbe Zuvorkommenheit wie früher! ohne Zweifel war er selbst auch etwas schuld daran, das Mißgeschick hatte ihn verstimmt und etwas zum Misanthropen gemacht.

„Diesmal — schreibt er an Hitzig — fand ich sie (Frau von Staël) in einem Verhältniß befangen, das sie ganz von mir entfernte, und ich selber trat stolz und fremd zurück, so waren wir sehr kalt gegen einander. Sie nennt mich stolz und ich setze mich wirklich gegen sie, wie gegen eine Uebermacht zur Wehre, sie achtet es auch an mir..... Bei aller Freundschaft erkenn' ich ruhig mit dem Herzen wie mit dem Verstand, daß wir uns blos über eine Grenze die Hand reichen können." Und er zog diese Grenze, indem er wieder nach Deutschland reiste. Bei seinem Scheiden dichtete er für Frau von Staël nachstehendes französisches Ringelgedicht, das einen offenbaren Beweis dafür liefert, welches Land ihm mehr am Herzen lag.

„J'ai vu la Grèce et retourne en Scythie,
Dans mes forêts je retourne cacher
Mes fiers dédains et ma mélancolie.
Rien désormais ne m'en peut arracher.
Adieu Corinne, adieu, c'est pour la vie.
Là j'expirai l'erreur qui m'est ravie;
Ta douce voix a trop su m'allécher.
Corinne, adieu: tu n'es point mon amie
       J'ai vu.

Désabusé je connais ma folie:
Je vois les fleurs tomber et se sécher;
Je vois ma jeunesse flétrie
Vers son déclin dans l'ombre se pencher;
Et sans jouir pour tout prix de la vie.
       J'ai vu."

Seinen damaligen Gemütszustand und seine Unbehaglichkeit in der Gesellschaft bezeichnet auch folgende Unterhaltung zwischen ihm und Frau von Staël, welche wir in der petite poste finden.

Chamisso: Πανταχοῦ πατρὶς ἡ βοσκουσα. (Euripides.)

Staël: La patrie est aux lieux où l'âme est attachée (Voltaire.)

Chamisso: Ma patrie:

„Je suis Français en Allemagne et Allemand en France; catholique chez les protestants, protestant chez les catholiques; philosophe chez les gens religieux, et cagot chez les gens sans préjugés; homme du monde chez les savants, et pédant dans le monde; Jacobin chez les aristocrates, et chez les démocrates un noble, un homme de l'ancien régime etc. Je ne suis nulle part de mise....."

Als Chamisso wieder in Berlin und bei seinem theuren Freunde, dem „güldigen" Hitzig angekommen war, scheint

eine heilsame Seelenruhe in ihn zurückgekehrt zu sein, wie
es ihm Simonde Sismondi in herrlichen Versen schon pro=
phezeit hatte.*) Von Berlin aus schreibt er an de la Foye:
„Ich bin einmal mit mir und der Welt in Eintracht und
aus der Lüge heraus. Ich habe verständig gewählt und
ausgeführt, und bin einmal was ich heiße, und heiße was
ich bin — das ist studiosus medicinae der Universität
Berlin. — Ich bin nicht reich, nicht blühend, aber so gut
es gehen will fleißig, und ich spinne in mir den alten
Wurm ein." (Diesen letzten Satz wiederholt er jetzt in
fast allen seinen Briefen.) Er gab sich seiner neuen Be=
schäftigung vollständig und mit allem Ernste hin, sobaß

---

*) A Monsieur de Chamisso.
Ne crois pas que la tempête
Gronde en vain autour de moi,
Que je dérobe ma tête
A notre commune loi.
J'éprouve aussi la souffrance,
Je vois aussi l'espérance
Se faner, s'évanouir;
Mais si j'ai quelque courage,
C'est moins pour braver l'orage
Que pour me taire et souffrir.
Suis, ami, ta destinée;
Marche où te conduit ton coeur;
Pour une âme infortunée
C'est une ombre de bonheur,
Que revoir l'ami fidèle
Qui l'invite, qui l'appelle,
Qui lui promet son appui.
Cet ami sensible et tendre,
Hitzig, saura te comprendre,
Sois heureux auprès de lui.

seine Freunde sagten, er habe seine Lustigkeit verloren: „Mag sein — antwortete er — bin ich doch wirklich heiterer geworden."

Mit dem Durchbruch der deutschen Nationalität ist während des Aufenthalts Chamisso's bei Frau von Staël bei ihm auch das vollständige Berufsbewußtsein des Naturforschers zum Durchbruch gekommen. Er schreibt darüber an seinen Landsmann und Jugendfreund de la Foye am 13. November 1835: „weißt Du, daß eigentlich Du zu dem mich gemacht hast, was ich gewesen bin? Wie ich Dir nämlich aus Coppet schrieb, daß ich Englisch lerne, antwortetest Du mir: „daß wenn man da säße, wo ich war, man nicht Englisch, sondern Botanik treiben müsse." Das war mir anschaulich und ich that also."

So trat Chamisso jetzt immer mehr handelnd und bestimmend in seine Geschichte ein und zeichnete ihr die Richtung vor, die sie fortan unverwandt verfolgt hat. (Des Dichters eigne Worte.)

„Ich freute mich — schreibt Chamisso — meine stolze

> Celui qui sut te connaitre
> Gardera ton souvenir.
> Mon amour est lent à naitre
> Il est plus lent à finir.
> Crois-moi, nos âmes s'entendent
> Quelques destins qui l'attendent,
> Ils ne pourront séparer
> Nos coeurs qui se répondirent
> Ni nos mains qui se joignirent:
> Ce noeud doit durer toujours.
> (S. Sismondi.)

Diese Strophen waren die Antwort auf andere, welche Chamisso bei seinem Abschied von Simonde Sismondi gedichtet hatte.

Freundin wieder zu begrüßen, ich wollte bei der schön begeisterten Frau einige Wochen verweilen, an ihrem Feuer neue Glut in mir anzünden, dann das Gebirge durchwandern, an dem größten Anblick, den die Natur in unserm Europa gewährt, meinen Sinn erhöhen, und sobann getrost meine Pilgerfahrt nordwärts fortsetzen. Es ist anders gekommen. Ich habe hier eine sehr unglückliche kranke Frau gefunden, deren Elend täglich drückender, deren Ketten täglich fester geschmiedet werden. Mit jedem Tage hilfloser, mit jedem Tage verlassener, alle Freunde gewaltsam von ihr verscheucht oder feige abfallend. — Sie, den Szepter zu führen gewohnt, trägt ihr Unglück eben wie ein entthronter König, dies ist, ohne sich daran zu gewöhnen. Da ich ihr einmal gedient und sie von mir noch einige Tage begehrte, hab' ich mich nie vor den wenigen Tagen zu einem gewaltsamen Riß gegen sie entschließen können, der ihr doch, schon sächlich genommen, wehe gethan hätte: und also hat sie gegen mich mehr als für sich ihre große Macht geübt, denn im Grunde bin ich ihr doch sehr wenig, da ich mich im Leben gar zu entschieden anders gestalte, als die elegant gesittete, vornehme Herrin, und ich immer gehen wollend, doch geblieben.

Nach Abreise der Frau von Staël blieb Chamisso mit ihrem ältesten Sohne zusammen.

August Staël, berichtet Chamisso, war mir ein lieblicher und freundlicher Gefährte. Ich trieb einzig Botanik, durfte, wollte nicht nach Genf — wir machten vier verschiedene Excursionen, theils in den Jura, theils in die savoyischen Voralpen. — August wollte mich in die Schweiz begleiten. Das Wetter blieb immer schlecht; er hatte immer Geschäfte, ich hatte immer mit meinem Herbarium (jetzt an

8*

1000 Gattungen schon stark) zu thun — endlich, beim erbärmstlichsten Wetter, fuhren wir nach Genf, dann mit Sonnenschein nach St. Gervais, und zuletzt brachten mich August und ein anderer Freund bis auf die halbe Höhe des Bonhomme, wo wir zum ewigen Andenken eine Steinpyramide errichteten, und so setzte ich nach einer größeren botanischen Wanderung in die Umgegend des Montblanc und durch die Schweiz meinen Stab fort nach Schaffhausen, und zuletzt ohne weitern Aufenthalt nach Berlin.

In Berlin ließ sich Chamisso am 17. Oktober 1812 in seinem 32. Lebensjahre als studiosus medicinae einschreiben. Mit aller Kraft warf er sich nun auf das Studium der Naturwissenschaften und besonders der Botanik.

Aus dieser Zeit stammen einige allerliebste kleine Poesien Chamisso's, welche einen tiefen Einblick in seine damaligen Stimmungen eröffnen.

1. An Fouqué.

Kann nicht reden, kann nicht schreiben,
Kann nicht sagen, wie mir ist,
Mir ist wohl und bang' im Herzen,
Kann nicht ernst sein, kann nicht scherzen,
Kann nicht wissen, wie mir ist.

Mit der Arbeit will's nicht vorwärts.
Wie so leer es um mich ist!
Wie so voll ist's mir im Herzen!
Kann nicht ernst sein, kann nicht scherzen,
Kann nicht wissen, wie mir ist.

Kann nur fühlen, kann nicht wissen,
Kann nicht sagen, was es ist,
Könnt' ich singen, liebes Leben,
Würden Töne Kunde geben,
Wie es mir im Herzen ist. —

2. An Hitzig.

Heiter blick' ich ohne Reue
In des Himmels reine Bläue,
In der Sterne funkelnd Gold.
Ist der Himmel, ist die Freundschaft,
Ist die Liebe mir doch hold.
  Laure, mein Schicksal, laure.

Keine Stürme, keine Schmerzen,
Heit're Ruh' im vollen Herzen,
Kann es aber anders sein?
Blauer Himmel, treue Freundschaft,
Reiche Liebe sind ja mein.
  Laure, mein Schicksal, laure.

Hatt' das Schicksal arge Tücke,
Sieh' ich fürchte nichts vom Glücke,
Heiter bin ich wie die Luft.
Mein der Himmel, mein die Freundschaft,
Mein die Liebe bis zur Gruft.
  Laure, mein Schicksal, laure.

3. An Fouqué.

In den jungen Tagen
Hatt' ich frischen Muth,
In der Sonne Strahlen
War ich stark und gut.

Liebe, Lebenswogen,
Sterne, Blumenlust!
Wie so stark die Sehnen,
Wie so voll die Brust!

Und es ist zerronnen,
Was ein Traum nur war!
Winter ist gekommen,
Bleichend mir das Haar.

Bin so alt geworden,
Alt und schwach und blind.
Ach! verweht das Leben
Wie ein Nebelwind.

4. An Wilhelm Neumann.

Es quält mich so in meinem Herzen, Guter.
Daß, straf' mich Gott, ich einen Liebesbrief,
Ja, einen Brief Dir schreiben muß, es ist
Der Liebe allerkostbarster Beweis,
Den ich aus schreibeträgem Herzen kaum
Mir abzuquäl= und tragen noch vermag.
Doch da durch Abgang und Versorgung beide
Wir in geliebtenlosen Stand versetzt,
So, denk' ich, wird es unnütz nicht gethan,
Den edlen Stil mit gegenseit'gen Briefen
Des minniglichen Zuckers uns zu üben.
Drum halte mich, den Schreibenden, in Ehren,
Erwidernd gern das gern vernomm'ne Wort.
Mein lieber Junge, leiser, freundlicher,
Wie lieb ich eigentlich Dich habe, weiß
Ich nur, seit Du mir fehlst, dies Wie ist viel.
Kommst Du nicht bald? Auch meine Wirthe sind
Dir liebergeben und sie harren Deiner.
Wie schleichst Du Dich durch Deine Tage fort?
Alltäglich treib' ich das Alltägliche,
Und schlafe gut; — das Leben zu ermuntern,
Kriegt man wohl hie und da die schwere Noth,
Und alles wackelt fort den alten Gang.
Zur Probe meiner Schmerzen Eines nur:
Die rühmlichst Dir bekannte Zauberflöte*)
Ist flöten mir gegangen, — „Frommer Stab,
O hätt' ich nimmer" — Reimer's Buben sind's,
Die mir den Tort gethan, ich muß
Nun einen elendigen Flageolet

---
*) Ein Stock von ungeheurer Stärke.

Von einm Eichenstamme, der nach nichts
Gehörigem und rechtem aussieht, führen.
Von Kerner, Harscher, Rahel, Fanny, Rosa,
Vom hochgelahrten Fähnrich, welcher uns
Mit Ungewißheit auf die Folter spannt,
Von Vielem könnt ich Vieles Dir erzählen,
Doch ich, ein träg' Erzählender und schlecht,
Seh' Deiner nahen Rückkunft gern entgegen,
Bleibst länger Du noch aus, so werd' ich wohl,
Gehorchend Deinem Winke, Dir es schreiben. —
Zwei Friedrichsd'or verweilen sich bei mir,
Die Du zu Deiner Habe rechnen sollst,
Ersatz des unserm Freund geliehnen Geldes.
Leb', Guter, wohl! Dein treuer
Adelbert.

Sechstes Kapitel.

Das Jahr 1813 war erschienen, die Kriegserklärung Preußens an Frankreich erfolgt — eine Zeit, reich an freudiger Hoffnung für jeden Preußen, peinlich vielleicht für Niemanden so sehr, wie für unsern Freund. Im Herzen getheilt, zwischen seinem Geburts= und seinem zweiten Vaterlande, empfand er bei aller Theilnahme für die deutsche Sache doch auch auf das Tiefste jede Schmach, die den unglücklichen aus Rußland heimkehrenden Franzosen widerfuhr, jede Verhöhnung des persönlich von ihm verehrten Kaisers seines Volkes.

Und wie wenig wußte man in ihm dies so natürliche Gefühl zu schonen! Dabei der schmerzlichste innere Kampf über die Partei, die er zu ergreifen habe. Wie oft rief er in der Verzweiflung aus: „Nein, die Zeit hat kein Schwert für mich!"

Da gelang es der Vermittelung eines seiner ihm am meisten wohlwollenden Lehrer der Universität, des wackern Lichtenstein, Chamisso ein Asyl in der (nachmals Gräflich) von Itzenplitz'schen Familie zu vermitteln, die auf dem Landgute Cunersdorf, nicht allzufern von Berlin, wohnte, wo er in Ruhe und Verborgenheit seiner Lieblingswissen=

schaft, der Botanik, leben konnte und in der Abgeschiedenheit nicht mehr den oft böswilligen Bemerkungen takt- und gefühlloser Menschen ausgesetzt war, welche sein Herz zerrissen. Er selbst schildert diese Periode in den Worten: — „Die Weltereignisse vom Jahre 13, an denen ich nicht thätigen Antheil nehmen durfte, — ich hatte ja kein Vaterland mehr oder noch kein Vaterland — zerrissen mich wiederholt vielfältig, ohne mich von meiner Bahn abzulenken. Ich schrieb in diesem Sommer, um mich zu zerstreuen und die Kinder meines Freundes Hitzig zu ergötzen, das Märchen Peter Schlemihl." In diesem hat der Dichter — Goethe'n gleich — einen Theil seiner eigenen inneren Entwickelung geschildert.

Es war dieses Märchen des Dichters erstes Werk, das allgemein bekannt geworden, in fast alle lebenden Sprachen übersetzt, auch in England und Nordamerika volksthümlich geworden ist.

„Wir hatten die Romantik recht eigentlich gepachtet und sogen sie mit jedem Athemzuge ein" — sagte in späteren Jahren einer der Geister, welcher dem Dichterkreise von Spree-Athen angehört hatte, worin Chamisso, Eichendorff und Fouqué den Ton angaben. Ich habe schon am Eingange dieser Biographie angedeutet, daß Chamisso von den Schattenseiten der Dichter der romantischen Schule in seinen Poesien sich ganz frei gehalten hat, wohl aber besaß er ihre Vorzüge in hohem Grade. Literarhistoriker zählen häufig den Häuptern Tieck, Gebrüder Schlegel, Novalis, Fouqué, Arnim, Brentano, Kleist als die drei letzten Romantiker: Chamisso, Schulze und Eichendorff hinzu. Diese drei Sangeskräfte vereinigen sich auch gleichsam zum Schlußakkorde des Liedes der Romantik, zu einem gar herrlich ertönenden, das Herz ergreifenden Dreiklange, in dem jenes Lied verhallte. Chamisso sang so zu sagen den Grundton, den Baßton des Akkordes, der mit den Melodietönen so vertraute Eichendorff die oberste und Schulze die Mittelstimme. Chamisso verstand es, vermöge seiner nationalen Doppelnatur und bei der ihm eigenartigen poetischen Veranlagung ganz besonders, alle tausendfarbigen Erscheinungen der Wissenschaft und der Kunst und ihre unendlichen Reflexe in dem einen Brennpunkte der Poesie zusammen strahlen zu lassen. Seine lebendigen originellen Gesänge und Märchen haben zur Universalität und zum innigen Verschmelzen des deutsch=nationalen Elements mit dem fremdländischen viel beigetragen. Ihm verdanken wir in hervorragender Weise die Pflege des Volksmärchens, dessen wunderbare Schätze die Brüder Grimm*) neben ihrer groß=

---

*) Seiner Verehrung für die Brüder Jakob und Wilhelm Grimm und ihrem Einflusse auf seine Poesie hat Chamisso Ausdruck gegeben in dem Gedicht

Der arme Heinrich.
Zueignung an die Brüder Grimm.

Ihr, die den Garten mir erschlossen,
Den Hort der Sagen mir enthüllt,
Mein trunk'nes Ohr mit Zauberklängen
Aus jener Märchenwelt erfüllt;

  Ich schuld' es Euch, daß, wie im Traume
  Berührt, mein Saitenspiel erklang,
  Und sich dem übervollen Busen
  In Schmerz und Lust das Lied entrang.

Da wollt' ich Euch zum Kranze winden
  Die schönsten Blumen, die ich fand,
Doch abgelöst von ihrer Wurzel
  Verdorrten sie in meiner Hand.

artigen deutschen historischen Sprachforschung dem deutschen Volke wieder zugänglich gemacht hatten.

Der Inhalt der wundersamen Geschichte Peter Schlemihl's ist kurz folgender:

Peter Schlemihl verkaufte einem geheimnißvollen Manne, der alles aus der Tasche zaubert, was verlangt wird, seinen Schatten, und erhält als Ersatz Fortunati Glückssäckel, einen unerschöpflichen Geldbeutel. Er bereut aber bald diesen unbedachten Handel, da er ohne Schatten nicht mehr in der Gesellschaft zu erscheinen vermag.

Ueberall wird nach dem Schatten gefragt, und so oft man bemerkt, daß Schlemihl schattenlos sei, zieht man sich von ihm zurück. Alle seine anderen guten Eigenschaften, selbst die ihm durch den Glückssäckel ermöglichte Freigebigkeit vermögen nicht, ihn beliebt zu machen. Allerorts wird er verspottet und zurückgewiesen. Sein Unglück wird noch dadurch gesteigert, daß ihn der böse Mann (der Teufel), dem er seinen Schatten verkauft hat, mit beständigen Neckereien verfolgt. Als sich aber der Versucher mit der Zumuthung an ihn heranwagt, seinen Schatten zurückzuerwerben gegen Verschreibung seiner Seele, da gehen dem ehrlichen Schlemihl die Augen auf; er wirft den Glückssäckel von sich, und zerreißt das Band, welches ihn an den Teufel fesselte. Er bleibt zwar ohne Schatten, behält aber seine

---

Und immer sprach zu meinem Herzen
Ich zögernd: also soll's nicht sein,
Unwürdig wirst den wackern Meistern
So nicht'ge Gabe du nicht weih'n.

Und immer hofft' ich: morgen, morgen! —
Ich ward indessen schwach und alt;
Nehmt heute denn des Greisen Gabe,
Bevor sein letztes Lied verhallt.

Seele und kommt wieder zur Ruhe mit sich selbst. Zum Schlusse gelangt er durch Zufall in den Besitz von Sieben=Meilen=Stiefeln; diese bringen ihn in der kürzesten Zeit nach allen Ländern der Erde, und setzen ihn in die Lage seinem Lieblingsstudium, dem der Naturwissenschaften, sich in vollem Maße hinzugeben.

Ueber den Grundgedanken dieses klassischen, in jenem ungekünstelten Styl geschriebenen Märchens, der jedes Meisterwerk kennzeichnet, herrscht noch heute viel Streit. Vilmar und andere Literarhistoriker*) gehen davon aus, daß Chamisso darin „den eigenen Schmerz, das Weh des aus dem Vaterlande, aus der Nation gestoßenen Verbannten", aber nicht als einen „ungetheilten, un=versöhnten", sondern als einen schließlich „geheilten, versöhnten" darstellen wollte.

Der Schatten ist nämlich allerdings etwas an und für sich Nichtiges, Werthloses; aber er ist doch ein von der Natur oder vielmehr durch ein göttliches Naturgesetz dem Menschen zugewiesenes, ihm angeheftetes Gut: ähnlich ist das Vaterland, die Heimat ein durch die Geburt dem Menschen zugekommenes, mit ihm verwachsenes Gut. Das Geld, das Gold ist kein solches; es ist ein zufälliges, ein erworbenes, künstlich angeeignetes Gut. Ein Naturgut nun, will Chamisso sagen, ist, so gering es auch in die Augen fällt, im Grunde betrachtet doch viel wichtiger, kost=barer, unentbehrlicher als ein zufälliges, erwerbbares Gut. —

---

*) Auch Dr. Hüser erklärt in seinem Aufsatze: „wie Chamisso ein Deutscher wurde" (Halle, 1807): „Demgemäß glauben wir nun, daß der unglückselige Zustand des schattenlosen Schlemihl nichts anderes darstellt, als das Unglück des vaterlandslosen Dichters."

Varnhagen äußert sich in seinen Denkwürdigkeiten über Schlemihl: „Unser Freund Doctor Adelbert von Chamisso hat es in diesem Büchlein, das bekanntlich hier in der Mark und in gutem Deutsch geschrieben worden, nicht an örtlichen und persönlichen Lebensbeziehungen fehlen lassen, er hat Wahrheit darin verarbeitet; die Personen, die hier vorkommen, haben wir zum Theil gekannt; in den Schilderungen entdecken sich täglich neue Züge und Winke, die auf das wirkliche Leben anspielen; die Reise um die Welt, die er selber nachher gemacht, die naturwissenschaftliche Thätigkeit, der er sich gewidmet, alles findet sich gedeutet und vorbereitet; das Büchlein ist in sofern zugleich historisch und prophetisch, rückwärts und vorwärts gekehrt, und große Schätze mögen im Laufe der Zeiten sich noch darin enthüllen. Wir selbst haben vieles darin gefunden, was wir bei anderer Gelegenheit mitzutheilen gedenken"...

Gewiß ist, Chamisso hat sich selbst gezeichnet in seinem Schlemihl, dieser köstlichsten aller Fabeln, deren poetischer Reiz nur von Einem übertroffen wird, von ihrer tiefen Wahrheit nämlich, in jener denkwürdigen Stelle des zehnten Kapitels, wo er Schlemihl sagen läßt: „ich fiel in stummer Andacht auf meine Kniee und vergoß Thränen des Dankes — denn klar stand plötzlich meine Zukunft vor meiner Seele. Durch frühe Schuld von der menschlichen Gesellschaft ausgeschlossen, ward ich zum Ersatz an die Natur, die ich stets geliebt, gewiesen, die Erde war mir zu einem reichen Garten gegeben, das Studium zur Richtung und Kraft meines Lebens, zu ihrem Ziele die Wissenschaft. Es war nicht ein Entschluß, den ich faßte. Ich habe nur seitdem, was da hell und vollendet im Urbild vor mein inneres Auge trat, getreu mit stillem, strengem, unausgesetztem

Fleiß darzustellen gesucht, und meine Selbstzufriedenheit hat von dem Zusammenfallen des Dargestellten mit dem Urbilde abgehangen." — Und hatte Chamisso wirklich eine solche Schuld zu büßen? Nicht eine besondere, wissentliche Schuld zwar, wohl aber jene allgemeine, die auf allen Menschen lastet, und auf den besten oft am schwersten, die wir gewohnt sind Geschick, Fügung, Nothwendigkeit zu nennen, die aber doch der Einzelne als Schuld und Buße empfindet. Wem wäre nicht, zumal in unserer bewegten Zeit, einmal im Leben sein Schatten abhanden gekommen? Wer hätte ihn nicht unstät und irre, unter Qualen und mit zerrissenem Herzen gesucht? Wem wäre es nicht begegnet, daß ihn, den Schattenlosen, die Gesellschaft verstieß, die Wohlmeinenden bemitleideten, und selbst Schufte, die aber doch einen derben Schatten warfen, verhöhnten? Daß selbst die Liebe sich beängstigt von ihm wandte, und sein eigener böser Geist ihn von jedem glücklichen, selbstvergessenen Behagen mit schneidendem Spott verjagte? Auf Chamisso aber lastete dies Geschick mit verdoppeltem Gewicht. Er fand sich schattenlos, schon als er ins Leben, in die Welt und in die Gesellschaft eintrat. Vaterland, Familie, angeborner Beruf und Besitz — alles, was einen breiten, dichten Schatten auf die Lebensbahn des Einzelnen wirft, war ihm versagt. Ein Franzose unter Deutschen, ein Katholik unter Protestanten, ein Flüchtling ohne Stand und Besitz unter den in festbegründeter und begrenzter Existenz Eingebürgerten — dazu Dichter in einer Zeit, in welcher überall das Stoffige, Massenhafte sich in den Vordergrund drängt, in welcher Keinem gelassen wird, als Werkmann an dem großen Bau der Gesellschaft mitzuarbeiten, so sah er sich gleich von vornherein verdammt, nirgends fest zu haften auf dem Boden, den er betrat, nirgends sein Dasein in wesenhafter compacter Erscheinung kund geben und geltend machen zu können. Andere, denen es ähnlich erging, wie ihm, nahmen es leichter damit; sie erborgten sich fremden Schatten, krochen unter, wo es eben gehen wollte, oder täuschten die Welt und sich durch eine künstliche Nachbildung dessen, was sie in Wahrheit nicht besaßen. Chamisso blieb solchen Künsten fremd und wies jede Versuchung zurück, den Frieden mit der Gesellschaft durch den Verlust seines inneren Friedens zu erkaufen. Er ließ das Leben und die Welt ihren Gang gehen; mit Siebenmeilenstiefeln schritt er über alle diese kleinen, nach Licht und Schatten abgegrenzten Verhältnisse hinweg, ohne den eignen Schatten zu vermissen, der doch im raschen Schreiten und Schweifen nirgends hätte haften können; oder er barg sich still in die Abgeschiedenheit und Einsamkeit der Natur, und lebte mit dieser und für diese, der menschlichen Gesellschaft in den Welthändeln fremd, nur von ferne, vom sicheren Strande aus, „dem Tosen des aufgeregten, jede Hemmung überflutenden öffentlichen Lebens zuschauend, auch wohl ein Lied in dasselbe hinaus erklingen lassend."

Für das mangelnde Glück der Welt tauschte Chamisso ein anderes Glück ein, welches in unseren Tagen stets schwerer und seltener erreichbar wird, das Glück, sein ganzes Leben hindurch ein Kind zu bleiben, unberührt von dem, was die Welt Klugheit, Weisheit, Verständigkeit nennt. Nicht wollen wir diesen verständigen Lebensgebrauch herabsetzen oder die Ansprüche abweisen, welche die Gesellschaft an den Einzelnen macht, für sie und mit ihr zu leben und zu schaffen, aber glücklich preisen und lieben dürfen wir den, welcher von den Lebenswirren sich ins heitere Reich der Unschuld, an den Busen der Natur, ins Allerheiligste der Poesie zurückflüchtet. Ein Solcher ist heilig, wie die guten Elfen und Feen in den alten Märchen, welche von ihren Höhen und aus ihren Klüften zu den Sterblichen herabsteigen und ihnen durch heiteren Gesang und neckisches Zauberspiel die schwere Arbeit versüßen. —

Peter Schlemihl's Geschichte entstand, wie jedes ächt poetische Werk, in dem Dichter mit zwingender Nothwendigkeit. „Ich will" — schreibt Chamisso selbst darüber in einem Briefe (vom 11. April 1829) an den als Dichter bekannten Staatsrath Trinius in Petersburg —, „mit meiner Poesie selten etwas; wenn eine Anecdote, ein Wort mich selbst im Leibe von der Seite der linken Pfote bewegt, denke ich, es muß Andern auch so ergehen, und nun ringe ich mühsam mit der Sprache, bis es herauskommt. Schlemihl ist auch so entstanden. Ich hatte auf einer Reise Hut, Mantelsack, Handschuhe, Schnupftuch und mein ganzes bewegliches Gut verloren. Fouqué frug: ob ich nicht auch meinen Schatten verloren habe? und wir malten uns das Unglück aus. Ein anderes Mal ward in einem Buche von Lafontaine geblättert, wo ein sehr gefälliger Mann in einer Gesellschaft allerlei aus der Tasche zog, was eben gefordert wurde — ich meinte, wenn man dem Kerl ein gut Wort gäbe, so zöge er auch noch Pferde und Wagen aus der Tasche. Nun war der Schlemihl fertig und wie ich einmal auf dem Lande Langeweile und Muse genug hatte, fing ich an zu schreiben." Es sind dies kostbare Einblicke, die dem Laien in eine Dichterwerkstätte zu Zeiten gestattet werden.

Die Vernachlässigung der äußeren Formen, seine Neigung zum Widerspruche, sodann die Schwerfälligkeit seiner Rede und sein befangenes Wesen waren Ursache, warum Chamisso sich in der Gesellschaft nicht behaglich fühlte, warum diese ihn zurückstieß, ihn, den gebildeten und sonst so liebenswürdigen Menschen. „Und dennoch" — sagt Hitzig — „hatte dieser Engel von einem Menschen Feinde. — Nein, das wäre zu viel gesagt — aber in allen Lebensperioden mit solchen zu kämpfen, die ihn nicht mochten, die er abstieß, die ihn zu mißhandeln eine Freude fanden, wie denn aus demjenigen, was er in den Reiseberichten, dem Peter Schlemihl und in manchen seiner Gedichte an Aussagen über sich eingewebt hat, Klagen hierüber nicht undeutlich herausschallen." Chamisso, ein ehrlicher, edler, männlicher Charakter, verschmähte die hohlen, gleißenden und oft gleißnerischen Formen, namentlich jener Zeit; er achtete diesen äußeren Firniß — diesen Schatten — gering,*) und deswegen war er von manchen ungern gelitten, von vielen unterschätzt und von der Gesellschaft zurückgestoßen.

„Mangel an Talent für die Welt — schreibt er an Fouqué (17. Nov. 1810) — und Abneigung gegen dieselbe (wechselseitige Ursache und Wirkung, die sich steigern), sind mein Einsiedler=Beruf; ich habe keine Lust am Spiele der Welt, ich habe auch keinen Ort in ihr, ich bin nicht Herrscher, nicht Diener, kein schaffender und schafflustiger Künstler, — ein Gelehrter kann ich auch nicht sein. — Ich wollte nur wohlwollenden Gesinnungen leben, in die Stille und

---

*) „Die Gesellschaft" — heißt es in Schlemihl — „war sehr aufgeräumt, es ward getändelt und gescherzt, man sprach zuweilen von leichtsinnigen Dingen wichtig, von wichtigen öfters leichtsinnig; und gemächlich erging besonders der Witz über abwesende Freunde und deren Verhältnisse. Ich war da zu fremd, um von alledem zu verstehen, zu bekümmert und in mich gekehrt, um den Sinn auf solche Räthsel zu haben."

die Dunkelheit mich zurückziehen, und mit leisem Sinnen für Natur und Kunst mein Leben zieren."

„Ich kann — erzählt uns Rauschenbusch — aus einer mündlichen Mittheilung, die ich entweder von Chamisso, oder von Fouqué habe, hinzufügen, daß zur Entwicklung des Märchens wesentlich ein Spaziergang beigetragen, den beide einmal auf Fouqué's Gute Nennhausen gemacht. Die Sonne warf lange Schatten, sobaß der kleine Fouqué nach seinem Schatten fast so groß aussah, als der hochgewachsene Chamisso. „Sieh, Fouqué," sagt da Chamisso, „wenn ich Dir nun Deinen Schatten aufrollte und Du ohne Schatten neben mir wandern müßtest?" Fouqué fand die Frage abscheulich und reizte dadurch Chamisso, die Schattenlosigkeit neckisch weiter auszubeuten. Wahrscheinlich ist dieser Vorfall der Anlaß gewesen, daß Fouqué, dem Briefe an Trinius gemäß, demnächst Chamisso fragte, ob er nicht auch seinen Schatten verloren habe." —

Das Urtheil und Zeugniß von Rauschenbusch, der dem Dichter persönlich so nahe gestanden, ist ein so competentes und um so unentbehrlicher, weil Chamisso's Söhne bei seinem Tode noch in sehr jugendlichem, ja theilweise noch in kindlichem Alter sich befanden, sobaß wir es der größern Objectivität wegen vorziehen, ihn hier selbstredend einzuführen. „In jedem Falle ist die Idee vom Schatten nicht vom Dichter geschaffen worden,*) um daran irgend

---

*) Theodor Körner hat übrigens in seinem Märchen „Der Teufel in Salamanka" auch die Idee vom Schatten behandelt; ich erinnere an den Schluß des Gedichts:

„Der Graf (der sich dem Teufel entrissen) schlüpfte betend hinaus
Und lachte den armen Teufel aus.

welche metaphysische Entwickelungen zu knüpfen; der Schatten
ist ihm vielmehr durch einen Zufall als etwas Existentes ent=
gegen getreten und er hat dieses Gegebene nun mit Hilfe
seiner Phantasie in seiner Bedeutung weiter entwickelt.
Für diese weitere Entwicklung müssen wir aber scharf fest=
halten, daß er nach seinem eignen Zeugniß das Märchen
geschrieben, um sich zu zerstreuen und die Kinder seines
Freundes Hitzig zu ergötzen. Und bei der letzteren
Absicht ist nicht anzunehmen, daß er das böse Princip im
„Grauen" in die Schrift hineingezogen, um damit dessen
Kampf mit dem Menschen auszubeuten und ein Seitenstück
zum Faust zu schreiben. Handelte es sich vielmehr um ein
ergötzliches Märchen, dessen Held seines Schattens beraubt
werden sollte, so lag der Gedanke nah, sich dazu eines
bösen Dämons zu bedienen und diesen dann weiter in das
Leben des Schattenlosen eingreifen zu lassen. Als die dem
Bösen dabei zuzuweisende Rolle ergab sich die Versucher=
Rolle ziemlich von selbst. Daß aber der Versucher siegreich
aus dem Felde geschlagen wurde, das lag bei der edlen
Natur des im Schlemihl sich selbst schildernden Dichters
auf der Hand. Daß die Besiegung geschah, indem er dem
Mammon entsagte und sich an die Brust der Natur warf,
ist doppelt erklärlich, da erst wenige Jahre vorher der bis
dahin in seinen Lebensrichtungen schwankende Chamisso
während seines Aufenthaltes bei Frau v. Staël in Coppet
am Genfer See den Beruf des Naturforschers als seinen
Lebensberuf erkannt hatte. Und so ist denn auch der Um=

Doch noch was Wunderbares sich fand,
Denn als er in lichter Sonne stand,
Erschraken alle und staunten sehr! —
Der Graf warf keinen Schatten mehr."

stand, daß er, um seinem Naturforscherberufe die nöthige Unterlage zu verschaffen, Siebenmeilenstiefel erhält, mit deren Hilfe er leicht die ganze Welt bereisen konnte, aus der großen Wanderlust des Dichters zu erklären, der er schon damals viel Rechnung getragen hatte und die ihn später auf dem Rurik um die Welt trieb. Vorahnend läßt er dann am Schlusse auch Schlemihl in Betreff seiner Manuscripte das bestimmen, was er selbst später gethan, indem die Berliner Herbarien reich sind an Pflanzen, die er selbst auf seinen Reisen gesammelt und dort einge=
schoben hatte."

Chamisso hat sich selbst sehr über die Erfolge seines Schlemihl gefreut. In einem der mir vorliegenden, bis dahin ungedruckten Briefe an Hippolyt am 17. März 1821 schreibt er: „Was den Schlemihl betrifft und Deine beab=
sichtigte Liebenswürdigkeit (Uebersetzung ins Französische), so nehme ich sie mit Dankbarkeit an und stelle mich Dir in allem ganz zur Verfügung. — Aber, mein lieber Freund, einen Autor um Erlaubniß zu fragen, eine Uebersetzung seines Werkes zu publiciren, kommt dem gleich, eine schöne Frau um Erlaubniß zu fragen, sie schön zu finden, und dies laut verkünden zu dürfen. Die Schwierigkeit liegt aber darin, einen Verleger zu finden, und ich wünsche, daß Du sie überwindest! — Zur Zeit, als der Schlemihl er=
schien, ließ mir Herr v. Grinberg, Docent an der Heidel=
berger Universität, sagen, daß er ihn übersetzen wolle. Die Uebersetzung ist entweder nicht gemacht, oder wenigstens nicht erschienen. — Louis de la Foye hat eine gemacht und sie den Verlegern angeboten. Das Manuscript, nach=
dem es hin und her geschickt worden, ist zu ihm zurückge=
kommen, man hatte gemeint, es wäre zu wenig, um daraus

ein Buch zu fabriciren, man könnte es nicht allein herausgeben, kurz und gut man hat sich nicht damit befassen wollen und man hat es beiseite gelegt.

Was das Durchsehen, das Korrigiren Deines Manuscriptes anbetrifft, so stehe ich ganz zu Deinen Diensten; muß Dir aber bemerken, daß Du Dich nicht schlechter adressiren konntest, ich bin Eurer Sprache, Eurer Literatur ganz entfremdet, ich weiß weder was Ihr wollt noch das, was Euch nöthig ist. — Würdest Du nicht einen Substituten annehmen? — August v. Staël ist mein Freund und ich zweifle nicht, daß ihm das Vergnügen, welches Du mir machen willst, Spaß macht, so daß er einige Stunden darauf verwenden wird, Dein Manuscript durchzusehen und selbst (was ich als die Hauptschwierigkeit betrachte) einen Verleger findet. Es ist übrigens kostspielig und gefährlich, ein Manuscript herumreisen zu lassen. Gerade jetzt bin ich voll Besorgniß um ein Paket Zeichnungen und Schriften, das ich durch unsern Cabinets-Courier an Charis geschickt und das noch nicht an unsern Gesandtschafts-Rath gelangt ist.

Ich füge hier eine kleine Erläuterung zur Instruktion für den Uebersetzer, sowie zur Erklärung von Eigenthümlichkeiten bei. Ich glaube, die Sprache wird keine Schwierigkeiten haben, da der Styl leicht ist. Vielleicht wirst Du schon einen Theil von dem, was Du erklärt zu haben wünschest, darin finden —

Schlemihl oder besser Schlemiel ist ein Hebräischer Name, und bedeutet Gottlieb, Theophil oder aimé de Dieu. Dies ist in der gewöhnlichen Sprache der Juden die Benennung von ungeschickten oder unglücklichen Leuten, denen nichts in der Welt gelingt. Ein Schlemihl bricht sich den

Finger in der Westentasche ab, er fällt auf den Rücken und bricht das Nasenbein, er kommt immer zur Unzeit. Schlemihl, dessen Name sprichwörtlich geworden, ist eine Person, von der der Talmud folgende Geschichte erzählt: Er hatte Umgang mit der Frau eines Rabbi, läßt sich dabei ertappen und wird getödtet. Die Erläuterung stellt das Unglück dieses Schlemihl ins Licht, der so theuer das, was jedem andern hingeht, bezahlen muß. Der Name ist beizubehalten. Raskal englisches Wort — Taugenichts, Schuft. Kurtka, polnischer Rock. p. 13 verschiedene Kleinodien (Talisman) unserer Volks=Erzählungen, wie sie im Munde jeder Kinderfrau — Du kannst nachschlagen um ähnliches herauszufinden. —

Die Springwurzel öffnet alle Thüren und sprengt alle Schlösser. Der schwarze Specht (picus martius) kennt sie. Er macht sein Nest in hohlen Bäumen, man muß die Oeffnung, wenn der Vogel ausgeflogen; verstopfen. Er holt die Wurzel, um sein Nest zu öffnen, man muß ihn fangen, um sie sich zu verschaffen. Alaunwurzel ist glaube ich die Mandragore. Die Erzählungen darüber sind sehr verschieden, es ist sehr schwierig, sie sich zu verschaffen, sie gibt ein besonderes Geschick, um sich Schätze zu verschaffen. Wechsel= oder Heck=Pfennige sind Kupfermünzen, die jedesmal, wenn man sie umdreht, ein Goldstück hervorbringen. Raubthaler ist ein Thaler, der jedesmal zu seinem Herrn zurückkehrt und alle Geldstücke, die er berührt, mit zurückbringt. Das Tellertuch, ein Tischtuch, das sich mit allen Gerichten, die man verlangt, bedeckt. Das Galgenmännlein ist ein Teufel in einer Flasche, der alles thut, was man will und gibt was man verlangt. Man kauft ihn für Geld, man kann ihn aber nur für einen geringeren Preis, als man selbst gegeben, wieder verkaufen. Sein Recht ist dem letzten Besitzer, der ihn nicht mehr los werden kann, da der Preis zu gering geworden, als sein Eigenthum mitzunehmen.

Fortunatus ist in Frankreich bekannt: p. 18 der Zauberring. Ein Ritterroman von Fried. Baron de la Motte Fouqé, der diesem seinen Ruf begründet hat.

In einem weitern Briefe an Hippolyt vom 3. März 1824 schreibt Chamisso: „Weißt Du, daß unser Schlemihl ins Englische übersetzt ist? Weißt Du, daß sein Name in den politischen Zeitungen zusammen mit den Neuigkeiten aus Griechenland und Amerika erscheint? Weißt Du, daß die Modelampen, die keinen Schatten haben, hier Lampen à la Schlemihl genannt werden? Weißt Du, daß bei dem Tode eines deutschen Autors (Hoffmann) der sich mit Walter Scott in die Lesewelt theilte, und eine Nachahmung des Schlemihl geschrieben, wo ein gewisser Jemand dem Teufel sein Spiegelbild gegeben, daß bei diesem Todesfall, sage ich, wo sich alle literarischen Journale mit ihm beschäftigten und verschiedene Bücher seinem Andenken geweiht sind, der Schlemihl allgemein zur Hand genommen, besprochen und recensirt worden, aber immer weit über die Nachahmung gestellt worden ist, die der Gefeierte geliefert? —

Der Dichter war durch Schlemihl so volksthümlich geworden, daß, als er eines Tages in den Straßen Berlins promenirte, ein Junge dem andern zurief: „Du, da geht Schlemiehl!" Darauf nimmt voller Humor Chamisso (Schlemihl's Physiognomie annehmend,) den dreisten Knaben unter den Arm und Mantel und eilt mit ihm flugs davon, ihn mit entsprechender Würde an einer Straßenecke Berlins zur Erde niedersetzend. Gern erzählte Chamisso auch vom

Herzog von Cumberland (nachher König Ernst August I. von Hannover), wie dieser einst davon gesprochen, daß Popularität nur ein Schatten, und der Fürst darauf als Peter Schlemihl überall abgebildet und ausgestellt worden sei.

Die Besprechung der wundersamen Geschichte Peter Schlemihl's glaube ich nicht richtiger abschließen zu können, als daß ich meinen Lesern hier an dieser Stelle das ihnen wohl erinnerliche Gedicht Chamisso's an seinen alten Freund Peter Schlemihl (aus 1834, August) nochmals vor Augen führe und zugleich auf die dem Märchen vorgedruckte höchst interessante Correspondenz zwischen Chamisso, Hitzig und Fouqué hinweise.

„Da fällt nun Deine Schrift nach vielen Jahren
Mir wieder in die Hand, und — wundersam! —
Der Zeit gedenk' ich, wo wir Freunde waren,
Als erst die Welt uns in die Schule nahm.
Ich bin ein alter Mann in grauen Haaren,
Ich überwinde schon die falsche Scham,
Ich will mich Deinen Freund wie eh'mals nennen
Und mich als solchen vor der Welt bekennen.

Mein armer, armer Freund, es hat der Schlaue
Mir nicht, wie Dir, so übel mitgespielt;
Gestrebet hab' ich und gehofft ins Blaue,
Und gar am Ende wenig nur erzielt;
Doch schwerlich wird berühmen sich der Graue,
Daß er mich jemals fest am Schatten hielt;
Den Schatten hab' ich, der mir angeboren,
Ich habe meinen Schatten nie verloren.

Mich traf, obgleich unschuldig wie das Kind,
Der Hohn, den sie für Deine Blöße hatten. —
Ob wir einander denn so ähnlich sind?! —
Sie schrie'n mir nach: Schlemihl, wo ist Dein Schatten?

Und zeigt' ich den, so stellten sie sich blind,
Und konnten gar zu lachen nicht ermatten.
Was hilft es denn! man trägt es in Geduld,
Und ist noch froh, fühlt man sich ohne Schuld.

Und was ist denn der Schatten? möcht' ich fragen,
Wie man so oft mich selber schon gefragt,
So überschwenglich hoch es anzuschlagen,
Wie sich die arge Welt es nicht versagt?
Das gibt sich schon nach neunzehn Tausend Tagen,
Die, Weisheit bringend, über uns getagt:
Die wir dem Schatten Wesen sonst verliehen,
Seh'n Wesen jetzt als Schatten sich verziehen.

Wir geben uns die Hand darauf, Schlemihl,
Wir schreiten zu, und lassen es beim Alten;
Wir kümmern uns um alle Welt nicht viel,
Es desto fester mit uns selbst zu halten;
Wir gleiten so schon näher unserm Ziel,
Ob Jene lachen, ob die Andern schalten,
Nach allen Stürmen wollen wir im Hafen
Doch ungestört gesunden Schlafes schlafen.

Siebentes Kapitel.

Noch vor Ablauf der ersten Hälfte des Jahres 1814 traf Chamisso, den überall so lebhaft und so tief Mitfühlenden, ein herber Schmerz. Die junge und schöne Gattin seines Freundes Hitzig, dessen Haus auch das seine war, erkrankte schwer und starb am 22. Mai 1814.

Hören wir ihn selbst über diese Katastrophe in nachstehenden Auszügen und Briefen an Fouqué und de la Foye:

An Fouqué.

— — Hitzig, zu wüst und zerstört, um Dir zu schreiben, trägt es mir auf. Zwischen Hoffnung und Nichthoffnung ist heute der dritte Tag schon der Zustand der Dinge. Sie leidet viel, er vielleicht noch mehr. Ich kann Dir von den Zufällen der Krankheit nichts Näheres sagen, worin die Aerzte selbst nicht klar zu sehen scheinen, wir am allerwenigsten. Gott segne Dich mit Gesundheit! Lebe wohl!

Heute, Sonntag, den 22. Mai, am zehnjährigen Gedächtnißtage ihrer Vermählung mit Eduard, auf welchen Jubeltag, ihrer Krankheit wegen, die Feier ihres 33. Geburtstages zugleich, wie die früher eingetretene und aus gleichem Grunde auf diesen ihres Mannes verlegte, ausgesetzt worden, hat des Morgens um dreiviertel auf zwei Uhr unsere Freundin ausgelitten. Durch einen mehrtägigen Todeskampf haben die Besinnung und die Schönheit sie nie verlassen. Nur ihr Mann und die Freundinnen, die ihre Wächterinnen gewesen, waren um sie. Die ihr die Augen zugedrückt hat, war die Staatsräthin Uhden, ein Weib von ausnehmender Großheit. Ich selbst habe die Kranke nur in der vorletzten Nacht gesehen, wo ich hereingerufen ward, um schnellen Bericht an einen Arzt zu überbringen. Sie sah mich hell an und reichte mir die Hand. Sie war noch wie eine Braut anzusehen. Sie hat unendlich gelitten; aber ihre letzten Momente waren ein sanftes Ausgehen. Ein organischer Fehler scheint die Ohnmacht der Kunst und das Schwanken der auf die nächsten Erscheinungen gerichteten Behandlung zu rechtfertigen. Sie wird am Dienstag früh um 5 Uhr bei zweien ihr vorangegangenen Kindern beigelegt.

Eduard hat selbst die Kinder zu der Leiche der Mutter geführt. Lotte Piaste widmet diesen Kindern ihr Leben. Eduard wird kein Surrogat des unersetzlich Verlorenen suchen und fürder wie ein Garçon leben. Daß er, weich und fest, ein unsäglich unglücklicher Mann ist — aber ein ganzer — bedarf keiner Erwähnung. Die Theilnahme war allgemein und Viele weinen. Denn Viele haben sie geliebt. Eduard bemitleidet den König, der, was Er verloren, auch verlor;[*] aber nicht fand, was er gefunden — Freunde, die ein König — und sei es auch dieser — nicht hat, ihn zu verstehen und nach seiner Art mit ihm

---

[*] Die unvergeßliche Königin Luise.

nach Untergang der Sonne die Nacht zu betrachten. Lebe wohl!"

An de la Foye.

"Vor wenigen Tagen ist die schöne liebreiche Frau Hitzig's nach namenlosem Leiden gestorben. Ich habe in ihr Mutter und Schwester verloren. Mein Haus ist verödet. Unsers Eduard's Leben ist hiermit abgeschlossen und meines sehr verfinstert. Eine Freundin widmet den herrlichen Kindern ihr Leben und Eduard führt für sie düster sein Geschäft fort, welches seine Betriebsamkeit durch diese schweren Zeiten hindurch blühend erhalten hat."

Aber nicht allein eine sehr theure Freundin hatte Chamisso in Hitzig's Gattin verloren, sondern auch für den Augenblick diesen selbst, wenngleich nicht dem Herzen nach, doch insofern, als seine Verhältnisse es ihm kaum möglich machten, sich mit etwas anderem als gerade mit der Ordnung dieser zu beschäftigen. Hitzig war früher Beamter in Warschau gewesen; in Folge der Besitznahme Südpreußens durch die Franzosen um seine dortige Bedienung gekommen, hatte er einen Buchhandel errichtet, von welchem er eine zahlreiche Familie ernährte, nun war er Witwer geworden, beladen mit der Sorge für sechs Kinder; dies bewog ihn zu dem Entschlusse, seine Handelsgeschäfte, die ihn den ganzen Tag von seinem Hause entfernt gehalten und ihm also seine Kinder hatten fremd werden lassen, aufzulösen und in den Staatsdienst zurückzutreten; ein Vorsatz, den er schon im Herbste 1814 ausführte. Daß er unter solchen Umständen seinen Freunden wenig leben konnte, ist leicht zu begreifen und dies, zugleich aber auch die politische Lage der Dinge, machte es ihm vollkommen klar, daß für Chamisso*), der immer unzufriedener wurde, keine andere Rettung sei, als ihn für einige Jahre, wenn irgend möglich, aus Europa zu entfernen. Hierzu schien die von dem Prinzen Max v. Wied=Neuwied damals intendirte und später ausgeführte Reise nach Brasilien eine gute Gelegenheit darzubieten. Es wurde an den Fürsten**)

---

*) Dieser spricht sich selbst an de la Foye also aus: „Mit Eduard's Frau ist mir auch die meiste Lust hier ausgegangen; ich erlebe nur Kummer an meinen nächsten Freunden und keine Freude an mir selbst. Hitzig hat dem Buchhandel entsagt, um einen scharfen Einschnitt in sein Leben auch äußerlich zu machen und um das nunmehr seinen Kindern gehörige Vermögen aus einem Geschäfte zu ziehen, welches nur allein durch ihn — den leichtsterblichen Mann — blühet und so blühen konnte und hinter ihm, in vormundschaftlicher Verwaltung, in ärger als Nichts zusammensinken würde. Er ist in seine alte Laufbahn wieder eingetreten und vor der Hand Kammergerichts=Assessor hier in Berlin, wo er auch wohl bleiben wird, wenn er eine definitive Anstellung erhält. Nun wohnt er weit von mir, nun ist er mit Acten ummauert, mit Geschäften überpackt; nun sehe ich ihn nicht alle Tage mehr wie sonst, und wenn ich einen Versuch mache, nach zweibeinigen Bestien meiner Art auszugehen, um mich mit denselben in Discurs einzulassen und so zu erquicken, so bekommt es mir jedesmal wie Hunden das Grasfressen und ich werde wieder in mein Kämmerlein gebannt."

**) Dieser Brief, dessen Concept sich noch vorgefunden, enthält folgende, ein charakteristisches Resumé des bisher Mitgetheilten gebende Stelle:

„Professor Lichtenstein möge Sie bewegen, meine Fähigkeiten mit Nachsicht zu beurtheilen. Als Student möchte ich brauchbar sein, nicht als Gelehrter; aber man reist als Schüler aus, um zu sammeln, und heimgekehrt verarbeitet man, mit neuer Kraft gerüstet, das Gesammelte. Einen anspruchslosen, eifrigen, rüstigen Gehilfen würden Sie an mir haben. Ich muß von mir reden; ich möchte mich wie ein aufgeschlagenes Buch geschrieben; der Plan scheiterte aber an der Bedingung, die derselbe stellen mußte, daß Chamisso, was er nicht vermochte, sich, wenn er sich der Reisegesellschaft anzuschließen begehre, dies auf eigene Kosten thun solle. Die Stimmung Chamisso's wurde immer trüber, wie nachstehender Brief an be la Foye beweiset:

„Ich will diesen Brief erfrischen, der Monate gelegen hat, und mag ihn dennoch nicht wieder lesen; wie er Dir bestimmt gewesen, magst Du ihn auch erhalten, er ist Dein und nicht mehr mein, zu wehmütig sehen einen so veraltete Züge wieder an. Mir geht's leiblich — ich höre fast keine Collegia und bin lediglich mit meinem Herbario beschäftigt, das mir unter der Hand wächst und gedeiht, so daß der Arbeit immer mehr wird. — In diesem künftigen Sommer will ich, so Gott will, auf den Tausch sammeln, ich sehe, daß es doch nichts ist mit dem Tausch der Kataloge, ich werde für Dich eine Sendung nordischer Pflanzen bereiten als da sind 2c.

---

vor Ihren Augen darstellen. Ich bin der Geburt nach ein Franzose, der Sprache, dem Sinn, der Bildung nach ein Deutscher; diese Zweiheit hat mir jede Bahn verschlossen; ich habe, nachdem ich in früheren Jahren in preußischem Kriegsdienste gestanden, mich zu der Natur gewendet und gänzlich ihren Studien gewidmet, ich habe mir zum Zweck meines Lebens gesetzt, einst für die Wissenschaft zu reisen; ich habe mich hauptsächlich der Botanik ergeben und bin darin meiner Weise nach von den zunächstliegenden ausgegangen; ich habe mich an unserer Norddeutschen und an der Schweizer-Flora gebildet, die ich ziemlich genau kennen gelernt. Ich bin aber auch anderen Zweigen der Naturwissenschaft nicht fremd geblieben; ich habe z. B. die Würdigung der vergleichenden Anatomie erkennend, auch das Mineralreich kennen gelernt."

Lieber Freund, ich liege auf meinem Heu in Erwartung des frischen Grases, lasse die Welt gehen und ziehe einen Fuß nach dem andern aus ihr heraus, und nichts fesselt mich recht mehr und ich glaube, man möchte fast so ein abgekühltes Thier einen Philosophen nennen, wäre nicht gerade das erste, was ich hasse und verachte, die Philosophie. —

Mein siebenmeilig gestiefelter Freund*) geht indessen ganz gut und hat, was man sagen könnte, ein ausgezeichnetes Glück gemacht. Habeat sibi. Wird er wohl einmal zu den Franzosen übersetzen, ich glaube nicht, er kommt wenigstens nur mit den Stiefeln hin, nicht mit dem Herzen. — Lebe so wohl Du kannst, lieber Junge, und χαιρε, wenn Du es vermagst." —

Wie der Lebensweg des Dichters nunmehr weiter sich gestaltete, wie er dazu kam, die Reise um die Welt mit der Romanzoff'schen Entdeckungs-Expedition in den Jahren 1815—1818 auf der Brigg Rurik unter Kapitän Otto von Kotzebue zu machen, darüber berichtet Chamisso uns selbst:

„Kaum hatte der Boden sich wieder befestigt und wieder blau der Himmel sich darüber gewölbt, als im Jahre 1815 der Sturm sich wieder erhob und auf's Neue zu den Waffen gerufen ward. Was meine nächsten Freunde mir beim ersten Ausmarsch zuschreien mußten, sagte ich mir nun selbst: die Zeit hatte kein Schwert für mich; aber aufreibend ist es, bei solcher waffenfreudigen Volksbewegung müssiger Zuschauer bleiben zu müssen.

„Wir werden allmählich schon alt et le plus fort en

---
*) Peter Schlemihl.

est fait" — schreibt Chamisso an de la Foye. Keine Stelle drückt deutlicher die damalige Gemütsverfassung des Dichters aus, der hier mit einer, seinem Charakter sonst fremden Resignation sich dem noch in frischer Bewegung vor ihm liegenden hoffnungsreichen Leben abzuwenden scheint.

Da — ruft er freudig aus — kam mir zufällig einmal ein Zeitungsartikel zu Gesicht, worin von einer nächst bevorstehenden Entdeckungs-Expedition der Russen nach dem Nordpol verworrene Nachricht gegeben ward. „Ich wollte, ich wäre mit diesen Russen am Nordpol!" rief ich unmuthig aus und stampfte wohl dabei mit dem Fuß. Hitzig nahm mir das Blatt aus der Hand, überlas den Artikel und fragte mich: „Ist es Dein Ernst?" — „Ja." — „So schaffe mir sogleich Zeugnisse Deiner Studien und Befähigung zur Stelle. Wir wollen sehen, was sich thun läßt."

Das Blatt nannte Otto von Kotzebue als Führer der Expedition. Mit dem Staatsrathe August von Kotzebue, der zur Zeit in Königsberg lebte, hatte Hitzig in Verbindung gestanden und war mit ihm in freundlichem Verhältnisse geblieben. Briefe und Zeugnisse meiner Lehrer, die zu meinen Freunden zu rechnen ich stolz sein konnte, sandte Hitzig mit der nächsten Post an den Staatsrath von Kotzebue ab und in möglichst kurzer Zeit folgte auf dessen Antwort ein Brief von seinem Schwager, dem Admiral, damaligem Kapitän der russisch-kaiserlichen Marine, von Krusenstern. dem Bevollmächtigten des Ausrüsters der Expedition, Grafen Romanzoff, aus Reval vom 12. Juni 1815. Ich war, an die Stelle des Professors Ledebour, den seine schwache Gesundheit zurückzutreten vermocht hatte, zum Naturforscher auf die zu unternehmende Entdeckungsreise in die Südsee und um die Welt ernannt.

Nun war ich wirklich an der Schwelle der lichtreichsten
Träume, die zu träumen ich kaum in meinen Kinderjahren
mich erkühnt, die mir im Schlemihl vorgeschwebt, die als
Hoffnungen ins Auge zu fassen ich, zum Manne heran=
gereift, mich nicht vermessen. Ich war wie die Braut, die,
den Myrtenkranz im Haare, dem Heißersehnten entgegen=
sieht. Diese Zeit ist die des wahren Glückes; das Leben
zahlt den ausgestellten Wechsel nur mit Abzug, und zu den
hienieden Begünstigteren möchte der zu rechnen sein, der
da abgerufen wird, bevor die Welt die überschwengliche
Poesie seiner Zukunft in die gemeine Prosa der Gegenwart
übersetzt.

Ich schaute, freudiger Thatkraft mir bewußt, in die
Welt, die offen vor mir lag, hinein, begierig in den Kampf
mit der geliebten Natur zu treten, ihr ihre Geheimnisse
abzuringen. So wie mir selber in den wenigen Tagen
bis zu meiner Einschiffung Länder, Städte, Menschen, die
ich nun kennen lernte, in dem günstigsten Lichte erschienen,
das die eigene Freudigkeit meines Busens hinausstrahlte:
so muß ich auch den günstigsten Eindruck in Denjenigen,
die mich damals sahen, zurückgelassen haben; denn erfreulich
ist der Anblick des Glücklichen.

Das Schreiben des Herrn von Krusenstern enthielt
in sehr bestimmten Ausdrücken das Nächste, was zu wissen
mir Noth that.

Chamisso fuhr nun von Berlin den 15. Juli 1815
nach Hamburg ab. Er hat selbst seine große Weltumsegler=
Reise in ebenso klarer wie geschmackvoller Sprache und in
einer Weise beschrieben, daß Jeder mit Interesse diese höchst
bemerkenswerthen, durch Treue, Wahrhaftigkeit und an=
erkannt wissenschaftlichen Werth ausgezeichneten Beiträge

zur Länder= und Völkerkunde lesen wird. Wir wollen lediglich darauf verweisen und im Allgemeinen nur noch hervorheben, daß Chamisso ohne das, was er auf dieser großen Reise in seiner Gesammtentwicklung gewonnen, schwerlich ein so hervorragender deutscher Dichter geworden wäre, daß seine Berichte über die dreijährige Reise in Ansehung der Beschreibung der gesehenen Länder und Völker sowohl wie in naturwissenschaftlicher Beziehung bleibenden Werth behalten werden, und daß endlich für viele seiner Gedichte, unter ihnen besonders Salas y Gomez,*) in seinen, auf jener Weltreise gesammelten Anschauungen die Quelle zu finden ist, der sie entstammen.

Seine Rückkehr in die Heimat verkündete Chamisso von Swinemünde aus durch das Gedicht:

> Heimkehret fernher, aus den fremden Landen,
> In seiner Seele tief bewegt, der Wandrer;
> Er legt von sich den Stab und knieet nieder
> Und feuchtet deinen Schooß mit stillen Thränen,
> O deutsche Heimat! — Woll' ihm nicht versagen
> Für viele Liebe nur die eine Bitte:
> Wann müd' am Abend seine Augen sinken,
> Auf deinem Grunde laß den Stein ihn finden,
> Darunter er zum Schlaf sein Haupt verberge.

Chamisso war durch und durch so ein Deutscher geworden, daß er von Deutschland sang:

> „Und keines von den Ländern allen
> Hat wie das deutsche mir gefallen,

---

*) Durch die wahrhaft großartige Dichtung „Salas y Gomez" hat sich Chamisso unsterblichen Ruhm um die Wiederbelebung der poetischen Erzählung erworben.

Und das war meiner Reisen Frucht,
Daß mir gefiel die deutsche Zucht!"

Wie ihm die Zukunft erschien, als er nach Preußen zurückkehrte, das sagen uns die Zeilen, welche er für Professor Lichtenstädt und seine Schwester dichtete:

„Mag fürder treiben unstät eitler Sinn
Durch ödes Meer und oft noch ödres Land,
Mich sonder Rast zu irren und Gewinn,
Daß leerer Tand mir scheine leerer Tand —
Was muß, das wird. Fahrt wohl; ich ziehe hin ꝛc."

Ferner der Anfang eines unvollendeten Briefes an einen Freund, der sich unter seinen Papieren vorgefunden hat, und der also lautet: „Ich habe Dir aus dem halszuschnürenden Rußland zu schreiben nicht vermocht. Hier aus Swinemünde, wo ich gleichsam zwischen meiner Vergangenheit und Zukunft schwebend erhalten werde, bis sich der Wind legt, ich meine Güter lösen kann und meine Reise nach Berlin fortsetzen, will ich, Guter, mich an Dich wenden und Dir ein fröhliches „Glück auf!" zurufen. Ich, lieber Freund, bin der ich war, in der Erscheinung wie in der Wesenheit, und stehe nur auf so vielen Beinen da, als mir nach dem Linnéischen Systeme zukommen, unschlüssig, ob ich Wurzel fassen oder mich schnell zu einer neuen selbstständigeren Fahrt rüsten soll. Denn das Moos wächst mir auf dem Kopfe und ich bin alt geworden, ich weiß nicht wie!"

Wenige Tage, nachdem vorstehende Zeilen geschrieben worden (am 31. Oktober), saß Chamisso in seinem alten Winkel auf Hitzig's Kanapee und erzählte von den Sandwich-Insulanern, von den Radackern, von den Kamtschabalen, nicht als ob er sie an Ort und Stelle aufgesucht, sondern als ob er sie in einer Bude auf der Leipziger Messe gesehen hätte. Die Hausgenossen hörten ihm mit offenem Munde zu, aber kein Gefühl des Fremdartigen drängte sich in die Freude des Wiedersehens. Er war wirklich, wie er geschrieben, „der er war — in der Erscheinung wie in der Wesenheit" — das alte herzige Kind.

In Berlin traf Chamisso seine alten Freunde wieder an, aber es gestaltete sich nur mit Hitzig ein vertrauterer Umgang, da sich die Uebrigen aus verschiedenen Gründen, die in ihren besonderen Verhältnissen lagen, mehr oder weniger abschlossen, ohne jedoch die alte Liebe zu verleugnen. Er begann noch im Jahre 1818 seine zahlreiche und höchst wichtige Pflanzensammlung zu ordnen, — den zoologischen Theil seiner Sammlung hatte er der Universität zum Geschenk gemacht. Im Frühling 1819 ernannte ihn die Universität zum Doctor der Philosophie und die Gesellschaft der naturforschenden Freunde zu ihrem Mitglied; um dieselbe Zeit erhielt er das Amt eines Adjunkten an dem botanischen Garten.

Im Jahre 1819, welches ihm so viele Ehren gebracht, verlobte sich Chamisso, um seinem Glücke die Krone aufzusetzen, mit der lieblichen und anmuthigen achtzehnjährigen Antonie Piaste, die in Hitzig's Hause aufgewachsen war und er, der um 20 Jahre ältere Mann als Kind auf dem Knie gewiegt und ihr Geschichten erzählt hatte. Sie hatte schon vor 10 Jahren als Kind um den wunderbaren Mann herumgespielt und er sie zu jener Zeit durch die wunderlichsten Grimassen und die ungeheuerlichsten, die Kindesphantasie bezaubernden Erzählungen an sich gefesselt und scherzweise seine kleine Frau genannt.

Chamisso schreibt über dieses freudige Ereigniß an Varnhagen:

„Sodann, wenn Du bereinst im lieben Lande der Väter
Sitzest daheim bei der Gattin und schönaufblühenden Kindern,
Sorgsam eigenes Gut bewirthend zum Heil der Erzeugten,
Magst Du gedenken des Freundes, der fern Dir im Norden
zurückblieb,
Und es erfreue Dein Herz, den Anderen schön zu verkünden,
Wie wir in heiliger Nacht aufrichteten heiliges Bündniß;
Auch das Geschenk dann zeige umher, daß All' es ergötzet,
Wie wir einander geehrt und mit Liebe gestrebt zu erfreuen!"

„Das habe ich denn auch gestern treuen Sinnes gethan, Lieber, und zwar im lieben bösen Berlin, nicht noch im Kreise der schön aufblühenden Kinder, aber doch daheim sitzend bei der Gattin, bei der Braut, im Kreise einer glücklichen Familie, der Hitzig-Piaste'schen Familie, von der jedes Mitglied mir, wie unser Eduard, das Juwel herzlich gönnt, das ich aus ihrer Mitte davon trage, nicht es ihnen zu entfremden, sondern nur, wie es die Natur will, einzufassen. —

Du kennst wohl meine Braut, Antonie Piaste; die schönste und liebste jener Jungfrauen ist es, die, nach Hoffmann's Ausspruch, Hitzig um sich hält, um ihm die Hand zu küssen und Papa zu sagen, — die, die mir Löst schon 1807 als Kind verlobt hatte — nun hole ich sie heim. — Ich habe mit dem Verstande gewählt und mit dem Herzen erfaßt, ich möchte sagen, „ich habe mich nach einem Plan verliebt." — Sie ist jung, blühend und stark, schön und fromm, rein und bewußtlos, wolkenlos und heiter, ruhig, verständig und froh, und so liebevoll!

Kommst Du bald einmal nach Berlin wieder, so hoffe

ich, daß Du mich in einem Häuslein, das beim botanischen Garten (in Neu=Schöneberg) steht, antriffst (ich bin zum Adjunkt des Directors, mit 600 Thalern Gehalt und jenem Häuslein zur Amtswohnung, vorgeschlagen), freudig bei Blumen und bei der ihnen gleichen Wirthin beschäftigt, — kommt aber wer der alten Freunde nach etwa 20 Jahren wieder, so hoffe ich zu Gott, daß er mich ebendaselbst und eben auch bei meinen Blumen und meiner Wirthin noch finden soll, aber bei uns soll noch sitzen eine aufblühende Jungfrau, die das heutige Bild der Mutter treu und un= verändert wiederhole, — denn ich vermißte ungern den reinen Genuß, mit dem mein künstlerisch gebildetes Auge auf meiner Antonie weilt. Wir haben die Anker geworfen, das Schiff gemoort, ich begehre weiter nichts als, was ist, in seiner ruhigen Entfaltung weilen zu sehen. —

Wir gedenken am vierten Jahrestage meiner Ausfahrt aus Berlin zu meiner Weltumsegelei, den 15. Juli, Hochzeit zu halten.

Wir sitzen der Brautpaare jetzt drei bei einander — ein Bruder meiner Braut mit einer Tochter des verstorbenen Pastor Hermes, als Senior; — unser Bruder Neumann mit Doris Mnioch, der Pflegetochter Hitzig's, als Nach= folger (ich weiß, daß er tagtäglich angesetzt hat, an Dich herzlich zu schreiben, zweifle aber, daß er aus lauter Liebe und vor lauter küssen dazu gekommen sei, dem alten Freund die Hand zu schütteln); — als Junior dann ich noch ein= mal in meinem Leben — denn mein Haar ist wirklich schon grau, und ich war der älteste auf dem Rurik. —

Grüße herzlichst Deine Frau und küsse ihr die Hand von meinetwegen; ich zweifle nicht, daß Ihr mir gönnt, glücklich auf meine Art zu sein. Dein A. v. Ch., Dr.

N. S. Hast Du meine Schrift, die ich Dir zusenden ließ, erhalten? Jetzt wird etwas Botanisches von mir in schönem freundlichen Kranz erscheinen, von Nees v. Esenbeck besorgt."

Ferner findet sich in Chamisso's poetischem Hausbuch eine Correspondenz zwischen Hitzig, der hier ähnlich wie bei Neumann wiederum als eine Art von Brautvater auftrat, Fouqué und ihm, aus welcher einige Stellen mitgetheilt werden mögen.

Hitzig an Fouqué.

— — — — — Ja Freund! Schlemihl
Entbehrt nicht mehr des Schattens — hat ihn dreifach.
Zuerst den Schatten unsers Preußenaars,
Der seine Flügel ob ihm breitet, daß er
Nun Ruh' und Frieden finde im Besitz
Von eignem Haus und Heerd, die ihm der König
Mit gutem Sold verliehn. Zum Zweiten dann,
Den Schatten jener alten hehren Bäume
Den Garten zierend, den botanisch man
Bei uns, und billiger „klein Eden" nennt;
Deß' Hüter er gewählt, ein Blumenfürst. —
Den dritten Schatten endlich und den schönsten,
Der ihm gelobt nicht mehr von ihm zu weichen,
Sein Engel jetzt, wie stets ein Engel uns, —
Antonie — das sei Dir genug gesagt.

Fouqué antwortete:

Von dem Kranze, der echt aufblühet den Locken des Freundes,
   Senken dem Freundesgelock' immer sich Blüthen herab,
Segen denn Euch und mir! Und Du, Du treuester Bruder,
   Eduard, hegend das Glück Anderer süß in der Brust,
Lebe Du, Blüthen erziehend für manch' zukünftigen Brautkranz,
   Blüthen beschirmend zugleich mit dem gerechtesten Schwert.

Chamisso aber schickte ein Bildchen der Braut an Fouqué mit folgenden Zeilen:

Kann ich keine Lieder singen,
Drück' ich Dich doch an mein Herz,
Bin so froh, so guter Dingen,
So geheilt von allem Schmerz.
Gleich auch wollt' ich nach Dir fragen,
Als so Schönes mir getagt,
Dir mein volles Herz zu sagen,
Hitzig hatt' es schon gesagt.
Also ließ ich gut es sein
Und erfreute mich der Sonnen
Bei der Allerliebsten mein,*)
Aufgelöst in lauter Wonnen.
Doch, was hab' ich Dir gethan,
Daß Schlemihl Du mich noch schiltst?
Schimpfe nur, Du böser Mann,
Immerhin, wie Du nur willst.
Den Schlemihl genannt sie hatten,
Reich in seines Schattens Zier,
Gönnet jetzt von seinem Schatten
Strafend einen Schatten Dir.

Und das „aufgelöst in lauter Wonnen" war keine poetische Redensart; denn nie hatte man einen seligeren Bräutigam gesehen, der verklärte Ausdruck auf dem Ge=

---

*) Herr Justizrath Rauschenbusch hat mir die folgenden, noch nicht gedruckten und von Chamisso an Fouqué, als dieser den Namen der Braut wissen wollte, gerichteten Verse mitgetheilt, welche Stimmung und Humor des Dichters in jener überglücklichen Periode seines Lebens kennzeichnen:

„Plaste — heißet meine Holde
an edita regibus,
Perlen sind ja nicht von Golde
sed tamen meum decus.

sichte des schon reifen Mannes ersetzte reichlich, was man an der Jugendfrische vermißte, die von dem der lieblichen Braut strahlte, welche noch ein ganz unschuldiges Kind, nicht wußte, wie ihr geschah, da sie sich in ein Verhältniß hineingezaubert sah, das ihr als nahe bis dahin gewiß noch nicht vor die Augen getreten war.

Von seinen Stimmungen zeugen am klarsten allerlei Kleinigkeiten aus dem Hausbuche, wie die folgenden:

An Antonie.

Deine Augen sind nicht himmelblau,
Dein Mund, er ist kein Rosenmund,
Nicht Brust und Arme Lilien.
Ach welch' ein Frühling wäre das,
Wo solche Lilien, solche Rosen
Im Thal und auf den Höhen blühten,
Und alles das ein klarer Himmel
Umfinge, wie Dein blaues Auge! (Uhland.)

Mein Aug' ist trüb, mein Mund ist stumm,
Du heißest mich reden, es sei darum.
Dein Aug' ist klar, Dein Mund ist roth,
Und was Du nur wünschest, das ist mir Gebot.
Mein Haar ist grau, mein Herz ist wund,
Du bist so jung, und bist so gesund.
Du heißest mich reden und machst mir's so schwer:
Ich seh' Dich so an, und zitt're so sehr.

Adelbert an seine Braut.

Ich schlich so blöd für mich allein,
Ich wälzte so mich in den Staub,
Ich war so schwach, ich war so klein,
Ich war so blind, ich war so taub,
Ich war so nackt, ich war so kalt,
Ich war so arm, ich war so alt —

Und bin nun aller Siechheit los
Und fühle in den Knochen Mark;
Ich bin so reich, ich bin so groß,
Ich bin so jung, ich bin so stark.
Du, die Du alles, Alles gibst,
Du segnest mich, wie Du mich liebst.
Ich drücke Dich an meine Brust,
Du bist mein Stolz und meine Lust,
Du bist mein Hort, Du bist mein Gut,
Du bist mein Herz, Du bist mein Blut,
Du bist mein Stern und meine Kron',
Bist meine Tugend und mein Lohn.
O Du mein frommes gutes Kind,
Mein guter Engel, hold und lind,
Mir ward durch Dich das Heil verlieh'n.
O lasse mich zu Deinen Füßen
In meiner Demuth niederknie'n
Und beten und in Thränen fließen:
Du hast, o Herr, in ihrem Blick
Eröffnet mir den Himmel Dein,
Gib Heil für Heil, gib Glück für Glück,
Und laß auch mich Dein Werkzeug sein!

Bei Zurücksendung eines vergessenen Strickzeuges.

Wie in ihrer Hand du mir verhaßt seist,
Die du böse von der meinen abhältst,
Ihre Blicke mir, dem Armen, raubend,
Hab' ich doch dich, Strickstrumpf, lieb gewonnen.
Wie von meinen Büchern du mich ansiehst
Und mir leise ihren Namen nennest,
Glaub' ich doch, sie selber müsse da sein,
Sei zu Hause schon in meiner Wohnung,
Müßte an der Thüre gleich erscheinen; —
Aber ach! ich lausche ja vergebens —
Geh' nur, du betrügst mich, bist ein Lügner,
Nun, so geh' nur hin und laß dich stricken!

Die Braut spricht zum Bräutigam:

> Nicht verhehlen kann ich's und nicht sagen,
> Wie in meinem Herzen ich Dich liebe,
> Ja Du weißt es. — Wirst auch meiner schonen,
> Wenn ein wundersam und kindisch Bangen
> Mich ergreift, so wie der Tag heranrückt,
> Den herbei Du ungeduldig rufest.
> Will ich sonst doch alles, was Du wünschest!
> Sieh'! es fehlt sogar nichts meinem Glücke,
> Wenn ich Dich in meinen Armen halte.
> Aber Dir, mein Trauter, nicht genügt es,
> Weiß ich gleich, was mehr noch Du begehrest,
> Nicht zu ahnden, macht es mich erzittern.

Die Ungeduld des Bräutigams wuchs von Tag zu Tage; aber das Anstellungsdekret blieb noch immer aus und der ursprüngliche Plan, die Hochzeit am 15. Juli 1819, dem Jahrestage der Abfahrt zur Reise um die Welt, zu feiern, mußte aufgegeben werden.

Endlich erledigte sich auch dieser Umstand und „unter dem Jubel aller Herzen" fand die Hochzeit statt.

Der Herbst 1820 brachte den ersten Knaben, da jauchzt er ihr zu:

> Ich habe nicht gehofft, gestrebt vergebens,
> Mir blühen Weib und Kind, so hold, so traut.
> Kind, Braut, Weib, Mutter, Alles mir im Einen,
> Laß mich an Deiner Brust vor Freude weinen.

Wie freut er sich auch weiter seines häuslichen Glücks! Mit welchem Stolz berichtet er an Freunde von jedem neugeborenen Kinde, bis er sich 1835 Vater von sieben gesunden Kindern nennen kann! Welche fröhliche „Grüße ins Haus" entsendet er:

> Es grüßt Dich aus der Ferne
> Noch nur dies Streifchen Papier.
> Bald ist, mein Kind, Dein Vater,
> Süß Lieb Dein Geliebter bei Dir.
> Er küßt Dich auf die Stirne,
> Er küßt Dich auf den Mund,
> Nun sie zu Dir ihn tragen,
> Sind ihm die Füße nicht wund.

Im Vollgenuß seines Haussegens, 1830, hat er dann „Frauenliebe und Leben" gedichtet, ohne zu ahnen, daß nicht er seiner Frau, sondern sie ihm im Tode vorangehen sollte.

Was wir an diesem anmuthigen Liedercyclus besitzen, braucht nicht eingehend beleuchtet zu werden; durch Schumann's seelenvolle Musik ist er überdies der deutschen Frauenwelt längst ins Herz gesungen.

Die neun Gedichte, welche den genannten Cyclus bilden, sind in der That das Schönste, was wir von Chamisso besitzen. Aus seinem eigenen Haus und Herzen sind sie herausgeboren. Das Urbild der Frau, deren Liebe vom ersten jungfräulichen Erwachen in allen Stadien bis zur großmütterlichen, den „Traum der eigenen Tage" in dem Glück der Enkelin noch einmal durchlebenden Herzenshingabe, ist keine andere als Chamisso's eigene Frau Antonie, die er — der Mann mit dem schon ergrauenden Haar — im Jahre 1819 heimgeführt hatte.

Welche Frau könnte wohl Chamisso's Namen nennen hören, ohne mit tiefer Bewegung und mit dem Gefühle der vollsten Sympathie an den Dichter des Liedes: Frauenliebe und Frauenleben zu denken. Nie vor und nach ihm hat ein gottbegnadeter Sänger den Empfindungen in der

Bruſt der Frauen, Sehnſucht, glückliche Liebe, Muttergefühl, einen ſo wahrhaft ſeeliſchen und wahrhaft künſtleriſchen Ausdruck in der Dichtkunſt gegeben als Chamiſſo.

Auch durch ſeine amtliche Stellung fühlte Chamiſſo ſich befriedigt; zwar fand er im botaniſchen Garten nicht ausreichende Beſchäftigung, aber er gewann eben dadurch Zeit zu verſchiedenen wiſſenſchaftlichen Arbeiten, die er in den Jahren 1820—1822 vollendete, und zur Vorbereitung der Herausgabe ſeiner mitgebrachten Pflanzenſchätze. In den Mußeſtunden beſchäftigte er ſich unter Anderem mit dem Isländiſchen.

Vor Allem aber trug zur Erhöhung ſeines Glückes die Liebe der Familie ſeiner Frau bei, und der Umgang mit alten und neuen Freunden. Denn wenn er auch Vor- und Geſellſchaftszimmer mied, ſo blieb er doch fortwährend im Verkehr mit den alten bewährten Freunden, welche er in Berlin wiedergefunden, ſowie mit Fouqué, der ihn öfter beſuchte und ſeine poetiſchen Grüße zu erwidern nie verſäumte, und mit mehreren wackeren Wiſſenſchaftsgenoſſen und Mitſtrebenden, namentlich mit ſeinen Lehrern Lichtenſtein, Weiß, Erman, Horkel, die ſeine Freunde geworden, ferner mit Klug, Ehrenberg, Poggendorf ꝛc., beſonders aber mit F. L. v. Schlechtendal, der, ſein Kollege am Herbarium, gleichſam zu der Familie gehörte. —

Unter die Zahl ſeiner nächſten Freunde rechnete Chamiſſo auch zwei, die nur vorübergehend in perſönliche Berührung mit ihm kamen, aber ſich ſogleich wohl und heimiſch in ſeinem Hauſe fühlten, den Naturforſcher und Dichter Dr. K. B. v. Trinius (damals Leibarzt der Herzogin von Würtemberg, ſpäter ruſſiſcher Staatsrath), welcher zu Anfang des Jahres 1821, und den ausgezeichneten Natur=

forscher J. August Schultes, welcher im Herbst desselben Jahres sich mit seinem Sohne eine kurze Zeit in Berlin aufhielt.

„So lange ich lebe," schreibt Schultes an Chamisso, „werden mir die Stunden in jenem Hause in Schöneberg, wo Außen und Innen Engel sind, unvergeßlich sein. Tabu*) gegen alles Unglück, das sich einfallen lassen könnte, in Ihrem Hause einkehren zu wollen." — „Daß wir uns fanden," heißt es in einem späteren Brief, „gehört zu dem Glücke meines Lebens, das nicht freigebig in seinen Spenden gegen mich war. Ich danke Ihnen auf's herzlichste für das mir ertheilte Bürgerrecht in Schöneberg, das mir werther ist als ein Sitz in der Pairskammer oder im Parlamente. Lieber wollte ich eine der steinernen Figuren vor Ihrem Hause sein, an denen unser Ernst, der liebe Junge, die Pfeifen des Herrn Papa nach Herzenslust zerschlagen könnte. Am Ende müßt' ich denn doch über den guten Jungen lachen, wenn ich auch von Stein wäre." —

Gleichen Eindruck hatte Chamisso's Wesen und Leben auf Trinius gemacht: „Es hat mich seit Ihrem Häuschen ein eigener Geist, schmerzlich und lieb, bezogen, und ich möchte unter den Halmen meiner Gräser wie eine Grasmücke wohnen, wenn es nicht als Nachtigall sein kann. Es ist eigen, wie von ganz Berlin Ihr Schöneberg mir am nächsten geblieben. — — Daß Sie mich als einen Ihres Hauses ansehen, ist gerade recht, denn ich bin es,

---

*) Chamisso bediente sich oft dieses Ausdrucks im häuslichen Kreise und hatte namentlich seine Stube und alle in ihr befindlichen Bücher, Papiere ꝛc. für „Tabu" erklärt.

und solches Erkennen ist's, was man zu seiner Freude auf
Erden braucht." Und acht Jahre später schreibt er: „In
Schöneberg, in dieser Philemon= und Baucishütte, wo eine
Götterherberge ist, lieb' ich mir Sie am meisten zu ver=
gegenwärtigen, weil ich mit meinem sonst so schlechten
Gedächtnisse bis diese Stunde Sie und Ihre Antonie
und die Herbariumstube und den runden Tisch hinmalen
wollte. — Grüßen Sie Ihre liebe, liebe Frau und
sagen Sie ihr nur recht oft vor, daß ich zum Hause
gehöre." —

Mit Trinius verbanden Chamisso nicht allein gleiche
Studien und Interessen, vielmehr zog das Innere ihres
Wesens sich an. Für des Freundes dichterische Begabung
hegte Chamisso große Bewunderung und sprach sich über
Poesie und Literatur gern und offen gegen ihn aus.

So lebte Chamisso ruhig fort bis in den Sommer 1822.
Da brach in der Nacht vom 3. zum 4. Juli, nicht lange
nach der Geburt des zweiten Knaben (17. Mai) und nach=
dem die Mutter eben von einer bösartigen Krankheit ge=
nesen war, Feuer in seiner Wohnung in Schöneberg aus.
Die Flammen verzehrten einen Theil seiner Einrichtung,
auch manches zerstreut Umherliegende an Pflanzen, Zeich=
nungen 2c., und wenn auch keine der werthvollen Samm=
lungen vernichtet wurde, war doch der Verlust immerhin
bedeutend genug. Chamisso sah sich genöthigt, nach der
Stadt zu übersiedeln und in Ermangelung einer eigenen
Wohnung seine wissenschaftlichen Arbeiten längere Zeit ein=
zustellen. Diese unfreiwillige Muße scheint ihn veranlaßt
zu haben, sich mit Hoffmann von Fallersleben und dem
Komponisten Kretschmar zur Herausgabe eines Liederbuches
zu verbinden, das unter dem Titel: „Frische Weisen in

allerlei Tönen zu singen" heftweise erscheinen sollte. Hoffmann und Chamisso wollten die Texte, der erstere und Kretschmar die Weisen besorgen, diese sollten durchgängig leicht singbar sein und daher auch echte Volksweisen verschiedener Nationen benutzt werden. „Was ist ein Lied," schreibt Chamisso an Trinius, dem er den Plan mittheilt und zur Theilnahme auffordert, „das nicht gesungen, ein Drama, das nicht aufgeführt wird?" — Dieser Plan, dessen Ausführung unterblieb, ist besonders darum bemerkenswerth, weil Chamisso selbst sich damals noch den eigentlichen Dichterberuf absprach.

Chamisso nahm von jetzt an seine Wohnung in der Stadt, und da er sich bei dem botanischen Garten nicht hinlänglich beschäftigt fand, so wendete er seine Thätigkeit mehr dem königlichen Herbarium zu, das in einem eigenen Gebäude dem botanischen Garten gegenüber aufgestellt worden war.

Dorthin wanderte er von nun an täglich und arbeitete in der Regel sechs Stunden gemeinschaftlich mit v. Schlechtendal, dem die Aufsicht über das Herbarium übertragen war.

Auf die Gestaltung seines häuslichen Lebens aber blieb die Uebersiedelung ohne Einfluß, und weder die Verluste, die der Brand ihm gebracht, noch eigenes Unwohlsein und verschiedene häusliche Leiden während des Winters vermochten seine Zufriedenheit auch nur vorübergehend zu stören. Ostern 1823 begrüßte er Hitzig an seinem Geburtstage mit folgendem Sonett:

   Geschaukelt ward ich von der Stürme Wuth
   Bei Unalaschka mit zerschelltem Mast,
   Es sah der Tod mich an, bedrohlich fast,
   Ich rief aus Langeweil' ihm zu: schon gut!

Besänftigt legten drauf sich Wind und Fluth,
Die Sonne schien, ich dachte Dein, zur Rast
Ward fürder ich gewiegt, ein Gast,
Und sprach hinwiederum dazu: auch gut.

So kehrt' ich heim und dachte: deutsches Land,
Laß finden mich auf Deinem Grund den Stein,
Darunter sichs zum letzten Schlafe ruht.

Ich flog zu Dir, bei dem mein Weib ich fand,
Gar bald auch fanden Ernst und Max sich ein,
Und alle, Dich umschwärmend, rufen: gut!

Frische und freudige Stimmung athmen auch einige an Antonie gerichtete Stanzen aus dieser Zeit, deren Schluß hier folgt:

Nicht rechnen mich zu ihrer Zunft die Alten,
Ich bin nicht, soll nicht ihres Gleichen sein.
Wo Jünglinge zu Männern sich entfalten,
Dem Wahren, Rechten ihre Kräfte weih'n,
Da findest Du mich heimisch, siehst mich walten
Und freudig glühen, wie von jungem Wein.
Nur Gleiches kann mit Gleichem sich gesellen,
Die Freunde werden mir ein Zeugniß stellen.

Und hab' ich länger auch gelebt, wohl gut,
So hab' ich mehr gelebt, bin drum auch reifer,
Nicht aber minder jung und wohlgemuth,
Um nichts gebrochner, schwächer, stumpfer, steifer.
Ich weiß, fürwahr! nicht, wie das Alter thut;
Noch strahlet meinem jugendlichen Eifer,
Was gut und schön ist, als der Leitungsstern,
Noch ist die Liebe meines Lebens Kern.

Ja, die Liebe war seines Lebens Kern, davon zeugen die Briefe, welche er im Sommer dieses Jahres während einer Reise an seine Frau richtete; sie zeigen, daß er „in seinem Hause das reinste Glück fand und an seinen Kindern die Freude hatte, die Anderes nicht geben kann." Im Anfang des Juni verließ nämlich Chamisso, zum ersten Mal seit seiner Verheirathung, auf einige Zeit Berlin, um für Poggendorf zu Greifswald mehrere Wochen lang das Barometer zu beobachten. Er machte die Reise zu Fuß, trug selbst sein Barometer und gelangte so am ersten Tage bis zu dem Gute L., einige Meilen von Berlin, wo er die Hofräthin Herz aufsuchte, welche bei der ihr befreundeten Familie des Besitzers einige Sommermonate zuzubringen pflegte. „Da tritt," erzählt diese,*) „eines Tages der Bediente ein und überreicht mir eilfertig und ängstlich eine Karte, auf welcher die Worte stehen: Ein Wilder von den Sandwichsinseln. „Ein Wilder?" fragte ich erstaunt. — „Ja, wild genug sieht er aus!" — antwortete der Bediente. Ich trat sehr gespannt in das Vorzimmer. Ein Mann mit langherabhängendem Haar, unrasirt, in einem grünen Kalmuckflausch, die Botanisirtrommel über die eine Schulter, über die andere einen Kasten gehängt, welcher, wie ich später erfuhr, ein Barometer enthielt, stand vor mir. Es war Chamisso." —

„Ich wurde von Frau v. W. zum Bleiben eingeladen," schreibt Chamisso von Prenzlau aus an seine Frau (Antonie): es war mir ganz recht. Ich hatte von der Hitze gelitten, mein Pack war mir sehr fatal, mein Ueberrock, meine Stiefel dazu. Ich ward auf das Sorgsamste bewirthet und heute früh Punkt drei Uhr brachte dem gnädigen Herrn ein Herr Bedienter den Kaffee und stellte sich ihm zur Disposition.

---

*) Henriette Herz v. Fürst.

Ich brach auf und nach gemachten zwei Meilen erwischte ich eine Bauernfuhre, die mein Pack trug und mich selbst, als es Sand gab, woran, Gott lob, es selten gebrach. Ein ekelhafteres Land gibt es wohl auf der Erde nicht wieder, kein Pflänzlein in dieser grauen Wüstenei, das einen Botaniker erfreuen könnte. — Gott grüß Dich, mein liebes Kind, — sage meinen Kameraden (so pflegte er den ältesten Knaben, Ernst, zu nennen), Väterchen schreibt, er solle recht artig sein. —"

„Wohl wandert' ich aus in trauriger Stund,
Es weinte die Liebe so sehr" 2c.

Nach dreitägiger Wanderung in Greifswald angelangt, ward er aufs Freundlichste von dem ihm befreundeten Botaniker Hornschuch und dem Hofrath Borries, an den Hitzig ihn empfohlen hatte, aufgenommen und schlug sein Observatorium im botanischen Garten auf. „Alles gestaltet sich mir leicht und angenehm, ich genieße die Lust des Reisens, aus verändertem Standpunkt unter neuen Berührungen sich zu entfalten und die Menschen sich entfalten zu sehen."

„Ich habe Dir Berichte abgestattet," heißt es im nächsten Briefe, „so gut es gehen wollte, aber Dir noch keinen Brief geschrieben; tröste Dich doch auch über Dich selber, meine Antonie! Einen ordentlichen Brief kannst Du schreiben, hast Du mir geschrieben, mein Kind! Dein lieber Liebesbrief, den ich recht pünktlich, wann ich ihn erwartet, erhalten, hat mich hoch erfreut, und ich fühle recht bescheiden, daß ich keinen solchen zu schreiben vermag. Du hast mir Dein ganzes Herz auf dem Papier geschickt, und anstatt Dir ein Stück von dem meinen zurück zu schicken,

werde ich Dir entweder eine Abhandlung oder Gott weiß
was niederschreiben. — Das Schreiben ist für Euch un=
gelehrte Frauen eine Sache der Natur, es ist immer für
uns eine Sache der Gelehrsamkeit. — Da ich Geschriebenes
doch machen muß, so dünkt es mich, daß es immer noch
am Besten ausfällt, wenn es sich zum Liedchen gestaltet;
ich bin mir bewußt, nur die Verse daran gemacht zu haben,
und so war's mit meinem letzten Wanderlied.

Die Zeit wird mir unaussprechlich lang; ich bin lustlos,
schläfrig und leer, ja ich scheue mich, in dieser Stimmung
an Dich zu schreiben, und so kommt es auch, daß bei allem
innern Drange ich nur eben die Feder ergreife, wenn der
Posttag und die Stunde mich mahnen. —

Ich bin mit Dir, meine gute, liebe Antonie, vollkom=
men zufrieden. „Du bist mein starkes Mädchen," halte
Dich wacker und froh, wir werden uns bald wiedersehen.
— Ich will Dir Einiges erzählen.

Ich bin äußerst liebreich und achtungsvoll aufgenom=
men worden, ich bin kein Prophet in seinem Lande, ich
coursire als Weltumsegler, Konversationslexikonmann und
Mann ohne Schatten; die Professoren kommen mir ent=
gegen. —

Borries ist durchaus gemüthlich und freudig; die
Borries ist ein heiteres, liebes Wesen; in dieser Verbin=
dung scheint dem Mann ein frisches Leben aufgegangen
zu sein. Ich mag selbst gern an ihr den plattdeutschen
Accent, den die Frauen hier schwerlich ablegen. Der Accent
ist wie ein Siegel der Natur und ziert das Weib; der
Mann ist immer mehr ein Kunstprodukt. — Hitzig lebt in
Borries' Haus wie in unserm. — — —

Ich habe mich einen Tag lang mit Borries ausge=

sprochen; bin ich doch selbst fast in seiner Warschauer Welt nach deren Zerstörung durch vielfache Berührungen mit den mehrsten ihrer Bürger eingebürgert. Er hat eine große Freude an dem Hoffmann (von Hitzig) und das Buch wird auch sonst hier mit großer Achtung aufgenommen, wie es mit Begierde erwartet worden; sage es Ede (Hitzig).

Die Universität, der Garten, die Museen, die Bibliothek sehen sehr erfreulich aus, es ist alles im Aufkommen begriffen, auch hat sich die Zahl der Studiren den vermehrt, und zu arbeiten ist gute Gelegenheit da; dagegen sind die Klagen allgemein — — — es ist überall wie bei uns.

Der Brief, den Du mir geschickt hast, ist von Eschholz. Was sagst Du dazu, daß er zum zweitenmal die Reise um die Welt mit Kotzebue macht? „Meine Frau," schreibt er, „ist herrisch gefaßt. Sie weiß, daß meine Geschäfte mir verhaßt sind; wir wollen uns eine beßre Zukunft bereiten." — — — Ich erhalte eben Deinen Brief und küsse ihn an Deiner Statt.

Ueberall gern gesehen und von Vielen freundlich eingeladen und durch fröhliche Gastereien geehrt — Verherrlichungen nennt Chamisso sie, „bei denen überall Deine und der Kinder Gesundheit mitgetrunken wird" — fühlte er sich doch besonders in Borries' Hause heimisch. Er brachte ganze Tage und „die herrlichsten Abende" dort zu und „trabte" dann alle zwei Stunden in seine Wohnung, um zu observiren. Namentlich zog ihn die Frau vom Hause an, Sophie Borries, die später durch den Musenalmanach bekannt gewordene Dichterin Diotima, die ihm bis zu seinem Tode eine treue Freundin blieb.

„Vorgestern," erzählt er unter anderm, „brachte ich den Abend aus dem Stegreife bei Borries' zu und das

war hübsch, ich gerieth in Laune und wurde guter Dinge.
Als es zehn Uhr schlagen wollte, brachte mich Borries zu
Hause observiren und nahm mich wieder mit. Das spann
sich aber an folgenden Haken an. Ich hatte an einem
frühern Abende aus dem rothen Buche (dem poetischen
Hausbuche) dies und das vorgelesen und das Buch war
liegen geblieben. Ich wollte es nun wieder mitnehmen.
Da kam mir ein anderes kleines Buch in die Hand, und
das war auch ein Manuscript und das waren auch meine
unsterblichen Werke, abschriftlich von der Hand der Borries'
verewigt. — Ob das einen Dichter von Seiten der linken
Pfote bewegen muß?"

Dennoch wächst seine Sehnsucht von Tag zu Tag.
„Diese kleine Trennung — heißt es in einem Brief — vermehrt
den Zug nach einander; man fühlt recht, was man ent=
behrt, die Verwaisung lehrt schätzen, was man gehabt hat,
was man in der Ferne hat und wonach man sich zurück=
sehnt. Gott grüße Dich, mein liebes, gutes, frommes Kind,
an dem ich alle meine Freude habe." Und in einem an=
dern: „Lieben ist Eins und Verliebt sein ein Anderes. Ich
liebe Dich, ja, das ist keine Frage; ob ich aber je in Dich
verliebt gewesen, dürfte wohl eine Frage sein, die ich jedoch
bejahend beantworten würde, zugegeben nämlich, daß ich
Dich nichts desto weniger früher und fortwährend geliebt,
als wäre ich nicht verliebt. Weißt Du, wohin ich kommen
will? Die Trennung gibt meiner Liebe einen gewissen Zug,
der sie gleichsam mit erfrischterem Reize des Verliebtseins
schmückt. Mittlerweile enteilt die Zeit." —

Mit Verlangen sieht er jedem Brief entgegen —
„Deine Briefe machen einen Theil meines Lebens aus"
— und ebenso sucht er Antonien durch Mittheilung des

Kleinsten und Größesten, was ihn erfreut, bewegt, beunruhigt, die Trennung zu erleichtern.

„Laß uns," schreibt er im Hinblick auf die bedrohlichen Zeichen der Zeit, „laß uns fromm und treu aneinander halten; mehr weiß ich Dir nicht zu sagen. Die Zeit, der wir unsere Kinder entgegen erziehen, sieht bedrohlich aus."

Die Kinder vergißt er in keinem der zahlreichen Briefe: „Gestern war Gesellschaft bei Hornschuch; er hat einen schönen gesprächigen Papagei, worüber sich Ernst sehr verwundern würde." — „Ich umarme meinen Kameraden und fühle Bruder Max auf den Zahn, was sage ich, auf die Zähne ꝛc." — „Ernst's Neid ziehe Dir nicht zu Herzen; jedes Kind, jeder Pudel ist so (ärgere Dich nicht über diese Erläuterung); es liegt im Thier und das Thier liegt im Menschen. Durch die Erziehung wird es am Ende mehr überflügelt und verdeckt, als es ausgerottet wird. Nichts desto weniger muß man dagegen thun, was man kann: das ist aber nicht viel. Er muß und wird nach und nach so wie er größer wird, lernen, wie die Welt geht. Gegen Predigten, Verweise, Wortverschwendungen aller Art bin ich sehr; davon geht gar nichts ein. Erfahrungen müssen es sein, eigene Erfahrungen eindringlicher Art. Weißt Du nicht, wie wir es leicht dahin gebracht haben, daß er bei keinem Fall oder Stoß geschrieen? Keine Rücksicht auf dasjenige an ihm nehmen, was er unterlassen soll. Wird er beleidigend unartig — die Ruthe, aber ohne viel davon zu sprechen; nie ohne Noth, nie ohne Nachdruck. — Nie lügen, ihn aber auch nie in die Versuchung zu lügen führen, indem man ihn in die Lage versetzt, wo ihm daraus ein Vortheil erwachsen, oder dadurch ein Nachtheil erspart werden kann. Aber die Poesie, der Scherz, die Fabel, wovon so ein junges Leben voll steckt, ja nicht für Lüge ansehen. — Consequenz und Festigkeit in Allem; kein Schwanken, folgerecht, immer so und so aus Gründen — und aus denselben Gründen immer dasselbe. Ein ja soll — ja heißen, ein nein: — nein! Wir müssen uns selbst an unsern Kindern erziehen, mein liebes Kind; denn das Alles ist, wie das Lied von Meyer, es versteht's keiner und ist doch kinderleicht."

Nach Beendigung seiner Arbeiten in Greifswald — er hatte, außer den Barometerbeobachtungen, mehrere Torfmoore untersucht und eine Menge Pflanzen für dreißig kleine Herbarien für Schulen eingelegt, mit deren Besorgung er vom Ministerium beauftragt und bis zu Ende des Jahres beschäftigt war — machte er in der Mitte des Juli mit beiden Borries' eine Reise nach Rügen. „Es ist mir sehr klar geworden, schreibt er Ende Juni an seine Frau, wie ich nur mit und durch Dich Freude an meiner Rügener Reise haben könnte, daß ich wieder zum erstenmale durch Dich die See sehen dürfte, von Stubbenkammer aus in die Dir noch so weite, weite Welt hinausschauen, jung wieder werden in Dir, nichts gesehen haben und wieder zum erstenmale sehen." Und nach der Rückkehr nach Greifswald: „Dieser Brief ist bestimmt, am selben Tage wie ich, d. i. am 19. Juli, von Greifswald abzugehen und Dir zwei bis drei Tage früher zuzukommen, als ich selbst. Empfange ihn als einen Liebesboten, mein vielliebes, viel ersehntes Kind, — das ist freundlich, und fordere nicht von ihm, was seines Amtes nicht ist. — Ich komme nach — und mich empfängst Du noch besser. — Von Rügen aus wollte ich — (wollten wir, die andern auch) gerne an Dich schreiben; wir kamen aber in diesem wenig wegbaren, sonst sehr lieblichen Ländchen überall hinter der Post. — Da hast Du mir sehr, sehr gefehlt, sonst war die Partie dem oft ungünstigen Wetter zum Trotz sehr angenehm. Stubbenkammer und Arkona sind auch einem Weltumsegler noch schön — was würden sie im traulichen Zusammensein Dir gewesen sein! — Ich danke Dir herzlich um den vorgefundenen Brief, den ich nicht beantworte, und küsse Dich auf die Stirne und auf den Mund."

Zu den Herbarien schrieb Chamisso 1824, als eine Art Kommentar und erläuternden Katalog, eine populäre Pflanzenkunde, in der er die interessantesten Erscheinungen unserer einheimischen Pflanzenwelt mit umsichtiger Erfahrung mitzutheilen und durch die vorausgeschickte Abhandlung: Ansichten von der Pflanzenkunde und vom Pflanzenreich, in welcher er zugleich sein wissenschaftliches Glaubensbekenntniß niederlegte, dem gebildeten, aber unkundigen Leser richtige Begriffe von beiden beizubringen sich bemühte. Zu seiner Erholung und Zerstreuung machte er im Juli und August mit seinem Freunde Eiselen eine Fußreise nach dem Harz, die vom Wetter wenig begünstigt ward; „der Regen strömt", beginnt das Wanderlied (auf der Wanderschaft 2), das er seiner Antonie vom Fuße des Brockens sendete. Aber das Wetter ficht ihn wenig an. „Ich absolvire getreu diese Fahrt," schreibt er, „als sei es eine Pflichtreise, und in der That, ich merke, daß sie mir geistig und körperlich wohl thut; ich habe meine alten Beine wieder, dies ist meine junge Kraft, und ich lerne manches, was nicht zu wissen eine große Lücke in meinem wissenschaftlichen Krame war. Es ist einmal mein Stand und Beruf, und wehe mir, wenn es nicht zugleich auch meine Lust wäre. In den Worten wirst Du, wie im Kerne, manche lange, erläuternde Gespräche Deines „einzigen Chamisso" wiederfinden." — Auch an den „Kameraden", den er bei jedem Stückchen Zucker, das er ihm gab, von dem wunderbaren Zauberlande zu erzählen pflegte, das sie einst mit einander besuchen wollten, schrieb er vom Brocken aus einen „Brief", den er einem Liedchen an Antonie beilegte. „Bei dem folgenden war es mir sehr ernst zu Muth und feucht zu Augen. Schreib' es ab und gib dem Kameraden den Brief, den er freilich nicht verstehen kann. Er kann sich's von Vater Ede oder Tante Emilie lesen lassen und es vielleicht für die Zukunft hin im Gedächtniß behalten."

  Man schaut von dieses Berges Höh'
   Ringsum hinab in alle Lande,
  Das Zuckerland, das schimmert fern,
   Dort jenseits an dem blauen Rande.

  Dort steig' ich morgen nicht hinab,
   Will nach dem Zuckerland nicht sehen,
  Nein, diesseits wendet sich mein Pfad,
   Will zu dem Kameraden gehen.

  Und wenn er einst wohl groß geworden
   Und Beine hat, wie meine sind,
  Führ' ich ihn her und zeig' den Weg ihm,
   Und sag' ihm: Geh', mein liebes Kind.

  Dann kehr' ich heim und lege nieder
   Mein müdes Haupt in guter Ruh! —
  Gott sei mit Dir auf Deinen Wegen!
   Ich aber schließ' die Augen zu.

Achtes Kapitel.

Im Jahre 1824 hatte Hitzig eine literarische Gesellschaft in Berlin gestiftet; sie tagte jeden Montag Abend im „Englischen Hause" (Mohrenstraße Nr. 49), nannte sich aber von dem ursprünglichen Versammlungstage, Mittwochs-Gesellschaft". Es war am 14. Oktober 1824, als in der Berliner Spener'schen Zeitung ein „Vorschlag erschien, einen Verein der dortigen Dichter und Schriftsteller zu konstituiren, um sich wöchentlich einmal in einem dazu bestimmten Lokale zu versammeln, sich gegenseitig das Neueste aus der poetischen Literatur durch Vorlesung einzelner Gedichte aus neuen Sammlungen: dramatischen Werken von nicht zu großem Umfange 2c. zur Kenntniß zu bringen, und nach den Lesestunden bei einer Mahlzeit zu besprechen oder auch nicht zu besprechen." „Wohl verstanden aber," fügte der Vorschlag hinzu, „das Neueste von andern, als Mitgliedern des Vereins; vielmehr müßte es ein unabänderliches Fundamentalgesetz sein, daß es keinem solchen gestattet werde, eigene oder Arbeiten von anwesenden Freunden vorzulesen. „Denn" — so ward hinzugefügt — „das stört — vestigia terrent — alle Freiheit des Ur=

theils und führt entweder zur Feindseligkeit oder, was noch schlimmer, zur Lobhudelei.

Der „Vorschlagende" war Kammergerichts=Inquisitoriats=Direktor Hitzig, dessen Name zuerst in der Schriftstellerwelt im Verein mit seinen poetischen Freunden Zacharias Werner und E. T. A. Hoffmann erschien, während später ihm sein „Pitaval", den er im Verein mit Wilibald Alexis herausgab, europäischen Klang verlieh. Seine Idee fand in den geistig bewegten Kreisen der Residenz die lebhafteste Billigung, so daß die ausgelegte Liste sich rasch mit damals berühmten Namen füllte und sich am 26. Oktober 1824 die literarische Gesellschaft konstituirte, welche am 3. November desselben Jahres ihre erste Zusammenkunft im „Englischen Hause" hielt, worin für die Geschäfte der Gesellschaft Wilibald Alexis, Curtius und Sietze, denen später noch Holtei sich zugesellte, als „Sekretaire" installirt wurden, während der Stifter und Präsident Hitzig zugleich das Amt eines Bibliothekars übernahm. Von Anbeginn der Gesellschaft bestand die Einrichtung, daß eine kleinere Zahl der Mitglieder nach der Vorlesung, die etwa von 7 bis 9 Uhr dauerte, zu einem frugalen Abendessen zusammen bleiben konnte. Hierdurch wurden den Theilnehmern höchst angenehme Stunden bereitet, indem die vorausgegangene Beschäftigung mit einem Dichterwerke, die Unterhaltung immer ganz ungezwungen auf solche Gegenstände leitete, die den eigentlichen Zweck des Vereins bildeten.

Wir schalten hier noch eine Erläuterung über den Widerspruch ein, daß die Mittwochs=Gesellschaft, die sich im ersten Jahre ihres Bestehens an diesem Tage im Englischen Hause zusammenfand, diese Benennung doch beibehielt, als sie aus räumlichen Gründen den Versammlungstag auf den Montag verlegen mußte. Es geschah dies, um Verwechselungen vorzubeugen mit einem „Montag=Club", der gleiche literarische Zwecke verfolgend, in demselben Lokale schon seit dem Jahre 1789 regelmäßig sich zusammenfand. Ein ehrenwerther Verein, der bedeutende Namen unter seinen Mitgliedern zählte. So Lessing, Quanz, den Kammer= musikus des alten Fritz, Schlüter, Nicolai, Zelter, v. Stäge= mann, Leopold v. Buch, Bernoulli, den alten Schadow, Lachmann, Pertz, Beuth und viele andere von berühmtem Klang, in deren Mitte der Senior des Clubs: „Der alte Rosenstiel von der königlichen Porzellan=Manufaktur" seinen hundertjährigen Geburtstag erlebte. — Die neue Mittwochs= Gesellschaft wollte es vermeiden, den Namen ihrer Montags= Vorgängerin zu usurpiren als ein unberechtigtes Erbtheil, und respektirte dies „summ cuique!" Wie respektabel die montäglichen Namen, — die wir eben theilweise genannt, so auch die mittwöchigen, von denen nicht wenige noch bis auf den heutigen Tag ruhmvollen Klang bewährt haben. Nennen wir nur einige davon, so als die hervorragendsten Geister Adelbert v. Chamisso, Fouqué, Immermann, Hou= wald, v. Eichendorff, Wilh. Müller (der früh verstorbene Sänger der „Griechenlieder"), Schall, Hegel, v. d. Hagen, Gubitz, Hitzig, Holtei, O. v. Pirch (der Verfasser des reizenden Werkes „Caragoli", der in Breslau gewaltsamen Tod durch einen Sturz vom Pferde erlitt), Albini, Raupach, Wilh. Schadow, Ludwig Robert, Simrock, v. Uechtritz (der dramatische Dichter des „Alexander und Darius"), Streck= fuß, Varnhagen, Heinrich Stieglitz, P. A. Wolff (der un= vergeßliche dramatische Künstler), Zeune und noch eine lange Reihe jüngerer Männer und solcher älterer, deren Namen weniger in die Oeffentlichkeit der Literatur ge=

brungen, wenngleich sie mit derselben tiefgeistig vertraut waren. — Wir glauben kaum, daß die Gegenwart im Stande sein dürfte, ein Aequivalent jener Vergangenheit zu liefern.

Während jene Männer im enggeschlossenen Kreise, weit entfernt von der Absicht, von sich oder über sich reden zu machen, — die später in höchster Blüthe stehende Reklame war damals noch nicht geboren — Erholung und geistige Anregung in ihrem Zusammensein fanden, war in Berlin Saphir erschienen, der Gründer einer neuen Journal=Aera, die der Keim ward, aus dem allmählich eine literarische Frivolität und Verwilderung emporsproßte, an der wir noch jetzt laboriren. Er kam von Wien, wo er bereits zur „Unmöglichkeit" geworden, nach Berlin mit der Absicht, hier „um jeden Preis" berühmt zu werden. Seine An= meldung zum Eintritt in die „Mittwochs=Gesellschaft", hatte bei der üblichen Ballotage für ihn nicht den gewünschten Erfolg, und er rächte sich dafür durch die ihm zu Gebot stehende Waffe wohlfeilen Witzes und boshafter Schmähungen in seinen unterdeß in Berlin ins Leben gerufenen Journalen: „Schnellpost" und „Courir". Daß er Namen, wie den obengenannten, nichts von ihrem Glanze rauben konnte, versteht sich von selbst, und der Aerger darüber mag einen großen Theil seines Reisegepäckes betragen haben, als er nach ein paar Jahren unter trübseligen Verhältnissen Berlin verließ, freilich auch mit dem für ihn erhebenden Bewußt= sein, einzelne gleichgesinnte Jünger zurückzulassen, die „das Geschäft schon fortsetzen würden." Was denn auch geschehen.

Die jüngeren Männer, fast noch Jünglinge, brachten in den Cirkel eine schüchterne Pietät gegen die Größen der Literatur mit, die mit Freundlichkeit belehrend und anregend auf ihr Streben einwirkten. Jeder Montag ward zum festlichen Sonntag, und die beiden außerordentlichen Gesellschafts-Festtage — der Stiftungstag und des Alt= meisters Goethe Geburtstag, zu denen auch Damen-Ein= ladungen stattfanden, — waren „hohe Feiertage". Die Sehnsucht, berühmte Männer persönlich kennen zu lernen, wurde in jenem Kreise in vollem Maße gestillt. Manchmal fuhr dann auch die seltsame Ueberraschung dazwischen, daß der oder jener in persona ganz anders aussah, wie das Bild, das dieser oder jener neu Hinzugetretene sich gemacht.

So erinnere ich mich, erzählt ein Berichterstatter, daß ich eines Abends in den Saal trat, wo vor Beginn der Vorlesung sich kleinere Unterhaltungsgruppen gebildet, meinen verehrten Fouqué — der von seinem Gute Nenn= hausen zur Stadt gekommen war — mit einem großen behäbigen dicken Herrn im Gespräche fand, das sich um Schafschur, Weizenpreise, neue Düngungsmethode und der= gleichen landwirthschaftliche Angelegenheiten drehte. Ich erfuhr und gestehe es mit einer Art von Schrecken, daß der behäbige schlichte Mann — Achim v. Arnim sei, dessen „Knaben Wunderhorn", seine „Gräfin Dolores", seine „Majoratsherren", mich nie auf eine andere Idee gebracht, als daß der zarte Romantiker jedenfalls eine schlanke Gestalt mit milden blauen Augen sein müsse. Zu dem Kreise der jüngeren „Mittwochler" gehörte auch Heinrich Stieglitz, der Gatte der geistig reich begabten Charlotte, die aus Liebe zu dem in krankhafte Stimmung versunkenen Manne, um durch tiefen Schmerz heilend und kräftigend auf sein Gemüt zu wirken, sich selbst energisch den Tod gab.

Wir gebieten unserer durch das Terrain der „Mittwochs= Gesellschaft" galoppirenden Feder ein „Halt" und fügen nur noch ein paar kurze Bemerkungen über die auswärtigen Mitglieder derselben hinzu. Zu diesen gehörte auch der alte würdige Matthisson, ein sanfter Greis mit feinen, fast höfischen Manieren. — Einen weniger angenehmen Eindruck machte A. W. v. Schlegel, diese kritisch-literarische Celebrität, der im geselligen Zirkel als eine Art bejahrter Geck erschien, sogar seine faltigen Wangen geschminkt hatte, worüber die jüngern, die der liebe Gott mit natürlichen rothen Backen ausgerüstet, in allerlei Witzreißereien weidlich sich erlustirten. Eine Schönheit besaß der „Alte Jüngling" — nämlich eine feine kleine Hand, die auch schön gewesen wäre, ohne die Masse von Ringen aller Art, die auf den Fingern steckten. Aber so eitel war der gute Herr v. Schlegel, daß, als absichtlich einer von den „lustigen gesunden Jungen" ihm geradezu ins Gesicht seine Hand lobte, er lächelnd meinte: „Diese Hand, mein Lieber, hat manchem nicht genug gewürdigten Talent die Thore des Tempels der Kunst geöffnet," womit er hauptsächlich wohl auf eine, nachmals in Wien durch seine Protection engagirte junge Schauspielerin hindeutete, die ihn, klug genug, bei seiner schwachen Seite, eben der der Eitelkeit zu fassen verstand, also auch bei der erwähnten — schönen Hand.

Eine köstliche Persönlichkeit war dagegen als anfänglicher „Gast", dann, da er später auf längere Zeit von Breslau nach Berlin übersiedelte, als „Mitglied" der Gesellschaft, der „dicke Schall", Falstaff von Innen, wie von Außen. Es war ihm, der bei seinem lukullischen Leben immer mehr brauchte, als er einnahm, ein bedeutender Lotteriegewinn zugefallen, der hingereicht hätte, ihn in der schlesischen Heimat zu arrangiren und ihn für die nächste Zukunft wenigstens sicher zu stellen.

Durch die Verhandlungen und Besprechungen in der Mittwochs-Gesellschaft angeregt, verfaßte Chamisso im Frühjahr 1825 ein kleines einaktiges Lustspiel in sorgsam gefeilten Trimetern, „die Wunderkur", eine Satire auf den Mißbrauch, der damals mit dem Mesmerismus getrieben wurde, gegen den er sich auch sonst wiederholt ausspricht. Der berühmte Schauspieler Ludw. Devrient, der sich dafür interessirte, brachte das Stück auf die Bühne und es wurde im Mai 1825 in Berlin, Potsdam und Charlottenburg gegeben, fand jedoch keinen Anklang und ging daher spurlos vorüber. „Die Intention," urtheilt Hitzig, „ist löblich; es leidet jedoch an Unklarheit. Chamisso hat dessen Abdruck ausdrücklich untersagt."

Der Anfang des Jahres 1825 bezeichnet ein Ereigniß, an welchem Chamisso, der Freund mit der immer regen Liebe zu seinen Freunden, den innigsten Antheil nahm, die Verheirathung von Hitzig's ältester Tochter Eugenie. Er war ihr von jeher mit inniger Liebe zugethan gewesen, wie auch das an sie gerichtete Gedicht (vom 25. März 1822) bezeugt:

„Du spieltest, noch ein Kind vor wen'gen Tagen,
 Die wunderlichsten Spiele wohl mit mir.
Ich habe Dich auf meinem Arm getragen,
 Und steh' erstaunt, geblendet nun vor Dir.

Du bist es nicht, soll ich dem Auge trauen,
 Du bist die Mutter selbst, die Dich gebar;
Du bist, wie sie, gar himmlisch anzuschauen,
 Bist liebreich, zart und gut, so wie sie war;

Eugenie, danke Gott mit frommem Herzen,
 Der Dich dem tiefgebeugten Vater gab,
Dich wie Du bist bei vielen, vielen Schmerzen,
 Zum Dankgebet an seiner Theuern Grab.

Oft hatte er Eugenie prophezeit, daß sie nicht lebig durchs Leben gehen werde. Auf diese Neckerei beziehen sich folgende hübsche Verse, welche er späterhin auch werth geachtet hat, sie in die Gedichte aufzunehmen:

An Eugenie Hitzig.

Zehn Zentner schwer aus lauterem Dukatengold
Verfertige der Meister Goldschmidt einen Stuhl,
Und spare Diamanten nicht, Rubinen nicht,
Nicht leuchtende Karfunkeln, nicht der Perlen Zier
An diesem Kunstwerk, welches ich, so reich es sei,
So reich und kostbar, voll und baar bezahlen will,
Wird nur der Fall, für den ich es bestimme, wahr.
Denn Dir verheiß' ich, theures Kind, sothanen Stuhl,
Darauf gemächlich Du in Ehren sitzen magst —
Wofern man überhaupt Dich sitzen läßt.

Neuntes Kapitel.

Im Herbst 1825 rief Chamisso eine Vermögensangelegenheit — seine Familie hatte bei der Commission zur Regulirung der Emigranten=Entschädigungsforderungen 100,000 Francs für ihn liquidirt — wieder einmal nach Paris. Hier ward ihm große Anerkennung zu Theil. Dumont d'Urville, der bekannte Weltumsegler, Bory Vincent, der Naturforscher, der ihn im Schuldgefängnisse bewirthete, und Andere bewiesen ihm ausgezeichnete Hochachtung; auch Choris, von der Rurik=Expedition, fand er hier wieder, der ihm in einer eleganten Restauration ein Diner veranstaltete, wie Chamisso ihm dereinst nach einem solchen auf dem Rurik, als eben die schlechte Tageskost erwartet wurde, den Mund wässrig gemacht hatte. Er ergötzte sich an dem pantomimischen Künstler Mazurier als Jocko, von welchem, wie er schreibt, „selbst die Affen noch lernen könnten", freut sich an Talma als Hamlet in Ducis Verhunzung, und weiter an ihm und der Mars in der Ecole des vieillards, und nimmt als ein Deutscher innigen Antheil daran, daß Schiller, dessen Marie Stuart er in der Lebrun'schen Uebersetzung sieht, auf dem théatre français lebte. Aber die hervorstechendsten unter den Genüssen, die ihm sein diesmaliger Aufenthalt in der Weltstadt gewährte, faßt er in die wenigen Worte eines Briefes an Antonie zusammen:

„Sage Hitzig, daß ich dem Leichenbegängnisse des Generals Foy, dem großen Volkstrauerfeste, beigewohnt und etliche der berühmtesten Redner an seinem Grabe gehört habe; sag ihm, daß ich der Freisprechung des Constitutionel und der vorausgegangenen Gerichtsverhandlung beigewohnt habe; sag ihm, daß ich einen ganzen Vormittag bei August Staël allein mit ihm und dem General Lafayette traulich verlebt habe, wo von Nord= und Südamerika u. s. w. gesprochen ward. Er wird Dir dann sagen, mein viel liebes Herz, daß es einem Menschen, der vieler Menschen Städte gesehen und Sitten gelernt hat, nicht besser ergehen könne."

Aber bei alledem und bei seinem immerwährenden Umherlaufen auf dem Pflaster von Paris, sodaß er einmal ausruft:

„Ich bin als ein Windhund ausgelaufen
und komme als ein Teckel zurück; meine
Beine sind halb abgelaufen,"

vergißt er doch nicht die kleinste Sorge für die liebe Heimat:

„Vergiß nicht," mahnt er seine Frau, „vergiß nicht die Rosen; vergiß nicht die Buchstaben (nämlich sie die Jungen zu lehren); vergiß nicht den Sperlingen Vogelfutter auf mein Fenster zu streuen, vergiß nicht die Blumen, die ich gepflanzt habe, zu pflegen. Ich werde Dir zurückkehren wie ich von Dir gegangen bin, lasse auch mich Alles wiederfinden, wie es war." Noch ist von dieser Pariser Reise zu erwähnen ein Ausflug zu dem alten Freunde de la Foye in Laën, wo Chamisso ein regeres wissenschaftliches Leben fand, als er es in einer französischen Provinzialstadt er=

wartet hatte. Die Jugendgenossen saßen bei einander wie früher, rauchten ihre Pfeife und erzählten sich von der alten Zeit.

Der Anfang des Jahres 1826 sah Chamisso wieder in der Mitte der Seinigen. Im Jahre 1827 entstand Schloß Boncourt, in welchem weltberühmten Gedichte Chamisso der Erinnerung an die Stätte seiner Geburt in so wunderbar poetischer Weise Ausdruck verliehen hat. Daß das deutsche Gedicht das Original und die aus der Feder des Dichters selbst herrührende französische Bearbeitung nur eine spätere Uebersetzung, ist in dem Anhange I. S. 260 schlagend nachgewiesen, worauf ich Bezug nehme. Dem Jahre 1827 gehören u. A. weiter an: Die Löwenbraut, Der Tod Napoleon's, Lord Lyron's letzte Liebe, Der Frau Base kluger Rath, Laß ruh'n die Todten u. s. w. Im Uebrigen verfließen dem Dichter die Tage, Wochen und Jahre ruhig, ohne irgend bedeutende Ereignisse als die Vermehrung seiner Familie, unter Arbeiten am Schreibtische, hauptsächlich botanischen. Im Jahre 1827 erscheint eine 2. Ausgabe des Schlemihl, dem eine kleine Sammlung der bis dahin entstandenen Gedichte beigefügt war.

Im Frühling 1829 zog Chamisso mit seiner Antonie, mit seinen beiden Söhnen Ernst und Max, die er „schon auf den Bänken der Schule hatte", und zwei Töchtern in das Haus Nr. 235 in der Friedrichsstraße in Berlin ein. In jenen Räumen und im Garten hinter dem Hause sind einige seiner schönsten Dichtungen entstanden; namentlich (1829) Salas y Gomez, (1836) Frauen Liebe und Leben; dort gab er acht Jahre den „Musenalmanach", einige botanische Werke, eine Schrift über die hawaiische Sprache und den dritten Band seiner Reise um die Welt heraus.

Einer seiner Freunde, der Maler Weiß, hat ihn unter den Bäumen des Gartens gezeichnet. Ein edles Antlitz, um die Lippen ein liebevoller Zug; das ergrauende Haar fiel ihm in Locken um die Schultern. Ein anderer Freund, der Schauspieler Rebenstein, hob sein zartes Wesen, sein eigenthümliches Lächeln, die festen Augen und die entschlossene Stirn hervor. Noch heute ist die Treppe vorhanden, auf der er in den Garten ging, in dem sein Lieblings=, Ruhe= und Musensitz sich befand. Hier entstanden auch die Lieder von der alten Waschfrau (Schulz): „Die Alte in dem weißen Haar, die rüstigste der Wäscherinnen im 76. Jahre". „Mit saurem Schweiß", wie der Dichter ergreifend sang, „aß sie ihr Brot in Ehr' und Zucht", und als sie, zwar noch thätig, doch fast entkräftet, ihm nach fünf Jahren sagte, daß es so nicht lange währen könnte, da schrieb er das „zweite Lied von der alten Waschfrau:" „Vor Eure Füße leg' ich meinen Hut, sie selber ist im Betteln unerfahren." Zu ihrem Besten einzeln gedruckt und vielfach verbreitet, brachten ihr diese Lieder 150 Thaler ein, welche ihr selbst einzuhändigen sich der liebenswürdige Sänger in seiner menschenfreundlichen Gesinnung nicht nehmen ließ. „Ein schönes Honorar für dreißig Zeilen," schrieb der erfreute Dichter.

Ueber einen Platz am Hinterhause betrat er den Garten. Ein geräumiges Lusthaus steht am Ende desselben; Obst= und Kastanienbäume breiten weit die Aeste aus. Sie schützten den Dichter vor Sonne und Wind, wenn er zwischen den Beeten auf= und biederschritt. Ein schmaler Weg, auf dem er vielleicht über „Salas y Gomez", „Der Bettler und sein Hund" und „Frauenliebe und Leben" sann, die er nebst andern nicht minder berühmten in diesem

Hause, wie oben bemerkt, verfaßte. Die Jahre um und nach 1829 waren die Zeit seines reichsten poetischen Schaffens. Er pflegte ans Fenster seines Freundes Eduard Hitzig, wie dieser erzählte, mit den Worten zu klopfen: „Vater Ede, gib Stoff, ich bin abgebrannt." In seinen Briefen sprach er sich häufig über die Anerkennung und Verbreitung seiner Gedichte aus. Sie wurden vielfach übersetzt, „Salas y Gomez" als preiswürdigstes Erzeugniß des Jahres bezeichnet. Die Komponisten „rissen sich danach," man sang sie auf der Straße und im Salon. „Junge Damen drücken mir fromm die Hand, oder schneiden mir Haarlocken ab." Als Chamisso einst von seinen Knaben hörte, daß einzelne seiner Gedichte in der Schule deklamirt seien, sagte er hocherfreut: „nun ich in den Schulen gelernt und hergesagt werde, ist mir eine dreißigjährige Unsterblichkeit zugesichert." „Wie günstig sich auch mir die Kritik im Allgemeinen gezeigt hat," fügte der Dichter hinzu, „so schöpfe ich doch meine größten Freuden und meine frischesten Poesien aus der Jugend, aus den Schulen und aus dem Volke. Die Jungen, die mich in der Schule auswendig lernen, sichern meinen Dichtungen ein bleibendes Andenken. Neue Auflagen folgten der ersten Sammlung schnell: „Zu Geburtstags=, Pathen=, Christ= und Brautgeschenken werden in Deutschland jährlich 1000 Uhland und 500 Chamisso gebraucht."

Zu den drei Kindern, die er zur Zeit, wo er das Haus in der Friedrichsstraße bewohnte, hatte, wurden ihm noch vier geschenkt. „Die Kinder sind die Meilenzeiger; wir würden sonst nicht den Weg bemerken, den wir zurückgelegt haben." Vor der Geburt des dritten Sohnes erhielt er die Nachricht vom Ausbruch der Julirevolution.

Das Jahr 1830 mit seinen tiefeinschneidenden Weltereignissen griff sehr in das Gemütsleben Chamisso's ein; denn bei all seiner Vorliebe für das ihm von Jahr zu Jahr heimatlicher ins Herz gewachsene Deutschland, entflammte doch in seinem Innern ein hohes Interesse für alle wichtigen Ereignisse in dem Lande seiner Geburt. Man sieht aus seinen Briefen an de la Foye, wie er zuversichtlich eine Wendung der Dinge, wie die Julitage, für Frankreich voraussagt. Nun war die Erfüllung da; er stand da als ein Prophet, worauf er nicht geringes Gewicht legte.

Am 3. August wurde die Nachricht, daß Carl X. genöthigt worden, Paris zu verlassen, den Einwohnern Berlins durch ein Nachmittags ausgegebenes Extrablatt der Staatszeitung verkündet. Das Blatt durchlaufen und seinem Freunde Hitzig die wichtige Nachricht bringen, war bei Chamisso das Werk eines Augenblicks. Er erschien bei demselben, das verhängnißvolle Papier in der Hand, ganz wie er an seinem Schreibtisch gesessen, da es ihm gebracht wurde, völlig ausgekleidet, in Pantoffeln, ohne Hut, kurz im unzweideutigsten Negligé, ohne zu beachten, daß er ein gutes Stück in der mit Menschen erfüllten Straße — der 3. August war bekanntlich der Geburtstag des Königs Friedrich Wilhelm's III., das preußische Volksfest — zurückzulegen hatte. „Da" — mit diesem Zuruf reichte er Hitzig das Blatt hin, triumphirend ob seiner Voraussicht und über die Haltung der Pariser, die ihm, wie Unzähligen, in dem glänzenden Lichte erschien. Die ersten Phasen der Julirevolution gaben dem Dichter überhaupt die reinste Freude, und als er im Herbst 1830 zu der Versammlung der Naturforscher nach Hamburg gereist war, mit diesen die Fahrt nach Helgoland unternommen hatte und ihnen das erste seit der großen Katastrophe nach Deutschland gekommene französische Schiff mit der Tricolor-Flagge begegnete, jauchzte er laut auf vor Freude. Nur zu bald hatte auch er über Enttäuschung zu klagen.

Das Jahr 1831, ewig denkwürdig für Berlin durch die erste Heimsuchung von der Cholera, brachte die Grippe als Vorläuferin. Auch Chamisso wurde davon befallen, und diese erste Krankheit, welche ihn, der bis dahin einer riesenhaften Gesundheit genossen, um so derber schüttelte, legte den Grund zu allen den Zuständen, welche sein verhältnißmäßig so frühes Ende herbeiführten. Wie er sich selbst empfand, davon gibt folgendes Sonett Zeugniß, welches sich im poetischen Hausbuche vorfindet:

Nach der Grippe (Juli 1831).

Entkräftet lag ich mit erschlafften Sehnen,
Als ich zuerst, genesend, mich besann,
Sie saß auf meinem Bett und sah mich an,
Ihr liebevolles Auge schwamm in Thränen.

Da fühlt' ich meine welke Brust sich dehnen
Und neues Leben meinem Herzen nah'n;
Es trieb mich, die Geliebte zu umfah'n,
Ein heimlich schnell erwachtes süßes Sehnen.

Doch wie ich meine Hände sah sich recken
Nach ihr, so hager, bleich, gerippenhaft,
Da überfiel mich vor mir selbst ein Schrecken.

Ich trieb sie fort, aufschreiend: Gott behüte!
Der Tod! der Tod! entfleuch! der Unhold rafft
Die reife Frucht nicht, nein die frische Blüthe.

Nur zu bald hatte es, mit der frischen Blüte Antonien's auch ein Ende. Sie fing an zu kränkeln, ohne daß ihre Leiden Anfangs eine bestimmte Gestalt zeigten;

aber man sah nur zu deutlich, daß ihre Kraft schon gebrochen war.

Zu Chamisso's 51. Geburtstag (30. Januar 1832) vereinigten sich mehrere Dichter, ein Heftlein Lieder herauszugeben, worin sie unter andern liebevollen Scherzen ihn als König der stillen Inseln in der Südsee besangen. Das Heftlein heißt: „An Ad. v. Chamisso zu seinem 51. Geburtstage. Berlin 1832. Mit Gedichten von W. Wackernagel, K. Simrock und Fr. Kugler."

Eine andre „Verherrlichung" wurde ihm zu Ende desselben Jahres in der literarischen Gesellschaft. In einem poetischen Wettkampfe, bei dem Schöll, Kopisch, W. Wackernagel u. a. concurrirt hatten, wurde ihm auf sein Gedicht: „Die Retraite" der Preis zuerkannt. Holtei sang darauf (nach der Melodie von Raimund's Aschenlied*) folgendes Lied, das eine so gelungene Charakteristik Chamisso's enthält, daß seine Mittheilung auch hier willkommen sein wird:

> Wen seht Ihr in Berlin
> Auf graden Wegen ziehn,
> Entgegen dem Geschick
> Mit immer heitrem Blick?
> Wer trägt sein graues Haar
> So stolz, so wunderbar:
> Ein Jüngling trägt's nur so! —
> Es ist der Chamisso!
>   Er lebe!
>
> Wo Lockenpracht umwallt
> So männliche Gestalt,
> Ein Haupt so frei und kühn,
> Da schimmert's auch wohl grün?

---

*) In Raimund's „Bauer als Millionär".

Das ist des Lorbeers Grün!
Wie ihm die Wangen glühn
Im hellen Freudenglanz!
Er trägt den Sängerkranz:
     Er lebe!

Er ist so brav, so gut,
Weil sein Franzosenblut
Für deutsche Treue glüht,
Voll Feuer und Gemüt:
Umschiffte alle Welt;
Doch besser ihm's gefällt
Wohl nirgend, daß ich weiß,
Als in der Freunde Kreis!
     Er lebe!

Der die geschälte Frucht
Des Kokos aufgesucht,
Trinkt lieber unsern Wein
Läßt Wilde Wilde sein!
"Terzinen" stehn ihm an,
Für "Stanzen" ist er Mann!
So mög' er rüstig stehn,
Mög' herrlich weiter gehn!
     Er lebe!

Sie, die er oft besang,
Mit tiefgefühltem Klang,
Die Gattin, hold und schön,
Soll freundlich mit ihm gehn;
Es fall' ein glücklich Loos
Den kleinen Chamisso's,
Und in des Dichters Grab
Ruft Deutschland einst hinab:
     Er lebe!

Hierauf hat ein Chamisso befreundeter Journalist einen schalkhaften Artikel begründet, worin er allerlei Freundliches andern Regenten zum Exempel, von Chamisso und seiner Regierung rühmte; „daran," so berichtet Chamisso selbst, „haben sich nun alle Journalisten Deutschlands, einer nach dem andern, verschluckt, und in der Petersburger Zeitung wird ganz ernst und bona fide von meinem Königreiche Erwähnung gethan."

Zehntes Kapitel.

Die Jahre 1832, 33 und 34 gingen hin, ohne daß darüber Erhebliches zu berichten wäre. 1834 ward Chamisso eine doppelte Freude. Sein alter Freund Theremin, dem er an einem britten Orte begegnet war und ben er nicht wieder erkannte, was jenem wehe that, suchte ihn wieder in seiner Wohnung auf, und Hitzig hatte einen Ausflug nach Frankreich gemacht, war von Vielem, was er in Paris kennen gelernt, befriedigt zurückgekehrt, und konnte Chamisso darin Recht geben, was er ihm vorausgesagt. Man mußte wissen, was ihm alte Freunde und Freundes=urtheil und was ihm bis an sein Ende immer noch sein Vaterland galt, um es zu verstehen, daß die erzählten an sich unbedeutenden Thatsachen berechtigt sind, in seinem Leben zu zählen.

An der Cholera verlor Chamisso seine Schwieger=mutter. Diese „Schreckenstage" berührten ihn tief. Häu=fige Krankheit trübte die Freude über seine dichterischen Erfolge. Bald war seine Wohnung ein Kinderlazareth, bald quälte ihn der bedenkliche Zustand seiner Frau. Zum Gebrauch der Seebäder schickte er sie nach Greifswald und Putbus; in ihrer Gesundheit sah er den Grundpfeiler seines häuslichen Glückes. Auf Rügen, schrieb er ihr scherzend, würde sie die Frau seines Collegen, des Dichters Ludwig v. Baiern, treffen. „Ihr könnt zusammen die von mir, dem Manne, angebotene Brüderschaft stiften und Euch von Euern Männern unterhalten." Mit den ältesten Söhnen fuhr er ihr nach, um sie auf den Königsstuhl zu geleiten und ihr von oben das Meer zu zeigen. Was seine Gesundheit betraf, so sprach er schon 1834 offen aus, daß ihm nicht zu helfen sei: „Ich magere ab und die Kraft schwindet. Was ich dulde und trage, scheint mir nicht über das vollgestrichene Maß zu gehen, und wenn ich Vergleichungen anstelle, so muß ich doch bekennen, daß ich mich noch über Viele im Vortheil finde."

Auf den Rath der Aerzte entschloß er sich zur Reise nach Reinerz und Charlottenbrunn in Schlesien. Er hatte dies Mal keins seiner Kinder mitgenommen. „Die Leere und Stille, die daraus erwächst — schreibt er an einen Freund — verstimmt uns etwas, ohne daß wir uns der Ursache recht deutlich bewußt sind." Von den Briefen, welche er an seine Kinder schrieb, möge wenigstens einer, an den damals noch nicht 6 Jahre alten Adolf gerichtet, eine Stelle finden: „im Walde nahe unserm Garten sind in einem weiten eingezäumten Raume recht hübsche kleine Hirsche, man nennt sie Rehe. Der Vater hat schöne Hörner — Geweihe — auf dem Kopfe, womit er stoßen kann und die Kinder stößt, die ihm nicht gleich gehorchen. Die Mutter ist ein gar sanftes Thier. Wir gehen alle Tage da spazieren, sie kennt uns gut und wartet auf uns, bis wir kommen. Wir geben ihr Blätter zu fressen und kratzen sie hinter den Ohren, was sie zu lieben scheint. Dann folgt sie uns, soweit sie kann, und frißt die Blätter aus unsern Händen. Sie hat Deine Mutter ganz besonders lieb und läßt mich laufen, um ihr nachzugehen. Wenn aber der Vater kommt, tritt sie zurück und überläßt ihm den ersten Platz. Das habe ich denn meinem Adolf erzählen wollen und ihm sagen, daß ich, so lieb ich die Thiere habe, ihn doch viel mehr liebe und mit ihm mich freuen würde." Ueber den Eindruck, welchen Chamisso während seines Aufenthaltes in Bad Reinerz im Jahre 1835 auf Alle, die dort mit ihm in Berührung kamen, gemacht, hat ein junger Mann — Friedrich Kürts — von dem sich auch Chamisso sympatisch angezogen fühlte, Folgendes öffentlich berichtet: „Ich habe in meiner damaligen jugendlichen Lebensperiode den sichern Hinblick in die Weite des Lebens und das festere Erfassen seiner flüchtigen Gestalt größtentheils aus Chamisso's Bekanntschaft und nachwirkender Erinnerung gewonnen. Des Dichters Erscheinung vermehrte das Bedeutende seines Namens. Das Auge blickte schnell umher, um seine Lippen lag ein tiefernster und doch höchst liebevoller Zug, er ging schnell, seine Sprache war durch den Husten rauh und tief. Er las uns mit einer Lebendigkeit, die hinter der des Gedichts nicht zurückblieb, „Das Dampfroß" vor. Es hatte sich im Verlauf seines Aufenthalts ein Kreis junger empfänglicher Männer um den Dichter gebildet, deren Verehrung er durch seinen liebenswürdigen Charakter die ungezwungenste Richtung gab. Wir waren um ihn bei der Brunnenpromenade und seinen Spaziergängen; er war unter uns bei unsern Belustigungen. Einige Male hielten wir ein Pistolenschießen um kleine Preise. Da zogen wir, ein Freund mit der Flöte voran, in wohlgeordnetem Aufzuge durch das Thal und mitten unter uns der geliebte Dichter. Seine verehrungswürdige

Gattin war auch gegenwärtig; es waren Stunden der lebendigsten Heiterkeit. Was Philisterei hieß, kannte er an sich nicht, er achtete sie auch nicht bei Andern. Ich erinnere mich, daß, als wir einst vom Hummelschloß zurückkehrten, er uns vor der Stadt Reinerz schnell ordnete; die Flöte voran, wir die Stöcke wie Gewehre erhoben, so marschirten wir auf den Markt — Chamisso hat sich überall der Menschen erfreut, die das Lachen nicht verlernt hatten.

Wir kamen einst auf Napoleon und ich beneidete die Dichter des kommenden Geschlechts um diesen ungeheuren Stoff. Chamisso machte mich auf die Mutter der Napoleoniden (Lätitia) als einen noch größern aufmerksam, vor Allem aber deutete er auf Blücher: „das ist Einer, dem der liebe Gott etwas ins Ohr geraunt hat." Chamisso selbst war auch ein solcher. Die Worte, welche er über Dichterberuf in der Einleitung zum Musenalmanach für 1833 gesprochen, möge jeder Jünger lesen und wieder lesen, bis sie in seinem Herzen lebendig werden."

Chamisso traute seinem Körper mehr zu, als er leisten konnte. Keine Witterung hielt ihm vom Gange nach Schöneberg ab; die Folge davon war ein Husten, der ihn nie wieder verließ und die Ursache seines Todes wurde. Statt in Schlesien Brunnen zu trinken, brauchte er nur Luft, Müßiggang und Bergklettern. In der „alpinischen Region" fand er dort Pflanzen, die er nur in der Schweiz gesehen. Für den Augenblick zwar erfrischt, doch „ganz beim Alten" kam er nach Berlin zurück, wo ihn die Akademie der Wissenschaften auf Humboldt's Vorschlag zum Mitgliede ernannte. In seiner Dankrede kamen die Worte vor: „Sie legen den Lorbeer einem sehr müden Manne zu

Häupten, für den Ihre Anerkennung das erfreuende Licht sein möchte, nach welchem der deutsche Dichter scheidend begehrte."

Dem Tode sah er gefaßt entgegen. Nur über die Leiden seiner Frau brach er in Klagen aus. Ergreifende Worte über die Ruhe, mit der sie ihr Loos trug, sind in seinen Briefen enthalten, in denen er auch über die Zukunft der Kinder sprach. Einen Namen guten Klanges würde er ihnen hinterlassen, ein besseres Erbe, als irgend ein anderes.

Antonie v. Chamisso hatte sich mit dem Tode vertraut gemacht und Alles mit ihrem Manne besprochen. In Geduld und edler Fassung trug er sein schweres Leid. „Wie sollte ich die Welt nicht lieben — rief er aus, — da ich mich geliebt weiß."

Am 21. Mai 1837 endete ein Blutsturz plötzlich das Leben der erst 36 jährigen edlen Frau.

Wenige Tage nach dem Tode schrieb er an die auswärtige Freundin Diotima folgende Worte:

Theuerste Freundin!

„Es ist vollbracht. Sie hatte zu Anfang ihrer Krankheit sich mit dem Tode vertraut gemacht, ihn angeschaut, sich darauf vorbereitet und fest und heiter mit mir und andern ihn besprochen. Mit dem Fortschritt der Krankheit war wiederum die süßeste Lebenslust eingetreten. Wir sahen ihrem Hinscheiden zu; sie sprach von den Riesenschritten ihrer Besserung. Am 20. sah sie noch etliche Freundinnen, selbst Männer, die zu mir kamen, und scherzte auf das heiterste. Am 21. morgens nach 6 Uhr erstickte sie schnell ein Blutsturz; wie ich — herbeigeschrieen —

hereintrat, bewegte sie noch zweimal ihren Arm, aber das Auge war gebrochen; — sie war todt.

Während des ganzen Verlaufs dieser Krankheit ist sie frei von allen krankhaften, grübelnden Ideen und Phantasieen gewesen; gesund an Geist und Seele, der Blick hell, das Gemüt heiter. Das sage ich Ihnen, theure Freundin, weil auch Sie zu andrer Zeit sie anders gesehen haben."

Gegen Gustav Schwab aber sprach er sich also aus:

— — — — Sie werden wohl erfahren haben, was ich verloren. Ich selbst warte nur in Geduld meine Zeit ab und trage mein Kreuz, das mir am Ende gerecht und paßlich scheint, und bete: Herr, Dein Wille geschehe! Ich habe doch des Glückes genossen ein gutes Theil und mehr als viele Andere: ich erkenne es dankbar an."

Chamisso erhielt von seinem Freunde de la Foye, dem er den Tod seiner geliebten Antonie mitgetheilt hatte, folgenden Brief:

„Ich hätte Dir früher schreiben sollen, lieber Adelbert; doch bin ich seit einiger Zeit so unglücklich gewesen, daß ich eher Mitleid als Tadel verdiene. Meine so gute und verdienstvolle Frau, meinen einzigen Freund, der mir Alles war, habe ich nach einer langen und schmerzlichen Krankheit verloren. Es ist mehr als ich ertragen kann. Es ist Alles so wüst um mich her, daß ich auch gerne abfahren möchte, wäre nicht mein kleines Mädchen, das meiner bedarf und der ich leben muß. — Während der Krankheit meiner Frau ist mir mein Kind in einen 70 Fuß tiefen Brunnen gefallen, worin eine Pumpe mit hervorragenden eisernen Hacken befestigt ist; die Erschütterung und die Angst, die ich empfunden habe, kannst Du Dir leicht denken. Das Kind ist herausgezogen worden, ohne die mindeste Verletzung. Ein Wunder war meinetwegen geschehen; ein zweites erwartete ich doch umsonst. — Und Gott weiß, zehn Kinder hätte ich für sie hingegeben.

Doch genug von mir! Auch Du hast Dein Kreuz zu ertragen und scheinst mir standhafter als ich zu sein. Doch Du bist nicht so einsam und verlassen als ich; Freunde hast Du, hier habe ich nur Bekannte, mit welchen ich nur von der Zeitung 2c. reden kann. Niemand weiß hier, was ich leide: alle glauben mich ganz und gar getröstet; denn ich spreche nie von ihr, und wozu? die Kerle würden mich nicht verstehen und vielleicht auslachen.

In wenig Tagen reise ich zu meiner Mutter; wenn ich mein Kind nicht hätte, so hätte ich eine längere Reise unternommen. Schreibe mir bald, lieber Freund, wären es auch wenige Zeilen. Ein Andenken von Dir, das ist das Einzige, was ich mir nun wünsche."

Chamisso war es, nachdem er seines Lebens Glück, seine Antonie, verloren, immer, als könnte er nur sich freuen, wenn die Glocke zu seinem Heimgang läutete.

Elftes Kapitel.

Erste Abtheilung.

Wenig über ein Jahr überlebte Chamisso seine Antonie. Die Botanik "hing am Nagel", die Muse schwieg. "Ich habe gesungen, meine Zeit ist abgelaufen." Das Studium fremder Sprachen half ihm am besten über den Gram hinweg. Als er sich etwas kräftiger fühlte, fuhr er nach Leipzig, um die erste Station der Leipzig-Dresdener Eisenbahn zu befahren. Der Transport auf der Eisenbahn entzückte ihn. Hitzig schildert die Begeisterung, die ihn für Dampfschiffe und Eisenbahnen erfaßte. Er nannte die Dampffahrzeuge die Flügel der Zeit und hoffte mit Zuversicht auf eine neue Aera, die dadurch herbeigeführt würde. Auch der Herbst und Winter verging ihm leidlich. Bei der Herausgabe des Musenalmanachs unterstützten ihn nach Schwab's Rücktritt Schöll und Gaudy; mit diesem übersetzte er noch die Lieder Béranger's.

Wenige Wochen vor seinem Tode zeigte er noch das Erscheinen von Freiligrath's Gedichten an. Einige derselben nahm er in den Musenalmanach auf, und mit strahlendem Antlitz und dem freudigen Rufe "da ist der Freiligrath", brachte er das Buch in die Mittwochs-Gesellschaft.

„Im Juli 1838," erzählt Dr. H. Beta, „überreichte ich Chamisso, dem Dichter und Herausgeber des deutschen Musenalmanachs, ein Bändchen „Werbelust des Hallischen Dichterbundes". In einem grauen Jäckchen, von langen grauen Locken umwallt, saß Chamisso auf dem Sopha, blätterte grimmig blickend ein paar Mal in der „Werbelust" hin und her, warf sie unwillig auf den Tisch und meinte, daß jetzt überhaupt alle Dichter die Feder und den Mund halten müßten. „Seitdem Dieser zu singen angefangen (dabei händigte er mir einen ganz frischen Band Gedichte ein), sind wir alle Spatzen. Nehmen Sie's mit, lesen Sie, und Sie werden, wie ich, auf immer von weiterer Versenmacherei geheilt sein."

„Gedichte von Ferdinand Freiligrath" hieß der Titel. Wir hatten zwar schon von ihm gehört und gelesen, besonders in Chamisso's Musenalmanach, aber diese Begeisterung des alten echten Dichters über den neuen erfüllte mich mit wahrhaftem Staunen über die Größe Beider. Nur ein echter Dichter kann einen andern, indem er den Todesstoß von ihm erhalten zu haben meint, so bewundern und würdigen.

Ja, das waren ganz neue Saiten auf der Leyer der deutschen Lyrik und ein ganz neuer Virtuose auf diesem bereits von unzähligen Laien gemißhandelten und nicht wenigen Meistern wundervoll gespielten Instrumente. Eine Gottesgabe des weiten Schauens in die Ferne, eine dichterisch schwunghafte Völker- und Länderkunde mit Rythmen und Reimen, welche uns mit zauberhaften, unerhörten Klängen zum Wüstenkönig lockten und in zwei Zeilen aus dem spanischen Fandango an die Ufer des Hoango springen ließen. Der furchtbare, hinreißende blutrothe politische

Zorn seiner Muse war in diesem ersten Bande des jungen, noch rein schwärmenden Dichters und Amsterdamer Commis noch mit keiner Spur zu finden. So konnte er und wurde er von allen Ständen, allen Parteien bis zum Könige und Kronprinzen und den höchsten Staatsbeamten gemeinsam bewundert, geliebt, gelobt und gelesen. Mit welchem Eifer ich Freiligrath's Gedichte im Chamisso'schen Exemplare verschlang, davon habe ich noch heute einen erquickenden Nachgenuß. Einige Wochen später wollte ich dem graulockigen Peter Schlemihl das Exemplar zurückgeben, aber da hieß es, er selbst könne es nicht mehr in Empfang nehmen, da er während der Nacht gestorben sei."

An Freiligrath schrieb Chamisso selbst:

„Ich nehme mit herzlichem Dank die Zueignung Ihrer Gedichte an, sage Ihnen, daß ich mich freue, ein Freundschaftspfand von Ihnen zu erhalten, und werde Andern sagen, daß ich stolz darauf bin.

Werden Sie nicht eitel, liebenswerther Mann, und lassen Sie uns stolz auf Sie sein.

Aber ich schreibe Ihnen noch in dem Tone, den ich vor drei Jahren anschlagen wollte, als ich Sie aus Ihren ersten Gedichten erkannte und lieb gewann. Jetzt ziemt es mir wohl kaum, gegen einen Dichter, der anerkannt wird und sich selbst fühlen muß, so vertraulich zu thun. Ich sollte Sie förmlich anreden, ich sollte — aber dann würden Sie keinen Brief von mir bekommen haben. Lassen Sie mich, dem so oft und schwer der Vorwurf gemacht worden — lassen Sie mich Sie vor einer Klippe warnen: nämlich, die Poesie im Gräßlichen zu suchen.

Dann — lassen Sie mich Ihnen das Geheimniß der Terzinenform verrathen, das auch ein anderer hochbegabter

Dichter (Lenau) nicht errathen zu haben scheint. Nehmen Sie Dante oder Streckfuß zur Hand und bemerken Sie, daß in der Regel mit jeder Terzine der Reim abgeschlossen ist und nur ausnahmsweise ein Uebergreifen stattfindet."

Chamisso kam die Ueberzeugung von seinem Berufe als deutscher Dichter erst sehr spät. Noch am 12. Oktober 1822 schreibt er an seinen Freund de la Foye in Caën: „Ich sollte, da wir Jünglinge waren, ein Dichter sein, Du machtest auch deutsche Verse. Du hast wohl diese Flügel sinken lassen? Ich nicht ganz. Ich singe noch ein Lied, wenn es mir gerade gefällt, und sammle sogar diese Zeit= rosen zu einem Herbario für mich und meine Lieben auf künftige Zeit, aber es bleibt unter den vier Pfählen, wie es sich gebührt."

Als aber der Wendt'sche Musenalmanach von 1829 seine Sonette an die Apostolischen und seine mächtige Dichtung „Salas y Gomez" gebracht hatte, stieg Chamisso's Anerkennung als deutscher Dichter so hoch, daß er sich zur Veranstaltung einer Gesammtausgabe seiner Gedichte ent= schloß, die 1831 erschien. So trat er also erst nach voll= endetem fünfzigsten Lebensjahre als Meister vor uns und zeigt uns hierin die ungewöhnliche Gewissenhaftigkeit, mit der er an seiner Durchbildung gearbeitet.

Chamisso gleicht in seiner liebenswürdigen Bescheiden= heit mehreren großen Männern, z.B. Lessing, welcher sagt: „man erweiset mir zu viel Ehre, mich für einen Dichter zu erkennen." Aber Goethe sagte mit Recht von ihm: „er wollte den hohen Titel eines Genies ablehnen, aber seine Werke zeugen wider ihn selbst."

Den Aufzeichnungen von und über Franz Gaudy von seiner Schwester, Frau v. Kalkreuth, verdanken wir noch folgende Nachrichten über die Beziehungen Gaudy's zu Chamisso: Die schöne geniale Mutter Gaudy's, eine geborene Gräfin v. Schmettaw, erzog die Kinder nach Rousseau'schen Grundsätzen in fesselloser Freiheit, die dem Knaben oft so weit die Zügel schießen ließ, daß er in der überschäumenden Kraft seines Wesens nicht selten zur Geißel der Familie wurde. Der Vater, General v. Gaudy, wurde fast ganz von seinen dienstlichen Functionen in Anspruch genommen, und jene kriegerischen Zeiten, in welche die ersten Lebensjahre Gaudy's fallen, entfernen den viel in Anspruch Genommenen häufig weit vom Hause, sobaß er sich um die Erziehung seiner Kinder nur wenig kümmern konnte. Franz verließ schon im 6. Lebensjahre (1806) das väterliche Haus, um in verschiedenen Pensionen seine fernere Erziehung zu empfangen, doch konnte, wie seine Schwester berichtet, Niemand den wilden Rangen recht bändigen. Da wollte das Glück, daß der General v. Gaudy wegen seiner umfassenden Bildung und vollendet feinen Umgangsformen vom Könige Friedrich Wilhelm III. dazu ausersehen wurde, das schwere und verantwortungsvolle Amt eines Erziehers des preußischen Kronprinzen, nachherigen Königs Friedrich Wilhelm IV., zu übernehmen.

Franz folgte seinem Vater nunmehr nach Berlin, um das dortige Collège Français zu besuchen. Er war während dieser Zeit bei dem Prediger Reclam, dem er das Leben weidlich sauer machte, in Pension. Unter anderen gefährlichen Streichen, die der von Lebenslust und Kraft überströmende Knabe damals in Scene setzte, erzählt die Schwester auch den folgenden, für die Sinnesart des nachherigen Dichters sehr charakteristischen: Als Reclam ihm eines Tages Stubenarrest gegeben hatte, und nach mehreren

Stunden wieder zu ihm ins Zimmer trat, um ihn aus der Gefangenschaft zu erlösen, war Franz verschwunden; lange suchte der würdige Mentor nach dem trotz Schloß und Riegel entflohenen Zöglinge, bis er ihn endlich zu seinem nicht geringen Schrecken an der Außenseite des zweiten Stockes, mit den Händen um das Fensterkreuz geklammert, in einer höchst halsbrecherischen Stellung wiederfand. Nur das eindringliche Bitten und Flehen des schwer geängstigten Geistlichen vermochte den Trotzkopf, gnädigst wieder mit heilen Gliedern zu dem Loche hineinzuklettern, aus dem er, die Gefahr nicht achtend und das heiße Herz voll Eigensinn und Grimm, herausspaziert war.

Durch des Vaters Stellung gewann Franz den Vorzug, Studiengenosse des Kronprinzen zu werden, und erhielt somit von Dingen und Verhältnissen Kenntniß, welche sonst nicht an einen Knaben heranzutreten pflegen. So eröffnete sich ihm schon frühe ein Blick zugleich in die idealen Güter des Geistes und in die praktischen Zustände des Lebens; schon damals war er in den Werken der classischen Schriftsteller alter und neuer Zeit ebenso bewandert, wie in den Arbeitssälen der Fabriken und Manufacturen von Berlin und der Provinz Brandenburg. Durch diese frühzeitige Wissensfülle wurde ihm schon zu jener Zeit ein reiches geistiges Material zu eigen, an dem sein inneres Leben sich kräftig und eigenartig entwickelte.

Dem General v. Gauby begegnete in der Schlacht bei Bautzen, welche er als Begleiter seines hohen Zöglings mitmachte, ein seine ganze Laufbahn änderndes Ereigniß. Sein Pferd überschlug sich, und er stürzte gefährlich.

In Folge dieses Unfalls mußte er seine bisherige Stellung quittiren und wurde nunmehr mit der Würde eines Militairgouverneurs von Sachsen betraut. Dieser Wechsel im Leben des Vaters war auch für den Sohn von folgenschwerer Rückwirkung. Er mußte, da der Vater ihn in seiner Nähe zu haben wünschte, Berlin verlassen und wurde in Schulpforta zur weiteren Fortbildung inscribirt. Hier, unter der Leitung vorzüglicher Lehrer, wurde in dem Knaben der erste Keim zu seiner Vorliebe für das Studium der Sprachen gelegt. „Er ist ihr," schreibt Frau v. Kalkreuth, „sein Leben hindurch treu geblieben, da er bis an sein Ende Abends im Bette seinen Homer oder Horaz las. Ueberhaupt war das Talent für Sprachen sehr vorherrschend bei ihm; wie früh er französisch sprach, wurde schon gesagt. Neben den alten Sprachen trieb er in Schulpforta mit Eifer das Spanische; später sprach er das Polnische brillant und lernte in vier Wochen dänisch, als er mit Xavier Marmier nach Island reisen wollte. Als sich diese Reise zerschlug, lernte er in wenigen Monaten italienisch. Die bewunderungswürdigsten Kenntnisse aber hatte er sich im Altfranzösischen erworben.

Durch die „Kaiserlieder", die „Novellen" u. a. Gedichte Gaudy's wurde Chamisso auf ihn aufmerksam und lud ihn nach Berlin ein, indem er ihn auf eine höchst ehrenvolle Weise aufforderte, ihn bei der Herausgabe des deutschen Musenalmanachs zu unterstützen. Gaudy leistete diesem Rufe freudig Folge, und nun endlich sah er sich in einer Lage, die ihn innerlich befriedigte und beglückte. Von Freunden, die ihm sein Talent schnell erworben hatte, umgeben, innig verehrt von Männern wie Hitzig, Fouqué, Kugler und Neumann und andern, und der warmen Zuneigung eines Chamisso gewiß — was blieb ihm zu wünschen übrig? Hatte er doch auch die ersten Staffeln des

Ruhmes schnell erklommen. Und doch — ein Wunsch war ihm noch unerfüllt: Italien, das Land seiner Träume und Ideale zu sehen. Auch diese Sehnsucht sollte gestillt werden: im Jahre 1835 blauete Italiens Himmel über ihm, er trank sich satt an der Schönheit römischer Kunst und führte auf den Ruinen der antiken Welt und mitten im schnell pulsirenden Leben des sinnenfrohen Südens ein Dasein, reich an den mannigfachsten Anregungen. Seine Briefe aus der damaligen Zeit athmen Frische, frohe Begeisterung für das herrliche Italien und höher gestimmte Lebensfreudigkeit. Großer Eindrücke voll, kehrte er nach Deutschland zurück. In Berlin fand er die alten Freunde wieder und lebte so recht im Vollgenusse seines Glückes. Chamisso wurde ihm immer theurer, das Verhältniß zwischen Beiden ein immer regeres. Er wurde der vertrauteste Hausfreund des edlen Sängers. Zwei heitere Gedichte Gaudy's, welche aus dieser Zeit stammen, mögen hier einen Platz finden, da sie ein treues Bild von Chamisso's Studirzimmer und anmuthigem Familienleben entwerfen und zugleich charakteristisch für die beiden Dichter sind. Sie lauten:

Wiegenlieder für mein Pathchen Adelbert Septimus Victor v. Chamisso.

Der siebente war Herr Adelbert,
Der Sieger über Alle.
Uhland.

1.

„Gebt Ihr mir viel gute Worte,
Um ins Heiligthum zu späh'n,
Ei, so laß ich wohl die Pforte
Diesmal für Euch offen stehn.

Aber Freunde schleicht auf Zehen,
Seid manierlich, fromm und still;
Nicht ein Jeder kriegt's zu sehen,
Der es gern durchstöbern will.

Schaut Euch um im schmalen Zimmer,
Das nur Dämmerlicht erhellt
Von der Lampe mattem Schimmer,
Noch von grünem Taft umstellt!
Seht, dort hängt das Kieselmesser,
Das einst an Owaihi's Strand
Ein gentiler Menschenfresser
Weiht als treues Freundschaftspfand.

Aus dem Rahmen blinzt verwogen
Dort Pomare's Conterfei,
Und ein schwarzer Eibenbogen
Hängt, von Staub ergraut, dabei.
Südlands Blumen, trock'ne Blätter,
Liegen dort in langen Reih'n;
Ihre Namen wissen Götter
Oder Chamisso allein.

Weiter links ruh'n auf dem Brette
Blüten transcendenter Art,
Oden, Stanzen, Triolette,
Schofel und fein=fein gepaart.
Deutschlands Dichterhähne krähen
Dir entgegen aus dem Fach,
Könnet Ihr sie nicht verstehen,
Kauft den Musenalmanach!

Ihr dagegen, die Ihr dreister
Jetzt in die Papiere guckt,
Sprecht: Gib mir ein Lied vom Meister,
Aber nicht der Lai'n Produkt!

„Hand weg!" ruf' ich, „also habe
Ich es nicht mit Euch gemeint;
Harret der Gesammt=Ausgabe,
Die zur Ostermeff' erscheint!"

Aber in dem nächsten Zimmer
Hört Ihr einen Säugling schrei'n,
Und neugierig, wie Ihr immer,
Drängt Ihr Euch auch dort hinein.
Tretet leise, leise näher
Auf Sammtpfötchen, wie die Maus!
Solchen Anblick nimmt der Späher,
Solchen selt'nen, gern nach Haus.

Seht Ihr wo 'nen Rosengarten
Frischer blühn als diesen hier?
Gärtnerin und Gärtner warten
Treulicher der holden Zier?
Wer den Blütenkranz gesehen,
Wendet sich wohl schwerlich um
Nach Exotischem zu spähen,
Dorrend im Herbarium.

2.

Ein Paradies voll Kinder
Ist unsers Dichters Haus,
Stets frischer und voller und rönder
Lacht Eins das Andre aus.
Die Mutter,*) im Herzen den Himmel,
Sie wiegt den Säugling**) leis;
Der Kinder wählig Gewimmel
Schließt um die Wiege den Kreis.

---

*) Chamisso's Gattin Antonie.
**) Adelbert (das jüngste und siebente Kind des Dichters, leider schon mit 20 Jahren gestorben).

Des Vaters Frauenlieder,*)
Die singt die Mutter jetzund,
Der Rundreim hallet wieder
Sechsfach**) aus kindlichem Mund.
Die wallenden Locken streichet,
Der Alte***) sich zurück.
Und ob der Jüngste (Adelbert) ihm gleichet,
Erforscht er mit prüfendem Blick;
Dann haucht „der würdige Krieger"
Auf des Kindes Stirn einen Kuß:
„Du bleibst von Allen der Sieger,
Mein Adelbert Septimus!"
Fünf Kinder in der Stube
Die schauen lächelnd drein,
Der sechste dralle Bube†)
Schreit laut ein gellend: Nein! (Gaudy.)

Mit den Uebersendungsworten:

Meiner Frau Gevatterin küsse ich unterthänigst die Hände, meinem lieben Pathchen (Adelbert war Gaudy's Pathe) den Mund.

23/2. 35. Stets der Ihrige

Gaudy.

Die letzte Arbeit, die Gaudy mit Chamisso für den Musenalmanach unternahm, war die Uebersetzung einer Auswahl der Béranger'schen Lieder. Bald nach Beendigung derselben trat er eine zweite Reise nach Italien an, auf welcher ihn sein Freund E. Ferrand bis in die Schweiz

---

*) Frauen-Liebe und Leben.
**) Chamisso's sechs Kinder (Ernst, Max, Adelaide, Johanna, Adolf, Hermann).
***) Der Dichter selbst.
†) Damit ist des Dichters Sohn Adolf gemeint, der in jenem äußerst jugendlichen Alter als ein höchst lebhafter amüsanter Knabe geschildert wird.

begleitete. Wie damals diesem Freunde gegenüber, so äußerte er sich schon früher häufig gegenüber der Schwester, er möge am liebsten ganz in Italien oder doch wenigstens im Süden von Deutschland leben. Italien, sein mildes Klima und sein feuriger Wein sagten ihm besser zu als der Norden mit Nebel und Bier. Seine ganze Natur hatte etwas entschieden Südländisches. Doppelt schwer empfand er bei seiner Rückkehr nach Deutschland diesen Widerspruch seines Innern mit Land und Leuten daheim — denn eine Saite seines Lebens war inzwischen gesprungen: Chamisso war todt.

Zweite Abtheilung.

Aus der Reihe der mir vorliegenden, nach Mittheilung der Familienangehörigen des Dichters bis jetzt noch nicht veröffentlichten Originalbriefe Chamisso's aus den Jahren 1819—1830 möchten wohl die nachfolgenden das Interesse der Leser erregen und geeignet erscheinen, an dieser Stelle mitgetheilt zu werden.

1) An seine Schwägerin Pauline (17. Dezember 1819):

„Ich schreibe Dir im Namen Deiner Schwester (Chamisso's Frau), liebe Pauline, um Dir für die große Freude zu danken, die ihr Deine liebenswürdige Aufmerksamkeit und Dein schönes Geschenk gemacht hat. Sie betrübt sich, so wie ich, daß die Verschiedenheit der Sprache sie von Dir trennt; öfters bekümmert sie sich durch den Gedanken, daß sie der Familie ihres Mannes eine Fremde bleiben möchte, und sie hierüber zu beruhigen fällt mir schwer. Wenn Du sie kenntest, wenn Du uns beide zusammen sähest, würdest Du, Pauline, mir Glück wünschen. Sie ist gut und einfach wie Du, und man sagt hier allgemein, man muß zu uns kommen, um eine gute Ehe und wahrhaft glückliche Menschen zu sehen.

Wenn ich an die Tage denke, die ich in Menil zuge= bracht, glaube ich oft, es sei gestern gewesen, und dennoch ist es nicht weniger als mein ganzes Leben, das zwischen dieser Zeit und heute liegt, ich war damals im Erwachen und bin jetzt auf dem höchsten Gipfel des Glücks durch den Besitz einer geliebten Frau gelangt. —

Mein Haupt ist bereits weiß. — Eine Welt ist ent= standen und hat sich um Dich gesammelt. — Ich habe jetzt erst meine Lebensgefährtin gefunden, und mein Tag neigt sich bereits. — Ich habe den Vortheil, die Welt, die wir bewohnen, ein wenig von allen Seiten gesehen zu haben, und habe dadurch noch besser den Werth eines so lieblichen häuslichen Heerdes nach ruhelosem Umherschweifen in die weite Ferne würdigen gelernt. Ich weiß mich im eignen Heim nun prächtig zurecht zu finden, bin sehr glücklich, dankbar und vollkommen zufrieden. —"

2) An seinen Bruder Hippolyt (1. April 1820):

„Mein Leben fließt gemächlich und ruhig dahin, meine Zukunft eignet sich immer mehr für ein stilles häusliches Leben und ein so trautes Glück, wie mein liebliches Frauchen es mir durch ihre vortrefflichen Eigenschaften täglich mehr bereitet. Ich gehöre einer anderen Generation an, ich mache es wie Du. Ich lasse die jungen Leute reisen, und sehe ohne Neid zwei meiner Freunde nach Egypten reisen, eine Vergnügungstour, die ich früher gern gemacht hätte, da mich dieses Stück Land sehr interessirt hat. Ich sage dieses mit Vorbehalt der politischen Ereignisse, die uns alle leicht entwurzeln und dem Winde preis geben können, wie sie auch den Untergang derer beschleunigen können, die behaupten sie zu beherrschen, wie es ja die Geschichte Europas zeigt. Nichts neues unter der Sonne, und dennoch häuft die Erfahrung uns ein Museum von verlorenen Dingen an. Nicht allein die Fehler der Väter sind für die Kinder verloren, was natürlich ist, sondern unsere eigenen Thorheiten sind für uns verloren, und wenn alles uns warnt und zuruft, so verstopfen wir uns die Ohren.

Die Männer sind Kinder für die Geschichte, diese gibt ihnen die Ruthe, wenn sie nicht artig sind, und sie halten still. — Der Frühling wird Dich nach Menil zurückführen, ich wünsche Dir Glück dazu. Er läßt uns aufathmen, die Sonne fängt an uns zu erwärmen, wir öffnen die Fenster, die Vögel erwachen, die Bäume fangen zu knospen an. Der Winter war hart. Wir bewohnen eine Meile von der Stadt ein Haus, das nur eine Sommerwohnung ist. Man wollte im Garten bauen und ich sollte eine Wohnung bekommen. Die Aussicht dazu schwindet. Man spart im Kleinen und verschwendet im Großen. Wir leben ganz zurückgezogen, in größter Intimität mit zwei bis drei Familien, die eine ausmachen, ich mit meiner Antonie in entschiedener Opposition gegen den Luxus, der sehr steigt und die Reichsten arm macht."

3) An seinen Bruder Hippolyt (30. Mai 1820):

„Ich könnte Dir bei Gelegenheit ein Exemplar von horae physicae berolinenses schicken, worin Du unter andern auch Beiträge von mir finden wirst, aber ich muß gestehen, daß diese Beschäftigungen höchst langweilig dem, der ihnen fern steht, vorkommen müssen, und ich lache selbst bisweilen über das, was ich treibe, werde aber gleich ernsthaft, wenn ich bedenke, daß die Sucht zu lernen und zu wissen (als Zweck und nicht als Mittel) eine der edleren Eigenschaften des Menschen ist, und daß es um das Werk zu vollenden nöthig erscheint, daß verschiedene Arbeiter die verschiedenen Zweige, deren jeder als selbstständiger, zum Ganzen nothwendiger Theil, nicht verachtet werden darf, bearbeiten. Ich glaube, ich habe Dir gesagt, daß ich mich mit meinem botanischen Werk beschäftige, indem ich selbst meine Pflanzen zeichne und beschreibe. Mein Zeichnen kommt mir sehr zu statten. Der beständige Gebrauch des Mikroskops und der Lupe thut meinen Augen ein wenig weh, und ich kann mir nicht verhehlen, daß sie während meiner Reise gealtert sind.

Im Uebrigen geht bei uns Alles vortrefflich — denn es waltet in unserem Hause Liebe, Gesundheit und Hoffnung. Ich glaube ich werde noch lange das was mir von meiner Jugend geblieben, behalten. In guten Stunden habe ich noch Lebensfrische genug, die Eindrücke sind zwar nicht mehr so lebhaft wie früher. Man hat mehr Gleichmuth und Ruhe, man ist weniger bewegt, weniger nervös aufgeregt. Das was ich sage fühle ich in meinem tiefsten Innern! — Ich war der älteste an Jahren auf dem Rurik. Wir sprachen bei der Annäherung an die Sandwichs-Inseln von unsern Erwartungen und der Kapitän, der mir etwas Gutes sagen wollte, machte die Bemerkung, daß ich immer der achtsamste, gelehrteste und jugendlich frischeste wäre." —

4) An denselben (9. August 1820):

„Es scheint man will bei Euch in Paris zu der starken und centralisirten Regierung Bonapart's zurückkehren, man will Organisation, wie er hatte, Beamte wie sie unter ihm waren. — Sehr gut. — Hat man aber den Kopf dazu? Hat man seine Armee? Die Antwort ist: man hat Credit und das ist gewiß schon etwas. Wir — Antonie und ich befinden uns immer wohl, immer zufrieden und höchst glücklich. Die Besorgnisse, so natürlich bei einer ersten Schwangerschaft, sind gemäßigt durch viele Liebe, und wir warten mit ausreichendem Muthe, was der gütige Gott zur Vermehrung unseres großen Glückes bescheert."

5) An denselben (August 1820):

„Ich wünsche Dir für Deinen Sohn Alexander Glück zu dessen Erfolg. Die Examina sind fürchterliche Pforten zu passiren, aber dennoch ist der Schrecken, den sie einflößen, heilsam. Ich bin niemals durch diese Pforte passirt, eine eigenthümliche Laune des Schicksals hat mich stets die Mauern überspringen lassen. Dr. der Philosophie, ohne wohl der Facultät Schande zu machen, die mich mit ihren höchsten Ehren bekleidet hat, würde ich noch zittern, wenn ich das geringste Schüler-Examen zu bestehen hätte. — Es ist eine wahre Freude, wenn man das Tentamen rigorosum bestanden hat.

Antonie, der ich gesagt, ich würde an Dich schreiben, hat mich soeben mit großen Thränen im Auge aufgesucht; sie umarmt mich und sagt mir:

„Ich kann dem Bruder, dem guten Manne nicht schreiben, meine Worte sind nicht hübsch genug, es ihm zu sagen. Du kannst es ihm viel besser sagen wie ich, daß er so

lieblich schreibt, wie gut ich ihm bin, wie ich dadurch glück=
licher bin, daß sie alle mich lieben, daß sie nicht mehr böse
auf mich sind, weil ich Dich hier in Deutschland fest gehalten
habe. Warum ihn zwingen, sich mit der für ihn fremden
Sprache zu quälen?"

„Das liebenswürdige Kind glaubt immer, ich mache
Alles besser wie sie; sie ist ganz Hingabe und Vertrauen
für mich. Wie sehr liebe ich sie auch! Es bleibt mir nichts
übrig, als Dir für alle die Küsse zu danken, die ich für
Dich von ihr empfangen habe und Dir zu sagen, wie sehr
ich in der That Deine deutschen Briefe bewundere, in denen
Dein Herz durch die Schwierigkeit der Sprache hindurch
auf so bewunderungswürdige Weise spricht."

6) An denselben (3. Oktober 1820):

„Der Winter beginnt uns zu isoliren, er ist eine lange
und unangenehme Krankheit in unserm Klima, die nur die
Gewohnheit ertragen kann. Ich hatte diese Gewohnheit
verloren, und muß sie wieder lernen, und dies zwar unter
ungünstigen Umständen.

Ich habe im Augenblick zu den politischen Verhält=
nissen weniger Vertrauen als Du. Als ich Dir schrieb,
daß ich Frankreich als den Grundstein betrachtete, auf dem
wir fußten, setzte ich ganz gewiß nicht voraus, daß Ihr
das liberale konstitutionelle System verlassen würdet, welches
Ihr damals fest hieltet, aber jetzt habt Ihr Euch verführen
lassen. Ihr habt selbst den Stab, auf den Ihr Euch
stütztet, um vorwärts zu kommen, für Euch gebrochen, Ihr
habt einen Fetzen Papier aus Eurer Charte, die die Zeit
geheiligt zu haben schien, gemacht. Ich erwarte keine
Mäßigung von der Partei, die gesiegt hat, sie wird unver-

schämt in der nächsten Kammer auftreten, und schon kann man aus Deinem Briefe herauslesen, daß Ihr es wagen werdet, Eure Zuflucht zu einem Staatsstreich zu nehmen."

7) An denselben (10. November 1820):

"Wir befinden uns immer wohl und unsere kleine Kolonie macht uns immer Freude und Lust. Wenn wir uns auch nicht mehr so lieben wie am ersten Tag, so lieben wir uns deswegen doch besser.

"Die Liebe, wenn sie neu, braust wie ein junger Wein,
Je mehr sie alt und klar, je stiller wird sie sein."

Aber Du wirst vielleicht mein Französisch besser als das alte Deutsch des ehrbaren Angelus Silesius verstehen.

Ich beschäftige mich diesen Winter, meine Pflanzen zu beschreiben und zu zeichnen. Ich erwarte immer noch die Veröffentlichung meiner Memoiren. Ich amüsire mich des Abends Isländisch zu studiren. Meine Studien über die Malayischen Sprachen haben mir das Herz schwer gemacht. Man muß gründlicher unsere alte Geschichte kennen, und die Sprachen sind die einzigen Denkmäler unserer Völker=wanderungen. Es ist ärgerlich, daß die Wurzel von allem das Sanskrit ist, an das zu beißen ich noch nicht den Dünkel habe. Ritter's Erdkunde und Vorhalle europäischer Völkergeschichten werden Dir zeigen, wie wir Deutsche die Sache behandeln! Wie es auch sein mag, ich habe mein Isländisch selbst mit Hilfe des Dänischen, das mir geläufig ist, viel schwieriger zu verbauen gefunden als ich es er=wartet hatte.

Ich habe meinen Sohn impfen lassen und alles ist vorzüglich gegangen, selbst ohne Beunruhigung von Seiten meiner lieben Antonie."

8) An denselben (31. Januar 1821):

„Ich lebe in einer Welt, die Dir absolut fremd ist, und kann daher nur von mir sprechen, welcher Stoff bald erschöpft ist. Ich lese, schreibe, singe, fühle und denke in einer Sprache, die Dir fremd ist. Hierbei die Anzeige meines Werkes. Wir sind in allem langsam, nichts bei uns scheint vorwärts zu gehen und dennoch kommen wir vorwärts. Aber man hat Zeit, zehnmal seine Gedanken und seine Werke zu vergessen, wenn man sie endlich eines Tages erscheinen sieht. Literatur wie Politik halten gleichsam Schritt."

9) An seine Schwester Lise (März 1821):

„Ich habe, wie Du mir anempfahlst, Chateaubriand gesehen. — Ich habe ihn bei sich und ihn bei mir (denn er hat mir meinen Besuch erwidert) gesehen, aber nicht da wo man ihn sehen müßte, in einem Salon von Paris, ein Terrain, welches ihm hier gänzlich fehlt.

Unter uns, meine Liebe, er hat schlecht reussirt, und er tritt schlecht auf um zu reussiren.

Er ist ungeschickt, er sucht und findet seinen Aplomb nirgends. Er weiß weder wo er ist, noch was er ist. Er wiederholt unabläßig, daß es das erstemal ist, daß er nach dem Norden kommt, und stellt Vergleiche auf mit dem Norden und Frankreich, das will heißen mit Paris. — Es ist gerade so, als ob man einer Frau sagt, sie sei alt, wir sind alle bekanntermaßen im Wendepunkt des Alters, und zwischen Norden und Mittag. Niemand ist alt und Niemand ist von Norden. Der Norden! pfui doch! Ein Gesandter darf den Leuten, auf die er einen guten Eindruck machen will, nicht sagen, daß sie vom Norden sind. — Mir eine Staatsvisite zu machen, ist auch ungeschickt. Das ist des Guten zuviel. Seine Excellenz der Staatsminister von Humboldt kommt um bei mir zu arbeiten, das ist in der Ordnung, aber Chateaubriand hatte da nichts zu suchen. Ich habe ihn nicht so sprechen hören wie er schreibt. Unser General v. Müffling (einst Gouverneur von Paris und seiner Zeit eine Bekanntschaft von Charles) sagte mir, er habe ihn gehört und sich darüber ergötzt, — ich hätte wohl zuhören mögen.

Frau v. Staël war ganz anders bedeutend, ganz anders groß als Chateaubriand; sie überwältigte. Man konnte nicht schlechter den Erwartungen entsprechen, die man sich von der Hauptstütze einer Partei, von dem Chef einer Fraktion, zu machen berechtigt ist, zumal in einer Zeit wie die, in der wir leben, und in einem Lande wie in Frank= reich, von wo das Geschrei einer Katze, die man gepeitscht, in alle vier Himmelsgegenden der Welt erschallt. — Ver= hüte Gott, daß der allgemeine Krieg, den man in Italien zur Erhaltung des Friedens beginnt, uns nicht zu früh überrascht."

10) An seinen Bruder Hippolyt (4. Juni 1821):

„Mein Ernst hat zwei Zähne und schreit, daß man es weit hört, öfter aber lacht er. Glücklich der, dem es Vergnügen macht, an der Wiege seines Sohnes seine Ge= danken niederzuschreiben. Du siehst, daß ich mit meinem Geschick zufrieden bin. Wenn ich das Geschick meines Sohnes bestimmen könnte, so wünschte ich, daß es ungefähr wie das seines Vaters wäre, daß er sich aber bei Zeiten daran machte und nicht so lange zu laviren brauchte ehe er den Hafen verließe und seiner Carrière folgte. Mag er anfangen was er will, aber er möge es gut machen, möge er werden was er will, aber das auch ganz und gar, und nicht nur dem Namen nach. — Schuhmacher oder Dichter, aber er sei einer der ersten seines Standes, und nicht ein obscures Mitglied desselben. Möge er treiben was er wolle, aber er fasse es tüchtig an und sei mit ganzem Herzen dabei. — An uns ist es nur, ihm Sprachkenntniß beizubringen und ihn reisen zu lassen. Wie ich Dir sagte, ich lasse meinen Gedanken an der Wiege meines Sohnes freien Lauf. — Schreit uns nicht die Geschichte unserer Zeit laut genug zu, daß unsere eigenen Thorheiten für uns selbst nutzlos begangen, warum behaupten, daß unsere Kinder ihnen Rechnung tragen werden! — Jeder begeht die seinigen. Suum cuique."

11) An denselben (7. Dezember 1823):

„Ich werde Dir von dem erzählen, wovon hier alle Welt spricht, von dem feierlichen Einzug unserer Kronprinzessin. Die Heirath ist durchaus eine Neigungsheirath. Die Verschiedenheit der Religion war ein schwer zu beseitigendes Hinderniß. Der König hat lange seine Einwilligung verweigert, und der Kronprinz hat seinerseits jede andere Partie beharrlich ausgeschlagen. — Es ist wahr, die katholischen Provinzen könnten sich Hoffnungen machen, die zu nähren man wohl nicht gewillt sein dürfte, während andererseits unter den Protestanten sich Träumer befinden, die seit lange daran glauben, daß die Jesuiten ihre Intriguen spinnen, um aus unserm Monarchen einen Proselyten zu machen, und meinen, die Inquisition sei vor der Thür. Die Sache hat sich endlich so gemacht, daß die

Prinzeſſin im Innern ihrer Gemächer ihr Glaubensbekennt=
niß ablegen wird. Die Freude unſers liebenswürdigen
Prinzen zeigte ſich auf hinreißende Weiſe, und man ſah
am Tage des feierlichen Einzugs der Prinzeſſin, wie auf=
richtig die Maſſe der Bevölkerung daran Theil nahm, es
war nicht wie ſo oft ein Triumph von den Zeitungen ge=
macht oder von einer Partei ausgehend. Mann kann unter
die glücklichen Ereigniſſe, die dieſer Tag mit ſich brachte,
die Annäherung zählen, die er zwiſchen dem Monarchen
und den Studenten bewirkte. Deutſchland bot ſeit Karls=
bad das eigenthümliche Schauſpiel, daß die Regierungen
die heranwachſende Generation, auf die ſich doch ihre Macht
ſtützen muß, mehr oder weniger feindlich behandeln.

Die Studenten wollten ihrem Herkommen nach der
Kronprinzeſſin ein Vivat bringen, alle Autoritäten der Po=
lizei hatten die Erlaubniß verweigert, und ſo war es der
König ſelbſt, der, von ihrem Vorhaben erfahrend, befahl,
ſie gewähren zu laſſen. — Am Morgen des Feſtes be=
grüßten ſie durch lebhafte Zurufe den König und die
Prinzen, die an der Tribüne, die ſie inne hatten, vorbei=
kamen, ſpäter die Prinzeſſin bei ihrem Einzuge, ſobaß ihre
Freude auf das Günſtigſte den Geiſt, der ſie beſeelte, be=
zeugte. —

Als ſie am Abend in feierlichem Aufzug mit Fackeln
ihr Vivat brachten, war es wieder der König, der den Be=
fehl gab, ihre Deputation vorzulaſſen. Ihr Redner ſprach
hinreißend; und ſeine mächtige Beredtſamkeit machte eben=
falls auf den König einen günſtigen Eindruck, wovon er
ihnen Beweiſe gab. Die Prinzeſſin hat allgemein gefallen,
ſie iſt voll Liebenswürdigkeit und Anmuth.

Was ich jetzt hinzuzufügen habe iſt die Schattenſeite

des Bildes. Am Abend bei der Illumination drängte sich die Masse, die schlecht dirigirt war, auf einer Brücke zusammen, und viele Menschen kamen dabei ums Leben. Am andern Morgen stellte man gerichtlich fest, daß es 23 Leichen waren. Eine noch größere Zahl von schwer Verwundeten wurde in verschiedene Hospitäler und in die Charité gebracht, die Zahl der in ihren Familen befindlichen sind unbekannt geblieben, verschiedene Personen werden vermißt, und Fremde sind noch nicht in ihre Wirthshäuser zurückgekehrt. Man weiß, daß der König tief ergriffen von diesem Unglück war, und daß die Prinzessin noch am selben Tage davon in Kenntniß gesetzt worden ist. — Wird man es glauben? Die Polizei verbietet jede Veröffentlichung, und untersagt selbst Denen, die Angehörige zu beweinen haben, die üblichen Anzeigen in den öffentlichen Blättern. — Was ich bewunderungswürdig finde und was die Folge dieser Maßregel wäre, ist, daß die Stimme des Volkes nicht die Zahl der Todten auf Hunderte oder Tausende bringt, und daß in unserer Stadt, wo man von nichts anderem, als von diesem unglücklichen Ereigniß spricht, und an dem Jeder mehr oder weniger interessirt ist, die geschriebenen Listen, die umhergehen, genügen, um die Wahrheit bekannt zu machen, und die Uebertreibung zu verhindern. Diese willkürliche Erdrückung hat nun den Erfolg, die Autoritäten, von denen sie ausgeht, mit Gehässigkeit zu bedecken.

Ich hatte die verhängnißvolle Brücke wenige Minuten vor dem Ereignisse mit Frau und Kind passirt.

Ich werde noch einige für unser Volk wenig günstige Züge hinzuzufügen haben. Die Privathäuser haben sich alsbald geöffnet, um die Erstickten todt oder sterbend aufzunehmen, alles was die mitleibige Theilnahme zur Unterstützung der Unglücklichen herbeischaffte, verschwand sogleich, und die Zimmer, in denen sie aufgenommen, wurden ausgeplündert. Selbst Wundärzte sahen sich ihrer Instrumente beraubt, und alle Leichen fand man ohne Geld und Uhr. — Der Vandalismus und der plumpe Barbarismus dieses selben Volkes hat sich in seinem Licht gezeigt. — Bei der Illuminution am Abend zeichnete sich die Decoration der Akademie aus und bot Jedem, der Sinn für die Kunst hat, ein wahrhaft süperbes Schauspiel dar. Transparente, Gemälde schmückten die Front, während in den Fenstern im Innern der untern Etage die Gypsabgüsse der antiken Statuen, auf die wunderbar effektvollste Weise beleuchtet, aufgestellt waren. Kann man es glauben, Apollo, der Fechter 2c. haben das Volk nur zu schmutzigen Gemeinheiten begeistert. Die Beleuchtung sollte sich am nächsten Abend wiederholen; die der Akademie unterblieb."

12) An seine Schwester Madame d'Engente
(6. Januar 1824):

„Ich begreife es, meine Briefe haben wenig Interesse für Euch, ich begreife auch, daß meine Art, die Dinge anzusehen, und meine düstern Ahnungen, die ich nicht immer verschweigen kann, Euch auf unangenehme Weise berühren können, und zögere deswegen immer, Euch das Porto für meine Wische zahlen zu lassen. —

Sei es wie es wolle, meine liebe Freundin, ich überschütte Dich mit den Klagen meines Verlassenseins, und flehe Dich an damit ein Ende zu machen. — Erwartet Ihr etwa den Ausgang einer Krankheit, um mir davon Anzeige zu machen?

Ich hätte gern, meine Gute, Dir zu Neujahr unter lachenderen Aussichten schreiben mögen. Ich habe nur gute Nachrichten von meiner kleinen Colonie zu geben. Ich selbst huste. Der Winter ist für mich immer eine Krankheit, die zu überwinden ein ganzer Sommer nothwendig ist. Die Gesundheit meiner lieben Antonie befestigt sich und meine Kinder gedeihen gut. Ernst steht in seinem vierten Jahr und ist gottlob sehr kräftig, wäre es nicht mein Kind, so könnte ich viel zu seinem Lobe sagen. Was sein Gesicht anbetrifft, so ist es ein Engel Raphael's. Bei seinem Toben, dem wir keinen Zwang anthun, entwickeln sich seine geistigen Fähigkeiten. Kein Miethling steht zwischen ihm und uns, seinen Eltern; wir besitzen sein Vertrauen und seine Liebe. Er ist gelehrig, wahr und aufgeweckt. Max (jetzt ein und ein halb Jahr alt), dessen früheste Kindheit sehr durch die Krankheit und langsame Erholung meiner lieben Antonie zurückgeblieben, holt jetzt das Versäumte sehr schnell nach, indem sich seine physischen Kräfte schnell entwickeln; er spricht jetzt schon viel und verständig für sein Alter und macht geistig bemerkenswerthe Fortschritte. Meine liebe Schwester, die botanischen, wissenschaftlichen oder literarischen Neuigkeiten unserer fremden Welt interessiren Dich nicht. Berlin ist nicht der Platz, um politische Neuigkeiten zu hören; Berlin von heute ist nicht das, welches Du gekannt hast, ich würde kaum einige Namen finden, deren Du Dich noch erinnern würdest."

13) An seinen Bruder Hippolyt (21. Juni 1823):

„Dein Brief ist mir ins Exil nachgeschickt und hat mich sehr bewegt. Gewiß, wir wollen uns nicht aus dem Auge verlieren, sondern uns enger aneinander schließen nach unserm Verlust, den wir nicht mehr in unserm Alter ersehen können. Es gibt nur ein Alter, in dem man Freundschaften schließt, und das ist das, wo wir uns selbst entwickeln. Sind wir erst entwickelt und haben unsere Eigenthümlichkeiten angenommen, so schließt man sich nicht mehr an. Du bist nicht mehr allein mein Bruder, sondern auch mein Lehrer und Beschützer gewesen, und nach dem Gesetz der Natur mußt Du mich in Anbetracht der Sorgen, die ich Dir gemacht, ebenso lieben wie ich Dich.

Hier in Greifswald bin ich denn für Barometer=Beobachtungen auf drei Wochen eingeschlossen und langweile mich. Es ist ja das erstemal, daß ich meine Familie verlassen habe. Nachher werde ich Rügen besuchen, wohin die schöne Welt unserer Städte zu gehen pflegt, um das Meer und einige weniger einförmige und magere Natur als unsere Sandgegenden zu sehen. Man hat mir übrigens hier einen sehr schmeichelhaften Empfang bereitet. Ein Prophet gilt nichts in seinem Vaterlande. Hier hatte man den Artikel im Conversationslexikon über mich gelesen.

Ich freue mich über das, was Du mir von Deinen Kindern sagst. Ja in der Familie muß man glücklich sein. Ich bin mit meinen Kindern noch nicht so weit, aber sie sind in dem Alter (der älteste — Ernst — zumal), mehr wahre Freude als Sorge zu bereiten, und ich gebe mich ganz dem Genusse der großen Liebenswürdigkeit meiner Kinder hin (verzeihe meinem Vaterherzen diesen überwallenden Ausdruck). Ernst ist stark und kräftig, weiß viel aus sich heraus zu sprechen, öfters äußerst nett, öfters noch unverständlich, er ist fast schon mein Kamerad und leistet mir hilfreiche Hand, holt mir die Pantoffeln, ruft mich zum Essen, bringt mir die Pfeife, stopft sie dürftig u. s. w.

Er hat großen Respect vor meinem Tabuzimmer (mein Studirzimmer), wo er um keinen Preis etwas anfaßt, aber immer hinein geht, so oft er nur kann und sich staunend umsieht. Geht er spazieren, so bringt er mir Pflanzen mit. Ich hoffe, es wird ein tüchtiger Kerl aus ihm werden, und ich wünsche ihm, daß er die Welt sehen möge, wie ich es gethan, und daß er seine Freude daran finde. Mein Zweiter, Max, ist noch etwas zurück durch Krankheit seiner Mutter und das Unglück, daß über seiner Wiege hereingebrochen; ein Jahr alt konnte er noch nicht gehen und noch kein Wort sprechen. Ich habe ihn aber in sehr schneller Entwickelung verlassen und gebe mich auch seinetwegen den freudigsten Hoffnungen hin.

Antonie war ganz wohl, und befindet sich bei ihren Eltern, oder bei unserm väterlichen Freund Hitzig, dessen Namen Du zu verschiedenen Zeiten meines Lebens oft gehört hast. Ich wohne hier sehr angenehm im botanischen Garten der Universität. Die Professoren geben mir heute ein Fest und zwar im Hörsaal des Gartens, damit ich mein Observatorium im Auge behalten kann."

14) An denselben (6. Februar 1824):

„Dein Brief, mein Freund, ist ein Glaubensbekenntniß: Es gibt nur einen Gott und Mahomed ist sein Prophet! Gut, dagegen ist nichts zu sagen. Du siehst nur Heil und Segen in dem starken Königthum, ja selbst absolute Willkürherrschaft in einem Richelieu, Cromwell oder gar in einem Dubois! — Wenn ich Dir nun vorwerfe, Du seiest unconsequent! Der Tyrann!! Woher diese Bitterkeit? Bonaparte ist der einzige Mann, der in der That das gewesen ist, was Du willst. Dein Ideal ist sein

Gouvernement. Wenn ich Dich daran erinnerte, daß es überall Ausgleichungsmittel gibt. Man hat im Serail die seidene Schlinge, bei den Russen die Schlagflüsse und bei andern Christen die Revolutionen. Ich liebe die Revolutionen nicht, und es gefällt mir nicht, daß man sie provocirt. Verbrennt Eure Charte, gebt die Asche dem Winde preis, so bin ich der Ueberzeugung, wie auch die Geschichte aller Republiken und aller alten und neuen Senate ist, daß es mehr Sicherheit gegen die Revolutionen in den Vereinigten Staaten Amerika's als in unserm alten Europa gibt, und selbst wohl zu alt, um dorthin zu gehen, denke ich doch ernsthaft daran, dort meinen Kindern ein Asyl zu bereiten. — Soll ich Dir zu Deinem Glauben Glück wünschen? Alles geht nach Wunsch. Eure Wähler von heute, die Ihr sich nicht selbst überlaßt, werden Euch eine Kammer geben — eine Kammer, die Du vielleicht für den Wohlfahrts=Ausschuß (ganz rechts Roland) ansiehst. Auf dem Wege, den Ihr eingeschlagen, bleibt der König hinter seinem Ministerium, das Ministerium hinter der Partei, die es gestürzt und die es mit sich gerissen, zurück, und dessen erstes Werk es vielleicht sein wird, es zu stürzen. — Diese Kammer wird nicht so leicht ihre Macht aufgeben. — Schon habt Ihr geduldet, daß die Kammer der Deputirten durch einen revolutionären Akt, ich habe dies Wort wohl erwogen, sich eine Gewalt anmaßte, die die Charte, die Theorie, der gesunde Menschenverstand ihr abspricht. Wo ist da der Zuwachs der königlichen Macht? Ich spreche von der willkürlich ausgesprochenen Ausschließung des Deputirten Gregoire. Man mußte augenblicklich diese Kammer auflösen. Man hat es nicht gethan. Die Ausschreitungen sind nun zu Recht bestehend und diese Kammer wird es gelegentlich nicht vergessen."

15) Stellen aus einem Briefe an denselben (10. Dezember 1826):

"Berlin vergrößert sich, der allgemeine Wohlstand steigt, mit ihm der Luxus. Gasbeleuchtung zählt unter die schönsten Arbeiten der Engländer. Ernst besucht die Schule und befindet sich wohl, Max hat viel Kraft, Charakter und ist im Ganzen leicht zu erziehen, dabei hat er für uns ebensoviel Liebe, als Liebenswürdigkeit, Originalität und Verstand gerade wie Ernst. Es sind zwei prächtige Kerle. Meine liebe Antonie hat leider nicht mehr die kräftige Gesundheit von früher."

16) An denselben (5. Oktober 1828):

"Wir haben den jährlichen Congreß der deutschen Naturforscher hier gehabt und in seinen Reihen Vertreter fast aller Nationen der Erde, von der französischen wie gewöhnlich. 400—500 Personen waren zusammen, mehr ermüdend als erquickend, denn — die sich in der Menge suchten, konnten sich kaum finden. Wissenschaftliche Sitzungen füllten die Zeit von 8 bis 3 Uhr aus, die Hälfte des Tages splendite Bankets, der Rest ging so darauf. Der König, die Großen, die Reichen geben uns Feste, der Kronprinz hat sich unter uns bewegt. Die Vorstellung und die Schaustellung ließen nur wenig Zeit zur Gemütlichkeit übrig. Indem mir der Kronprinz (später König Friedrich Wilhelm IV.) begegnete, stellte er mich mit der ihm eigenthümlichen Originalität zur Rede und fragte mich, ob ich es der Mühe werth hielte, mich seiner zu erinnern,

er sprach von meinem Ruf nach Napoleonville, von meinen
Siebenmeilenstiefeln ꝛc. Ich antwortete auf dieselbe heitere
Weise, deutete auf meine grauen Haare, sagte ihm, meine
Stiefel seien an den Nagel gehängt, ich hätte Wurzel ge=
faßt, hätte Frau und Kinder ꝛc. Der Kronprinz war wie
immer äußerst huldvoll und gnädig gegen mich, er ging
wiederholt auf mich zu und entzückte mich immer von
Neuem durch die nur ihm eigene unnachahmlich anmuthige
und geistvoll=fesselnde Art der Unterhaltung. — Endlich
hatte sich die Masse verlaufen und ich kehrte zu meinen
gewohnten Beschäftigungen zurück."

17) An denselben (11. Januar 1829):

„Meine männlichen Trabanten entwickeln sich physisch
und moralisch, sie fangen an zu lernen. Man sagt, nur
der erste Schritt sei schwierig. Ich mache keinen Plan für
ihre Zukunft, die Welt, in der sie leben werden, wird ohne
Zweifel eine andere als die unsrige sein, und anders als
wir sie jetzt sehen. Alles geht vorwärts, ohne daß man
es bemerkt, und die Pläne, die man für mich in Boncourt
machte, haben zu nichts dienen können. Ich möchte meine
Kinder in den Stand setzen, wie sich auch die Verhältnisse
gestalten möchten, ihren wahren Beruf, was mir erst nach
tausenderlei Verzögerungen zu thun gelang, richtig zu
erkennen, zu ergreifen und festen Fuß in der Welt zu
fassen. Ich halte nichts für beständig, rechne auf kein
Vermögen, und die erlangten und entwickelten Fähigkeiten
sind noch immer das Sicherste, obgleich sie von tausend
äußeren Umständen abhängen. Einen Schlag auf den Kopf
und das größte Genie wird schwachköpfig. Mein kleines
Töchterlein wächst, kräftigt sich und wird liebenswürdig,

welcher Unterschied selbst in diesem Alter zwischen einem
Mädchen und einem Jungen! Ich hätte das nie gedacht!"

18) An denselben (31. Mai 1829):

„Ich habe immer dieselben Beschäftigungen. Botanik
und als Luxus ein bischen Poesie. Man hat mich durch
Beifall verdorben, kann ich wohl sagen, aber um daran
nichts zu verderben, muß ich nicht mit zu großer Sicher=
heit an die Arbeit gehen, und muß mehr darauf bedacht
sein meinen Ruf zu erhalten, als ich es war, ihn zu er=
langen. Byron, dem die Buchhändler zwei Guineen für
den Vers gaben, schrieb des Morgens einige Hundert und
strich des Abends die Hälfte wieder aus; und somit muß man
ihn besonders in seinem Abend bewundern und nachahmen."

19) An denselben (19. Juli 1829):

„Die Feste, die bei der Anwesenheit des Kaisers und
der Kaiserin von Rußland stattgefunden, haben uns so wie
Euch nur durch die Zeitungen berührt, man konnte jedoch
bemerken, daß die aufrichtige Liebe, deren sich unser ganz
vortrefflicher, erhabener und charakterfester Monarch (König
Friedrich Wilhelm III.) so rechtmäßiger Weise erfreut, sich ganz
ungezwungen bei dem Familienfeste, welches dem des Hofes
voranging, darthat; denn unsere Herrscher leben unter sich
wie ehrliche Menschenkinder, und die Bande echter Ver=
wandtschaft und Freundschaft bestehen für sie in der Wirk=
lichkeit. Unsere Hohenzollern sind Fürsten, vor denen jeder
respektvoll den Hut abnimmt; denn ihre größte Lust ist,
auf das Gewissenhafteste ihre hohe Regentenpflicht zu er=
erfüllen, sie lieben ihr Volk, denken und wirken für sein

zeitliches und ewiges Wohl und haben ein großes Herz voll Liebe und edler Uneigennützigkeit."

20) An denselben (11. Oktober 1829):

„Ich weiß, daß es nicht die Jacobiner sind, die mir böse Träume verursachen, wohl aber zum öftern eine andere Sorte von ergebenen Personagen, die einen absoluten König, aber unter der Bedingung, daß er ihren Willen thut, ver= langen, welcher Wille weit reichen kann, denn wir haben gesehen, daß sie weder zufrieden waren mit ihrem Ferdi= nand, noch mit ihrem Don Miguel, einem Könige ganz nach ihrer Façon und Helden des Tages. Indessen hat mich Eure ministerielle Revolution, wie niederschlagend sie auch für mich war, nicht allzusehr erschreckt, ich habe Zutrauen in Eure Institutionen, die ich für stark halte, und die sich, wie ich glaube, unter dem erbärmlichen Ministerium selbst ausgebildet haben. Es gibt Dinge, die sich nicht mehr machen lassen. Eure Leute von heutzutage werden keine Kanonen mit Kartätschen geladen herbeiholen oder werden sie auch nicht finden, um gegen die Kammer zu marschieren und werden sich schon vor der Adresse zurückziehen. Sollten sie dieselben dennoch finden, so wäre dies sicherlich um schöne Dinge wieder aufzunehmen, selbst die Guillotine. Bei allen Revolutionen, die Ihr haben werdet, schiebe ich die Schuld den Angreifern zu. Doch wir sehen sie bereits feige nach= geben und von Mäßigung sprechen.

Ich möchte wissen, ob Du noch einige Portraits von mir erhalten hast. Die Originalzeichnung ist von Ritschel, einem Schüler, der bei der letzten Preisbewerbung den ersten Preis in der Sculptur davongetragen, es ist ein schöner Studienkopf, das beste Bild was man von mir ge=

macht hat, es vereinigt, ohne zu schmeicheln oder zu verjüngen, Aehnlichkeit mit Charakteristik, aber Oldermann (die Gebrüder Gropius haben es veröffentlicht) — hat es, indem er es auf den Stein übertrug, verwischt, und ihm Kraft und Ausdruck genommen.

Ich stehe immer noch mit dem einen Fuß in der Botanik, mit dem andern in der Literatur. Wir gründen in diesem Augenblicke eine Gesellschaft für fremde Literatur, wir werden lesen und Kenntniß nehmen von dem Bedeutendsten, was in England, Frankreich, Italien, Spanien, Dänemark und Schweden erscheint. Ihr werdet dort eben so heimisch sein wie bei Euch. Ihr seid doch noch ein wenig zurück, um uns Gleiches mit Gleichem zu vergelten. Es wird aber dahin doch noch kommen. Neulich hatte ein Spaßvogel in das Album der Bibliothek die Namen Victor Hugo und Delavigne eingeschrieben. Von hier kamen die Namen in die Zeitungen und die Mystifikation war vollständig, jeder suchte Eure berühmten Leute in Berlin, ohne sie finden zu können. Man hat sich öfters an mich gewandt in der Voraussetzung, ich müßte das Band sein für die zwei Autoren. Der Kronprinz hat sie suchen lassen. Da hast Du ein Beispiel, was Eure Leute bei uns gelten.

Wir befinden uns ungeachtet dieses kalten regnerischen ungesunden Sommers, während dem Fieber, die viele Menschen hinweggerafft, herrschten, sehr wohl.

Antonie hat sich nie einer kräftigeren Gesundheit erfreut, unser Ernst entwickelt sich weiter prächtig und ist sehr liebenswürdig. Die Jungen sind ziemlich schwer zu lenken, besonders Max, dem ich viel Fähigkeit und Charakter zutraue, der aber auch ein recht böser Strick ist und bis jetzt noch keinen Geschmack am Lernen gewonnen hat, während

Ernst schon am Latein ist, und von Zeit zu Zeit Beweise von gutem Willen liefert. Ich wünsche Dir von ganzem Herzen Glück über die Befriedigung, die Dir Deine Kinder gewähren. Du bist ein glücklicher Vater und das will viel sagen.

Ich werde Dir gestehen, daß ich außerhalb meines häuslichen Glücks doch nicht so ganz unempfindlich für den Genuß der Eigenliebe bin.

Ich gestehe ferner, daß ich in dieser Beziehung wohl wünschte, mein Erfolg könnte bis zu Euch reichen, damit ich aus Liebe für den Namen meine Familie einiges Vergnügen darüber empfinden könnte. Ich muß mich darauf beschränken, dieses Andenken meinen Kindern zu hinterlassen. Doch ich will mich nicht lächerlich machen, selbst die Posaune meines Ruhmes zu sein."

21) An denselben (am 4. Dezember 1829):

„Man kann beinahe sagen, unsere alte Erde wäre drauf und dran, ihre natürliche Wärme zu verlieren. Wir haben keinen Sommer gehabt, und jetzt hat bereits der Winter mit einer Strenge begonnen, die das gewöhnliche Maß der größten Kälte übersteigt.

Es wären nur drei Jahre einer sich so steigernden Kälte nöthig, um bei uns das Menschengeschlecht zu vernichten. Dessenungeachtet setze ich meine Lebensweise fort. Ich lebe nur in der Familie, indem ich mit der Außenwelt nur durch einen Verein literarischer Freunde, der sich einmal wöchentlich versammelt, in Verbindung bin, außerdem noch ein fünftes Mal im Monat, um die fremden Literaturen zu verfolgen. Ein Musenalmanach vereinigte früher alle deutschen Dichter, und Freunde der Poesie fanden in dieser periodischen Sammlung die Erndte des Jahres. In der letzten mehr politischen als poetischen Zeit hat dieser Gebrauch aufgehört. Die Almanache haben sich vervielfältigt, aber nur als Luxusartikel, wo Bilder und Einband im Vordergrund und die Poesie ganz Nebensache ist.

In diesem Jahre ist man zur alten Sitte zurückgekehrt, und von unserm Patriarchen Goethe herab zu den novi homines haben alle Dichter ihren Theil geliefert, sodaß zwei Bände herausgekommen sind. Die Freunde der Literatur und die Kritik haben mit Beifall das Aufwachen der Poesie begrüßt, und alle literarischen Blätter haben sich mit dieser Sammlung beschäftigt. Alle Stimmen, die ich bis jetzt habe hören können sind darüber einig, einem Gedicht von mir — „Salas y Gomez" den Siegespreis zuzuerkennen. Wir haben Euren poetischen Almanach von diesem Jahre gelesen und haben mehr Versmacherei als Poesie darin gefunden. Nur zwei Gedichte fanden wir beachtenswerth. Das eine, die Großmutter von Victor Hugo, habe ich übersetzt. Wir haben seinen Cromwell gelesen, sind aber sehr wenig befriedigt. Ich unterstelle, daß Du in dem Streit, der sich unter Euern Schriftstellern entspinnt, Partei für die Klassiker und für den alten guten Geschmack nehmen wirst. — Ich möchte mit Voltaire sagen, alle Arten sind gut, ausgenommen die langweilige Art, die aber zu vermeiden, ist sehr schwierig. Auf dem Gebiet der Politik versteht es sich von selbst, daß wir uns nicht verstehen. Ich kann die Revolution nicht da sehen, wo Du sie siehst. Wenn sie da wäre, würde sie nicht der Herausforderung entsprochen haben. Was sie hätte thun müssen, war, die Minister zu nehmen und sie in die Seine zu werfen. Ich sehe die Liberalen im Gegentheil auf dem Boden der Charte, der für mich der legitime ist."

22) An denselben (am 26. Dezember 1829):

"Ich wünschte Dir melden zu können, wir befänden uns alle wohl. Dießmal ist es aber nicht ganz so. Ein Unwohlsein, ohne ernste Folgen übrigens, hält Antonie im Bett, und verleiht diesen Feiertagen (Fest für Familie und Kinder) einen ruhigeren Charakter als gewöhnlich. Im Uebrigen befinden sich meine Kinder, Jungens wie Mädchens, wohl, wachsen und treiben ihr Spiel, jeder auf seine Art.

Ich brauche Dir nicht zu sagen, daß es kalt ist. Ihr habt auch Euer Theil, und seid weniger darauf vorbereitet. Der Winter tritt auf grausame Weise auf, doch wir müssen gestehen, daß es auch nöthig ist, um uns vor der Pest zu schützen, die von Südost aus Europa bedrohte."

23) An denselben (am 21. Februar 1830):

Wir befinden uns alle wohl. Ich könnte damit meinen Brief schließen. Wenn man sich daran gewöhnt hat, alle Tage mit einander zu plaudern, so hat man sich auch alle Tage etwas zu sagen. Der Faden reißt nie ab, aber nach so langer Zeit ist man nicht mehr im Zuge, und wenn das Leben angenehm und einförmig ist, hat man nichts Interessantes mitzutheilen. Sprechen wir von Regen und gutem Wetter. In diesem Jahre gibt es einen Winter für den Liebhaber, und Ihr habt auch Euer Theil gehabt. Er dauert für uns von Anfang November ohne Unterbrechung, wir hatten gewöhnlich 10° Reaumur und sind selbst bis auf 22° gekommen. Wir haben seit einigen Tagen einen Anfang von Thauwetter gehabt, das aber noch nicht den Schnee von den Dächern entfernt hat; er bedeckt noch die Erde einen und einen halben Fuß hoch, und der Frost hat ihn wieder fest gemacht. Der Süden hat am meisten gelitten und wir sind um Eure Weinberge und Oliven besorgt. Wir haben weniger zu verlieren. Ich bin ein Freund des Sommers, habe indessen weniger als in vorhergehenden Jahren gelitten, und meine kräftige Gesundheit widersteht Allem. Im Allgemeinen tötdet der Winter nicht, er macht nur stille stehen, zurückgehen, das Leben unterbrechen. Das ist für uns, die wir auf kleinem Fuße leben, dasselbe, was für den größten Theil der Thiere und Pflanzen der Winterschlaf ist. Im Süden lebt man mehr und schneller; man stirbt aber auch früher. Die Reife ist auf 12 oder 14 Jahre verfrüht, und das Abfallen im gleichen Maße. Es ist nur die Brust, nur das System der Einathmung, welches gefährlich getroffen wird. Wir können annehmen, daß dieser Winter Europa vor der orientalischen Pest, die es heimzusuchen drohte, geschützt hat. Mein Mitarbeiter, diesen Winter an der Brust leidend, hat einige Unterbrechungen in unsern botanischen Arbeiten verursacht, und ich habe meine Musestunden der Poesie zugewandt. Man verlangt von verschiedenen Seiten, daß ich meine Gedichte sammle, die, wie es bei uns Gebrauch ist, in Zeitungen, Almanachen ꝛc. erschienen sind, da ich aber bereits über vieles für die Sammlungen von 1831 verfügt habe, so schiebe ich auf 1832 die verlangte Sammlung auf. Man setzt meine Gedichte in Musik, die Declamateurs tragen sie vor ꝛc. Was die französische Literatur betrifft, so haben wir den Cromwell gelesen, an dem wir nur die Vorrede interessant gefunden haben Euere Gedichte oder sogenannte literarische Werke sind im Allgemeinen nichts als Politik en papillote."

24) An denselben (am 20. Mai 1830):

„Wir befinden uns alle wohl, und ich an der Spitze bereite mich ganz lustig darauf vor, mein erstes halbes Jahrhundert zu vollenden. Ich kann mich nur nach und nach daran gewöhnen, nicht mehr zur Jugend zu zählen, und bin jedesmal verwundert, wenn es mir passirt, daß ich der älteste in der Gesellschaft bin, was doch schon auf dem Rurik vor 15 Jahren der Fall war. Die Sonne erwärmt uns, die Gewässer fließen, die Natur wird grün, die Nachtigallen singen, und wir haben die schöne Jahreszeit. Ich wünsche Dir, Dich derselben in Deinem Eigenthum nach Herzenslust zu erfreuen. Im Eigenthum! — Mein Beruf und mein Vermögen versagen mir immer ein Eigenthum, das zu besitzen ich immer als die befriedigendste Lage, die ich mir nur denken kann, betrachte. Gewinne unter den Bäumen, die Du gepflanzt hast, und in Deinen schattigen Lauben „Deine Kraft und Gesundheit wieder, die Du in dem Strudel von Eurem Paris eingebüßt hast."

25) An denselben (am 21. August 1830):

„Der Winter rückt heran, und diesmal rufen wir ihn herbei, anstatt ihn zu fürchten, er wird einen Stillstand in der Verbreitung der Cholera, die Du mehr als wir zu fürchten scheinst, herbeiführen, und wenn die armen Polen den Winter erst hätten, so möchte ich sie halb gerettet glauben. Dann haben sie Zeit gewonnen, und das ist ein guter Bundesgenosse in allen Lagen des Lebens. — Inzwischen halten wir Kindtaufen und Hochzeiten, als ob nichts passirte. — Ich werde Dich nicht von Euerer Lage unterhalten, die ebenso für uns wie für die Welt gilt. — Ich glaube immer noch, daß Alles gut ablaufen und sich friedlich abwickeln wird, ich glaube, daß Euere Armee nur einen Friedensmarsch gemacht haben wird. Die Abstimmung über die Adresse wird von großer Wichtigkeit sein, ich glaube, daß sie mit großer Majorität durchgehen wird, ich wette zwei gegen eins darauf. Die Rede von Guizot und der Empfang, den er gefunden, sind von guter Vorbedeutung.

Hiermit wünsche ich Dir Seelenruhe, Gesundheit für Dich und die Deinigen sowie frohe Zuversicht."

26) An denselben (am 31. August 1830):

„Lange genug, lieber Bruder, war es mir peinlich, Dich immer mit meinem direkten Widerspruch, in dem meine Ansichten mit den Deinigen sich befanden, ermüden zu müssen. Heute haben uns die Ereignisse näher gebracht, und ich bekenne Dir, daß ich in diesem Augenblick die Gefahren auf der Seite sehe, wo Du sie zeigest, indessen sehe ich weniger schwarz, ich habe mehr Vertrauen. —

Nach der vollendeten Thatsache Karl's X. habe ich seine Regierung taub oder geduldig daran arbeiten sehen, Eure letzte Revolution vorzubereiten, herbeizuführen, nothwendig zu machen und zu vollenden.

Wenn nun zu allerletzt das Gewissen nicht erwacht ist, so liegt es daran, wie ich Dir wohl schon gesagt habe, daß ich immer glaube, die Dummheit kennt keine Grenzen, und heute noch würde ich mich nicht wundern, einen Narren ausrufen zu hören: ich werde mit meinem Kopfe diese Mauern einrennen. Wenn Karl wenigstens noch diese Ordonnanz erlassen hätte: Die von Louis XVIII. octroirte Charte ist aufgehoben. Karl ohne Gegenzeichnung, und wäre dann zu Pferde gestiegen, so hätte dieser Akt von Narrheit mehr Aussicht auf Erfolg gehabt, und er würde doch wenigstens das Ruder mit weniger Schande aus der Hand gegeben haben.

Alles in Allem erwogen, scheint es mir immer noch, daß Ihr Euch noch Glück wünschen könnt über die Wendung der Ereignisse, wie blutig es auch in dem kurzen Streite hergegangen, der sie entschieden. Wenn aber die Ordonnanzen eine Zeit lang Geltung gehabt hätten? Ich will glauben, daß Eure Dummköpfe darauf gar nicht vorbereitet waren, aber nimm es einmal an und gib der Wahrheit die Ehre. —

Wenn die Ordonnanzen eine Zeitlang Geltung gehabt hätten, so war die Aufgabe der neuen Kammer, dem nothwendigen Gange der Dinge gemäß, die Pairskammer zu decimiren oder decimiren zu lassen, die Präsidenten der Justizhöfe dem Schaffot zu überliefern, ebenso die 221 Deputirte Frankreichs, die Literaten und Journalisten, alle Anhänger und Mitglieder nationaler Vereine. Es wäre zur Vertheidigung der eigenen Köpfe gewesen, daß Eure Minister gezwungen wurden, die der andern abzuschlagen, und der Tag wo die Chateaubriand, die Broglio, die Lafitte, die Fernaux zum Tode geführt wären, würde viel fürchterlicher hereingebrochen sein, als die Tage des Juli, dann würde es Verurtheilung gegen Verurtheilung, Schaffot gegen Schaffot gegeben haben. — Wenn am 24. der alte Karl die Augen zugedrückt, wenn am selben Tage sein Nachfolger die verschiedenen Portefeuilles in die Hand des Herrn Roger Collard gelegt, wenn er am 3. vor der versammelten Kammer die Charte zu beobachten und beobachten zu lassen, geschw ren, wenn er am selben Tage Gemeinde- und Departements-Gesetze angekündigt hätte, Gesetze eben so weit und gewichtig wie die, deren sich Preußen unter einer so einsichtsvollen Regierung erfreut, ein Gesetz um politische wie Preßvergehen unter ein Schwurgericht zu stellen, eine Amnestie für dergleichen Vergehen, ein gerechtes und populäres Gesetz, um schwebende Fragen zu regeln, endlich ein Ministerverantwortlichkeits=Gesetz, wahrlich die Bourbons würden heute noch auf dem wohlbefestigten Throne Frankreichs sitzen."

27) An denselben (am 12. Dezember 1830):

„Der Winter meldet sich durch seinen Vorläufer, Schnupfen und Keuchhusten. Was mich anbetrifft mit meinem halben Jahrhundert und meinen weißen Haaren, so bin ich immer noch der junge Mann, der sich seiner normalen Gesundheit erfreut, für die ich nichts thue, außer wenn Du es anrechnest, daß ich besonders im Herbst oder Winter russische Bäder ein= oder zweimal monatlich gebrauche.

Adieu, mein Guter, ich falle Dir um den Hals und umarme all' die Deinigen. Wir erwarten in einigen Tagen einen Zuwachs der Familie."

Zwölftes Kapitel.

Seit dem Heimgange Antonien's, die seines Lebens Stern und Glück gewesen, verfiel Chamisso körperlich mehr und mehr. Seine physischen Kräfte waren schon seit längerer Zeit sehr gesunken. Die Gesichtsfarbe hatte sich ins Graue verändert, sein Gang wurde unsicher und die Haltung gebückt, so daß die Freunde darum sich sorgten; sie waren seither noch gewohnt, die hohe Gestalt, wenn auch das Haupt etwas zur Seite geneigt, festen militärischen Schritts daher wandeln zu sehen. Chamisso sah seine Auflösung als nahe bevorstehend mit Sicherheit voraus, seinem Charakter gemäß kämpfte er wie ein Held gegen Körperschwäche und Kleinmuth, und unternahm immer neue geistige Arbeiten. So arbeitete er im Sommer 1837 eifrig an dem hawaiischen Lexikon, dichtete im November den armen Heinrich und beschäftigte sich (seit dem Anfang des nächsten Jahres) unter dem Beistande seines Freundes Gaudy allen Eifers mit der Redaction des deutschen Musenalmanachs für 1839 und der Uebersetzung der Béranger'schen Lieder. Ja im Sommer des Jahres 1837 unternahm er auf bringende Aufforderung seiner Verleger, Reimer und Hirzel in Leipzig, im August eine Schnellpostreise dorthin.

Es war die erste Hälfte des Jahres 1838 vergangen, ohne ahnen zu lassen, daß sie dazu bestimmt sei, die traurige Katastrophe herbeizuführen. Unterm 7. Juni, gerade acht Wochen vor dem letzten Erkranken, schreibt Chamisso an be la Foye: „Ich habe geglaubt, es könne mit mir nicht dauern, und dennoch, wie es schon vier Jahre gedauert hat, kann es noch andere vier und noch mehrere dauern." Ja im Juli hatten die Freunde mit ihm in seinem Garten einige der heitersten Abende, und Gaudy, Kugler, Rauschenbusch und Eberhard Friedländer aus Dorpat, die mehrere solche in seiner Gesellschaft zubrachten und um diese Zeit zu bevorstehenden Reisen Abschied von ihm nahmen, fiel es gewiß nicht ein, daß dies für ewig sein solle. Selbst der August begann sehr heiter. Die erste Woche wurde bezeichnend durch das Einlaufen des Ministerialreskripts von Altenstein, welcher Chamisso den erbetenen Abschied unter Belassung des vollen Genusses seines seitherigen Gehalts ertheilte. Chamisso konnte sich nun erfreuen an der Aussicht auf die in ehrenvollster Weise erreichte, so sehnlich erwünschte Ruhe, und gab sich diesem Gefühle unbefangen hin, ohne an die Möglichkeit zu denken, daß sein neues Verhältniß nur wenige Tage bestehen solle. Denn noch am 4. und 6. August führte er folgende Korrespondenz mit Varnhagen über einen Scherz in dem Musenalmanach für 1839:

„Kann wohl das schwache Reis nur aus der gleichen Wurzel gesprossen und nicht blos ein Schatten von dem Puschkin'schen üppigen grünen sein?

Könntest oder wolltest Du mich durch Abschrift von Puschkin mit wörtlicher Uebersetzung in den Stand setzen, wenn mir eine gute Stunde schlägt, eine gute Uebersetzung davon zu liefern? — Ich nehme sie dann Spaßes halber in den Almanach auf — oder noch besser, versuche Du es.

Semler ist heute früh verstorben. Seine Frau liegt in Wochen und weiß es noch nicht!

Guten Abend, alter Freund!"

Am 6. August früh.

Der Rabe fliegt zum Raben dort,
Der Rabe krächzt zum Raben das Wort:
Rabe mein Rabe, wo finden wir
Heut unser Mahl? wer sorgte dafür?

Der Rabe dem Raben die Antwort schreit:
Ich weiß ein Mahl für uns bereit.
Unterm Unglücksbaum, auf dem freien Feld
Liegt erschlagen ein guter Held.

Durch wen? weshalb? — Das weiß allein,
Der sah's mit an, der Falke sein,
Und seine schwarze Stute zumal,
Auch seine Hausfrau, sein junges Gemahl.

Der Falke flog hinaus in den Wald;
Auf die Stute schwang der Feind sich bald;
Die Hausfrau harrt, die in Lust erbebt,
Deß' nicht, der starb, nein, deß' der lebt.

Y suis-je? ou n'y suis-je t'y pas? Um Kritik und Zurechtweisung bittet

Ab. v. Ch.

Ich habe keine Abschrift, also bitte ich um Rücksendung. Herzlicher Morgengruß, Dank für Deine treue Hülfe. — Bei Semler beim Alten. Noch weiß die Frau nichts, und soll's nicht erfahren, und morgen früh wird das Leichenbegängniß mit Gepränge stattfinden!!"

Merkwürdig ist hierbei die Ruhe, mit welcher er der hochtragischen Begebenheit im Hause seines ihm überaus theuern Freundes Semler erwähnt, der mit ihm, seit er im Jahre 1818 nach der Rückkehr von der Reise um die Welt in Petersburg seine Bekanntschaft gemacht, im engsten Verhältnisse geblieben war und die vertrauteste Jugendgenossin seiner Frau geheirathet hatte. Gleiche Ruhe gab er auch kund, als Hitzig am Morgen des 5. bei ihm erschien und mit ihm den Tod des gemeinschaftlichen Freundes besprach. Hodie mihi cras tibi! erwiderte er mit einem leisen Achselzucken, und kurz darauf äußerte er zu seiner Schwägerin bei der nämlichen Veranlassung: „Ich weiß nicht, woher es kommt, aber der Tod eines Vorausgehenden macht wenig Eindruck mehr auf mich. Ich weiß auch nicht, ob dies gut oder schlimm ist; aber es ist so und ich bin zu ehrlich, um es nicht zu sagen." Vielleicht hatte er gerade in diesem Augenblicke ein Vorgefühl davon, daß er dem Freunde in wenigen Wochen gefolgt sein werde? Wer vermag es, in die Tiefen einer Menschenbrust hinabzusteigen, in welcher die Ahnung des nahen Scheidens plötzlich auftaucht!

Vom 7. und 8. hat Hitzig keine bestimmte Erinnerung aufbewahrt, woraus er folgert, daß an diesen Tagen nichts vorgefallen sein muß, was sie von den übrigen unterschieden hätte. Am 9. aber fühlte Chamisso sich kränker, als seit Jahren. Leichte Fieberschauer waren eingetreten, der Appetit hatte sich verloren; doch war es am 10. noch so mit ihm bestellt, daß jeder Dritte, der ihn sah, keine Veränderung an ihm bemerken konnte, da sein Geist vollkommen frei geblieben. Am 16. früh legte er sich auf den Rath seines Arztes bei dem immer zunehmenden Unbehagen zu Bette, und verfiel nun bald in einen soporösen, nur durch Phantasien unterbrochenen Zustand, in welchem er in fremden Zungen, großentheils hawaiisch redete. Aus diesem Zustande erwachte er bis zu seinem Tode blos auf etwa eine halbe Stunde.

Es wurde von der anscheinend so günstigen, durch Wiederkehr des vollständigsten Bewußtseins bezeichneten Wendung sogleich dem nahe wohnenden Hitzig Kenntniß gegeben und dieser eilte augenblicklich herbei. Er fand Chamisso im Bette aufrecht sitzend, beschäftigt mit einer Anfrage der Verleger des deutschen Musenalmanachs in Leipzig, über ein bei dem Druck desselben vorgekommenes Hinderniß. Die dortige Censurbehörde hatte nämlich eine Reihe von Strophen aus einem längern Gedichte eines schwäbischen Dichters für unzulässig erklärt, und es wurde nun Chamisso als Redacteur aufgefordert, zu entscheiden, ob das Gedicht mit den angeordneten Weglassungen abgedruckt, oder vielmehr ganz zurückgelegt werden solle. Mit voller Klarheit und Bestimmtheit sprach er sich dahin aus, daß, da das Werk auch ohne die gestrichenen Stellen noch nothbürftig ein Ganzes bilde, und wegen seines Interesse nicht wohl in dem Musenalmanach fehlen dürfe, es aufgenommen, aber dem Dichter die motivirte Verfügung der Censurstelle im Originale mitgetheilt werden solle. Hitzig übernahm es sogleich, die Verleger von Chamisso's Willensmeinung in Kenntniß zu setzen, damit der Druck keinen Anstand finde, und entfernte sich zu diesem Ende aus dem Zimmer. Der Kranke legte sich wieder zurück, wie es schien, um von der gehabten Anstrengung auszuruhen, aber bald fand sich der alte Zustand wieder ein, mit Bewußtlosigkeit, verzehrendem Fieber, wechselndem,

bald ganz gesunkenem, bald wieder sich hebendem Puls=
schlage. Die Gesammtheit der Erscheinungen stellte voll=
kommen das Bild des Nervenfiebers dar, und das Ende
war das in dieser Krankheit gewöhnliche leichte.

Die am Tage nach dem Hinscheiden nach Erlaubniß
des Verstorbenen*) vorgenommene Sektion ergab als Resultat
eine totale Veränderung der Schleimhaut der Bronchien
und eine höchst selten vorkommende widernatürliche Aus=
dehnung der Aeste derselben, wodurch der rechte Lungen=
flügel ganz außer Thätigkeit gesetzt worden war, sodaß der
Kranke zuletzt nur noch dürftig mit dem linken athmete.

Am 21. August 1838, in früher Morgenstunde, ist
Chamisso verschieden. Die weißen Locken des Todten schmückte
ein Lorbeerkranz. In seinem Testamente**) rief er den

---

*) Er sagt hierüber in seiner letztwilligen Disposition: „Die
Aerzte mögen meinen Leichnam öffnen, falls sie meinen, aus
demselben Belehrung schöpfen zu können."

**) Goldene Worte des Dichters an seine Söhne enthält auch
das Gedicht:

> Der Vater kam, der Vater frug nach seinem Jungen,
> Und weil der Knabe so geweint,
> So hat der Alte gleich ein Lied gesungen,
> Wie er's im Herzen treu gemeint.
>
> Als so ich schrie, wie Du nun schreist, die Zeiten waren
> Nicht so, wie sie geworden sind;
> Geduld, Geduld! und kommst du erst zu meinen Jahren,
> So wird es wieder anders, Kind!
>
> Da legten sie, mit gläub'gem Sinn zu mir, den Knaben,
> Des Vaters Wappenschild und Schwert;
> Mein Erbe war's, und hatte noch und sollte haben
> Auf alle Zeiten guten Werth.
>
> Ich bin ergraut, die alte Zeit ist abgelaufen,
> Mein Erb' ist worden eitel Rauch.
> Ich mußte, was ich hab' und bin, mir selbst erkaufen,
> Und Du, mein Sohn, das wirst Du auch.

Söhnen zu: sie sollten sich befähigen, auf sich selbst in verschiedenen Lebensbahnen und Ländern vertrauen zu können. Tüchtigkeit wäre das zuverlässigste Gut; das sollten sie sich erwerben. Sie möchten studiren, wenn sie die Mittel hätten, doch wäre er einverstanden, wenn der Eine oder der Andere zu bürgerlichem Gewerbe übergehen wollte. „Die Zeit des Schwertes ist abgelaufen und die Industrie erlangt in der Welt, wie sie wird, Macht und Adel. Auf jeden Fall besser ein tüchtiger Arbeitsmann, als ein Skribler oder Beamter aus dem niedern Trosse." Nur die Verwandten und nächsten Freunde, wie er bestimmte, trugen ihn zu Grabe. Er hatte den Schatten so gern, und früh am Morgen, als der Schatten noch auf der Straße lag, senkte man ihn auf dem Kirchhof vor dem Halle'schen Thore neben der Gattin in die Gruft. Ein gemeinsames Grab, von Epheu umrankt; eine schlichte Tafel auf dem Hügel enthält die Namen, das Geburts- und Todesjahr.*)

Ueber seine Bestattung hatte Chamisso festgesetzt: „Ich will ganz ohne Prunk und in der Stille in die Erde versenkt werden. Es mögen nur ein paar Freunde sehen, wo meine Asche bleibt, und sich Niemand sonst bemühen. Soll die Stelle bezeichnet werden, mag ein Baum es thun, höchstens eine kleine Steinplatte. Ich verbiete auf jeden Fall jegliche andere Grabschrift als meinen Namen, nebst Datum der Geburt und des Hinscheidens.

---

*) Was man in der Jugend wünscht, hat man im Alter die Fülle. Chamisso starb als Doctor honorarius der Philosophie, als Mitglied der Akademie der Wissenschaften zu Berlin, durch diese Eigenschaft berechtigt, an der Universität daselbst als Professor zu lehren und als Mitglied von nicht weniger als zwölf gelehrten Gesellschaften.

Durch ganz Deutschland verbreitete sich mit Blitzesschnelle die Trauerkunde und erregte tiefen Schmerz und die allgemeinste innigste Theilnahme.

Chamisso ist todt, klagt Gaudy:

„Die Sonne sank. Ich stand auf dem Balkone,
Das Herz voll stiller, inn'ger Seligkeit.
Der Abendstrahl lieh schmeichelnd der Zitrone
Den goldnen Schimmer vor der Reife Zeit;
Der Oleander streute Purpurglocken,
So oft der Wind ihn leisen Hauchs berührt,
Wenn er der Wölkchen duft'ge Rosenflocken,
Die Kinderengeln gleichenden, entführt."

„Tief schlummerte der Golf. Er glich der Schale
Des purpurdunklen Weins voll bis zum Rand,
Und gleich Demanten blitzte am Pokale
Der dichtverwebten Städte schimmernd Band.
Als ob das Opfer wieder sich bereite,
Und nur gewärtig sei des Priesters Ruf,
Stand auch dem Becher der Altar zur Seite,
Der ewig rauchumhüllte — der Vesuv."

„Die Glocken läuteten zum Engelsgruße,
Hin übers Meer schwamm zitternd leis ihr Schall,
Und weckte jenseits an des Berges Fuße
Der Schwesterklänge matten Widerhall;
Und gleich den Stimmen südwärts zieh'n der Schwäne,
Verworren rauh und doch voll Melodie,
So tönte von dem Bord der fernen Kähne
Der Schiffer Wechselsang: Ave Marie!"

„Ich träumte süß. Vergangnes war vergangen,
Des Leib's Erinnerung spurlos entrückt.
Des Lebens Zauber hielt mich hold umfangen,
Das Herz verlangte nichts — es war beglückt.

Es wiegte sich wie auf tiefblauem Spiegel
In sel'ger Sicherheit das schwanke Boot. —
Da zuckt der Blitz. — Ein Brief — ein schwarzes Siegel —
Woher? — Von Hause. — Chamisso ist todt!"

„So ernst gemeint war also Deine Mahnung,
Als jüngst ich reisefreudig von Dir schied?
So tief war sie gefühlt die Grabes=Ahnung,
Die oft wie Geisterhauch durchweht Dein Lied?
Wahr, wahr! Die Lippe, die der Kuß der Musen
Geheiligt, ist verstummt. Des Sanges Gluth
Verglomm. Das Herz, das stets im siechen Busen
Voll Lieb und Milde schlug für All' — es ruht!"

„Zu Füßen rauschte wild des Volks Gedränge
In roher Lust, in Klag', in gell'ndem Zank.
Zerrissen wehten Mandolinenklänge
Nachtfaltern gleich den stillen Golf entlang,
Um des Vesuvs in Schlaf gewiegten Krater
Verschwamm das letzte müde Abendroth —
Ich weinte still: Mein einz'ger Freund, mein Vater,
Mein Chamisso, mein Chamisso ist todt."

Neapel. F. F. Gaudy.

F. A. Stägemann brachte dem Sänger folgendes Todtenopfer dar:

Bei Chamisso's Tod.*)

„Aus ihrem Laub in finsterm Ungewitter
Hinweggescheucht zum deutschen Eichenhaine,
Ward diese Nachtigall der Unsern eine,
Und schlug so süß die Saiten ihrer Zither."

---

*) Zum Verständnisse die Bemerkung, daß der Dichter seine ihm vorausgegangene Gattin Elisabeth sich gegenwärtig denkt und daher noch die Letztlinge seiner Poesie an sie richtet, wie er es ein halbes Jahrhundert hindurch, von der Hälfte der 80er Jahre an bis zu ihrem Hinscheiden 1835 gethan.

„Doch schmerzlich oft, als wein' es innen bitter,
Erklang ihr Lied; oft schaurig als erscheine
Der Sängerin ein Geist am Leichensteine.
Ach! war die Fremd ihr doch ein Kerkergitter?"

„Nun schwang sie sich aus trüben Abendröthen
Zum Palmenland, und ließ die Liederstimme
Dem Widerhall zurück in unsern Thalen."

„Elisabeth, sie wird mir lieblich flöten,
So lang ich hier, getränkt von deinen Strahlen,
Ein einsames Johanniswürmchen, glimme!"

Besonders ergreifend wirkte Dingelstedt's Lied, von welchem ich einige Strophen bereits S. 10 mitgetheilt habe.

Einem Todten.

„Wo habt Ihr mir den Alten hingebettet,
Kommt, führt mich an den engbeschränkten Port,
Darin der Weltumsegler sich gerettet!
Ihr zeigt auf jene dürre Scholle dort,
　Wo heut' das erste Herbstlaub niederregnet;
Dort ruht er! sagt mir euer Trauerwort.
O sei, du heilig Dichtergrab, gesegnet!
　Du birgst ihn, dem mein Geist viel tausend Mal',
Mein sterblich Auge nimmermehr begegnet.
Ich sah ihn nie: an seiner Blicke Strahl
　Hat meine Kraft sich nicht entzünden sollen;
Er stand so hoch, ich ging zu tief im Thal.
Doch in der Brust, in der begeist'rungsvollen,
　Trag' ich sein Bild wohl tiefer und getreuer,
Als sie's in Wort und Farbe malen wollen.
Ich seh' ihn ganz: der Augen dunkles Feuer,
　Die lichte Stirn, die Brauen stolz geschweift,
Und streng der Mund, als sei'n die Worte theuer.
So steht er da, die Locken weiß bereift.
　Und in den Flocken, die die Jahre senden,
Den Lorbeerkranz zu vollem Grün gereift.

Er selbst ein Fels mit scheitelrechten Wänden,
„Salas y Gomez" ragt er aus der Flut
Von Wellendrang umbraust an allen Enden.
Doch in dem Steine schlägt ein Herz voll Glut,
Ein Herz, das hält die ganze Welt umschlungen,
Dran, wie an Vaterbrust, die Menschheit ruht.
Wer hat ihr Leid so laut, wie Du, gesungen,
Und wer, wie Du, gen wild und zahme Horden
In ihrem Dienst sein Dichterschwert geschwungen?
Ein Fremdling warst Du uns'rem deutschen Norden,
In Sitt' und Sprache andrer Stämme Sohn,
Und wer ist heimischer als Du ihm worden?
Nun schläfst Du in der fremden Erde schon,
Und die den Wandernden nicht konnte wiegen,
Beut ihm ein Grab mit Lorbeer und mit Mohn.
Drauf soll gekreuzt sein Pilgerstecken liegen
Und unser Banner, das dem Sängerheer
Voran er trug, zu kämpfen und zu siegen.
Wir aber stehen klagend rings umher,
Denn gönnen wir ihm die verdiente Rast,
So gönnten wir den Führer uns noch mehr.
O Zeit der Noth! Es lichten sich die Glieder
Rechts klingt und links die Axt im grünen Wald,
Dort stürzt ein Stamm, noch einer hier, dort wieder.
Die Wolken haben dräuend sich geballt,
Von Sturmesfurchen ist der See gekräuselt —
Bald hörst Du nur den Herbstwind, welcher kalt
Durch kahle Forsten über Stoppeln säuselt.

Des dänischen Dichters Andersen Nachruf lautet in Gaudy's Uebersetzung:

Dem Dichter.

„Du Herrlicher, so hab' ich Dich verloren;
Nicht hör' ich Deinen Trost, Dein Lob fortan.
Du sahst in mir zu was mich Gott erkoren,
Sahst, was nur Vaters Blick erspähen kann.

„Ist's Eitelkeit, wenn erst in meinen Schmerzen
Ich wohl erkannt, was mir Dein Beifall war?
Jetzt kannst Du lesen klar in meinem Herzen,
Siehst jetzt am Besten, ob Dein Hoffen wahr."

„Ein Schwan hat um den Erdkreis sich geschwungen —
Er schlummerte im Schoß des Wilden ein;
In Süd' und Norden hat er Lieb' errungen,
Herüber quoll sein Sang aus Hermann's Hain;
Sein letzter waren Frankreichs Freiheitslieder,
Die Wurzel schlugen in der Völker Gunst,
Dann brach sein Herz — wann schlägt ein solches wieder? —
Versenkt in Trauer steht der Muse Kunst."

War Chamisso auch kein Mann der Gesellschaft, so war er um so mehr der der Natur. Halten wir dies fest, so gewinnen wir den tiefsten Aufschluß über seine ganze Eigenthümlichkeit.

„Vater ging fast nie aus" — so heißt es in den Mittheilungen des Majors v. Chamisso an mich — „nur besuchte er regelmäßig die Mittwochs-Gesellschaft. Ab und zu nahm er ein russisches Bad, welches ihm stets ein großer Genuß war. Einmal traf er dort mit Alexander v. Humboldt zusammen, und erzählte mit großer Freude, wie er mit ihm geplaudert habe. Er liebte es auch mit jüngern Leuten zu verkehren. Zur Zeit der Herausgabe der Béranger'schen Gedichte mit Gaudy, war dieser viel im Hause und blieb dann im Kreise der Familie den Thee zu nehmen. Wenn die Freunde wie Hitzig, Horkel, Ehrenberg, Ermann, Weiß, Poggendorf, v. Schlechtendal oder die jüngeren wie Rauschenbusch, Geibel, Schmied ganz ungezwungen die Abende blieben, waren wir ältern Söhne stets zugegen, um durch Anhören der Unterhaltung eine belehrende Anregung zu empfangen. In der Lecture ließ er uns freie Wahl.

Auf Wunsch der Mutter erhielten wir, nachdem die Plamann'sche Schule eingegangen, Hauslehrer, bis wir (d. h. mein älterer Bruder und ich, die andern Geschwister waren ja noch beim Tode des Vaters — sehr jung) aufs Gymnasium kamen. Wenn die Mutter nach etwas fragte oder etwas wünschte, so war die stete Antwort: „Wie Du willst, mein Kind." Vater liebte es, uns seine Gedichte, sobald sie fertig waren, vorzulesen, um zu sehen, welchen Eindruck sie auf uns machten. So verschmähte er es auch nicht, nach Orthographie zu fragen. Er trug im Hause einen bis auf die Füße reichenden, mit schwarzem Pelz gefütterten dunkeln weiten Rock, schwarze Beinkleider und meistens gestickte Pantoffeln, den Hals frei, bei großer Wärme eine kurze Jacke von leichtem Stoff. Außer dem Hause schwarzen Oberrock, um den Hals ein weißes Tuch breit zusammengelegt, vorn zugeknotet, auf dem Kopfe eine Tuchmütze. In Schöneberg pflegte er zu einer Semmel, die er trocken mit von Hause brachte, einen Kornschnaps zu nehmen, sein „Husarenfrühstück". Den Fleiß, der ihm eigen, traute er auch seinen Söhnen zu, und predigte dafür mit seinem Ausdruck „Sitzfleisch" haben.

Er hatte seine Freude daran, uns Affen= und Hunde=Theater zu zeigen, auch ein Theaterstück, worin ein Mensch den Affen Joko spielte. — Sein Husten war sehr quälend und laut. In letzter Zeit passirte es ihm, daß er auf der Straße einen solchen Anfall auszustehen hatte; eine alte Frau blieb stehen und sagte theilnehmend: „Ach! der Herr hat einen argen Husten." „Ja meine Liebe, ich fange es auch an zu merken," war seine Antwort."

Daß Chamisso's Stellung zum Christenthum nach keiner Confession hin eine innerhalb der Kirche war, ist aus seinem Lebens= und Bildungsgange leicht zu erklären. Aus seiner Jugend waren ihm Eindrücke geblieben, die ihm das katholische Priesterthum nicht anders als mit einem politischen uud gerade einem seiner Denkungsweise wider=sprechenden Elemente vermischt erscheinen ließen, und der Gedanke an einen Uebertritt zur protestantischen Kirche ist wohl nie in seine Seele gekommen, obgleich seine Gattin derselben angehörte und er alle seine Kinder darin erziehen ließ. Denn Anschließen an eine bestimmte kirchliche Ge=meinschaft war ihm überhaupt nicht als Bedürfniß aufge=gangen, vielmehr pries er Amerika deshalb, daß es in dieser Beziehung keine Anforderungen an seine Bewohner richte. Sehr würde man aber irren, wenn man hieraus folgern wollte, daß sich Chamisso in der Religion überhaupt als Indifferentist verhalten habe. Eben so wenig war er dies gegen das positive Christenthum. Er hatte seine Freunde an der entschieden christlichen Richtung seiner Frau und wollte einen ihm sonst theuren, aber durch das Exclusive in seinen religiösen Ansichten ihm bekannten Freund nicht zum Vormunde seiner Kinder bestellt wissen, damit, wie er sich ausdrückte, er seinen Mündeln das Christenthum nicht verleide.

Einer der vertrautesten Freunde Chamisso's (Theremin) urtheilt über ihn: „Chamisso hatte den Glauben, den posi=tiven christlichen Glauben, nur nicht das Wort, den Aus=druck dafür. Die Eindrücke seiner Erziehung, die Richtung seines Lebens= und Bildungsganges in einer unkirchlichen, ja frivolen Zeit, seine Unfähigkeit, durch Reflexion mit sich ins Klare zu kommen, sein vorwiegender Realismus, seine isolirte Stellung, der es auch an einem kirchlichen Vater=lande fehlte, mußte ihn mit sich und der christlichen Welt in Widerspruch setzen. Daß in ihm das religiöse Bedürfniß und Gefühl, wie jede wahre Seite des menschlichen Gemütes mächtig genug war, dafür sprechen deutliche Aeußerungen in jeder Periode seines Lebens. Schon in jüngern Jahren las er mit Andacht das neue Testament; Neander's christlich platonische Anklänge, die er nicht verstand, entzückten ihn, jeder wahre Ausspruch des christlichen Gefühls fand bei ihm offenes Ohr; noch mehr: jeder wahren und würdigen Erscheinung des christlichen Lebens, sie sei nun That des Glaubens oder der Liebe, oder charaktervolle Persönlichkeit, huldigte er mit Ehrfurcht. Von dieser Seite her hätte ihm überhaupt das Christenthum in seiner Größe nahe treten müssen, um ihn ganz zu gewinnen, nur darin hätte er es begriffen; nicht ein Dogma, nicht ein Symbol, nicht ein Kultus, aber ein durch und durch christlicher Charakter, in heroischer Erscheinung, in mächtiger Wort= und Thatäußerung würde ihn, wie er sich auszudrücken pflegte, „gepackt" und seinem unausgesprochenen Glauben ein bestimmtes Gepräge aufgedrückt, ihn zum begeisterten Propheten gemacht haben. Ach! an christlichen Glaubenshelden und an christlichen Charakteren ist unsere in Worten und Tendenzen so christlich gefärbte Zeit leider sehr arm. Chamisso trug ahnend ein tieferes und höheres Christenthum im Herzen, als er es im Leben gesehen hat. Darum blieb er ein Thomas, denn sehen wollte er um zu glauben. Wo er sah, was des Glaubens würdig war, echte Frucht des echten Baumes, wenn auch in bescheidener Hülle, wie bei seiner Frau, da beugte er sich in Demuth und freute sich in Liebe. Ist das nicht Glaube? — Doch selbst der hohe Gegenstand des Christenglaubens war seinem kindlichen Gemüte, seinem frommen Bewußtsein nichts weniger als fremd. Wie treuherzig gibt er in einem Briefe an de la Foye bei aller Verkennung der kirchlichen Zustände, den Mittelpunkt des christlichen Glaubens an, wie trifft er ins Schwarze! „Bin ich selber ein Christ? Ich weiß es nicht," fragt er. Wir können ihm antworten: Du bist es ohne es zu wissen.

Eben dies Wissen vom Glauben wurde ihm so schwer; damit konnte er nicht fertig werden. Das eben war das Räthsel seines innern Lebens, daß er nicht das Wort finden konnte für das Unaussprechliche in seinem Innersten, was wir Glauben nennen. Als ein Frembling in zwei Welten ging er mit geschlossenen Lippen und gesenkten Augen unter dem Himmel, dessen Sterne auf ihn niederleuchteten, und suchte auf der weiten Erde eine Heimat, die er dort oben ahnte. Wie hat dies Wechsellicht, dies Stummsein, diese Fremblingschaft, dies Räthsel ihn oft gepeinigt und gedrückt; welche Kraft hat er aufgeboten, sich ihm zu entreißen, wie hat es ihn erquickt, es, wenn nicht in sich, doch in Andern, namentlich in seiner lieben Frau, gelöst zu sehen! Und auch für sich hat er gewiß in Stunden der stillen Einkehr noch vor seinem Ende die Lösung gefunden. Ein Zeugniß dafür ist das schöne Sonett über Lucas 18, 10. Sollt' es nicht der Ausdruck seines eigenen Innern gewesen sein? Dergleichen nur der Form wegen zu dichten, war auch der Dichter zu wahr. Und darin ist ja das Grundverhältniß des sündigen Menschen zu Gott echt christlich ausgesprochen. Mit einem Worte, mir ist es gewiß, daß der sinnige Frembling nun Daheim ist beim Herrn!"

Chamisso ruht, wie er es gewünscht, unter einem Stein mit seiner Gattin. Eine einfache, aber geschmackvolle Granitplatte mit den Namen, Geburts- und Todestagen beider

Ehegatten deckt die Gräber derselben auf dem Friedhofe vor dem Halleschen Thore in Berlin, dem nämlichen, wo auch E. T. A. Hoffmann begraben liegt.

Die Lebensführung und geistige Entwickelung Adelbert's v. Chamisso zeigt uns, daß er seine gesammte Bildung, Alles, was er geworden ist, seine Bedeutung als Dichter, Gelehrter, Naturforscher, das Hervortreten seiner, des geborenen Franzosen, Deutschen Sängerweise vorzugsweise der sorgsamen und wahrhaft liebevollen Erziehung zu verdanken hat, welche ihm auf Veranlassung der Königin Luise und ihres Gemahls, des Königs Friedrich Wilhelm II., der Großeltern unsers Kaisers Wilhelm I., zu Theil geworden ist. Und an König Friedrich Wilhelm III. hat der Dichter bei Lebzeiten den mächtigsten Halt gehabt. Alle seine Äußerungen, seine Briefe sind voll davon. Der Säkularfeier der Geburt Adelbert's v. Chamisso ist am 26. Juni 1880 eine in mehrfacher Beziehung ebenso eigenthümliche wie sinnige Feierlichkeit vorausgegangen, die zunächst eine Privatveranstaltung war und doch alsbald den Charakter eines öffentlichen Festes angenommen hat, die im stillen Frieden des Gartens des Hauses Friedrichsstraße 235 in Berlin vor sich ging und schnell die allgemeine Aufmerksamkeit und Theilnahme auf sich zog.

Lange schon hatte man in maßgebenden Kreisen und unter den zahlreichen Verehrern des verewigten Sängers den Wunsch geäußert, das Haus, in welchem derselbe zuletzt gelebt und gewirkt hatte, durch ein äußeres Zeichen zu ehren, und man hatte zuerst als passendsten Zeitpunkt dieser Feierlichkeit den 100. Geburtstag des Dichters in Aussicht genommen. Aber die ungünstige Jahreszeit hätte eine Feier in dem umfangreichen, von alt-ehrwürdigen

Bäumen beschatteten Garten des Hauses, dem Lieblingsaufenthalt Chamisso's, wo dem lieberreichen Sänger gar oft die Muse huldreich erschienen, unmöglich gemacht. Da reiften in einem Frauenherzen Dankbarkeit und Begeisterung den Gedanken, dem Dichter eine Gedenktafel an dem Hause zu errichten, das er in dem letzten Jahrzehnt seines irdischen Lebens bewohnte.

Als Fräulein Auguste Bloch vor zwei Jahren ihre höhere Töchterschule in das Haus Friedrichsstraße 235 verlegte, machte der Hausbesitzer Fabrikant Köppen sie darauf aufmerksam, daß Adelbert v. Chamisso mit seiner Gattin Antonie, mit zwei Knaben (Ernst und Max) und zwei Töchtern in dies Haus im Jahre 1829 eingezogen sei und daß er hier bis zu seinem Tod gewohnt habe. Durch diese Mittheilung erhielten Haus und Garten für Fräulein Bloch eine hohe Bedeutung. Von dem Porträt-Medaillon des Dichters, welches von dem berühmten Pariser Bildhauer David bei dessen Anwesenheit in Berlin modellirt war, ist eine von Herrn Köppen gegossene und ciselirte vergrößerte Copie besorgt worden. Vor dem idyllischen Gartenhause, — einem Dichterasyl, wie es würdiger und anmuthiger nicht gedacht werden kann, fand in der Rosenzeit, der Zeit des Dichtens und der Liebe, in der sechsten Nachmittagsstunde des 26. Juni 1880, der eigentliche Festesact statt, zu dessen Begehung sich eine stattliche Anzahl Damen und Herren aus Künstler-, Gelehrten und andern, zu den Verehrern der Chamisso'schen Muse gehörigen Kreisen eingefunden hatte. Fahnen und Embleme schmückten die Stelle, die von den Zweigen zweier hochstämmigen Kastanienbäume beschirmt wird, und im Vordergrunde fand die Büste Chamisso's Aufstellung, welche Tags vorher dem Inhaber des

Hauses Friedrichsstraße 235, Fabrikbesitzer Köppen, von den Nachkommen des Dichters zum Geschenk gemacht wurde. Das ganze Haus war in Oelfarbe neu angestrichen und die Hausthüre sowie das verhüllte Reliefbild mit Guirlanden bekränzt, welche die Schülerinnen der Bloch'schen Schule in Sturm und Regen tagelang zuvor emsig gewunden hatten. Schon in der weit geöffneten Hausthür empfing die Gäste ein Arrangement von Treibhausgewächsen, und der alt-ehrwürdige Garten mit seinen Linden und hohen Kastanien hatte sich über und über in ein Festgewand gekleidet. Das Gartenhaus war festlich beleuchtet, an einem der Kastanienbäume vor demselben hing eine Copie des zu enthüllenden Reliefs und kleine ringsum bekränzte Kopien waren an den Bäumen angebracht. Der Sockel, auf dem die Büste stand, war mit Epheu umwunden, sinnig entnommen von dem Dichtergrabe auf dem Jerusalemer Kirchhofe. Vor dem Gartenhause hatten die Schülerinnen der Bloch'schen Schule Aufstellung genommen. Die jungen festlich geschmückten Mädchen umgaben eine Eiche, an welcher, noch unter der Hülle, das Medaillonbild Chamisso's angebracht war. Aller Augen waren auf die anwesenden Nachkommen des gefeierten Dichters gerichtet, denen sich einige der ältesten Freunde*) des Letzteren und seiner Familie angeschlossen hatten. Gesänge und Deklamationen leiteten die Feier ein und wechselten mit den Festreden, deren eine aus dem Munde des Herrn Johannes Bloch, Bruders der genannten Dame und als Vertreter des in zahlreichen Mitgliedern anwesenden Vereins für die Geschichte

---

*) Z. B. der greise General-Lieutenant Baeyer, Schwiegersohn Hitzig's, eine Tochter Wilhelm Neumann's und Andere.

Berlins, den Dichter und das von ihm bewohnte Haus historisch beleuchtete, während Herr Professor Märker in schwungvollen geistreichen Worten Chamisso als Menschen und Freund verherrlichte und am Schlusse seiner Rede das Zeichen zur gleichzeitigen Enthüllung des an Ort und Stelle befindlichen Modells und des Bronce-Medaillons an der Front des Hauses gab.

Die ebenso sinnige wie tief ergreifende Chamissofeier am 26. Juni 1880 ist nicht nur den Theilnehmern unvergeßlich geblieben, sie erregte weit über den Kreis derselben hinaus, deren Jedem ein Epheublatt vom Grabe des Dichters geschenkt wurde, worauf mit goldner Inschrift der Name des gefeierten Sängers und das Datum der Enthüllungsfeier stand, in außerordentlicher Weise das Interesse des größern Publikums, welches seitdem gern das Dichterhaus in der Friedrichsstraße aufsucht, über dessen Thür das Medaillon Adelbert's v. Chamisso erglänzte und als Inschrift innerhalb eines Eichenkranzes die Worte stehen: „hier lebte Chamisso bis zu seinem Tode."

Möge unser „Deutsches Volk" diese würdige Vorfeier als einen rechtzeitigen Mahnruf erfassen zu einer Säkular-Feier der Geburt Adelbert's v. Chamisso am 30. Januar 1881; der, geborner Franzose, an unser deutsches Vaterland sich als einer seiner edelsten und besten Söhne angeschlossen, es festgehalten mit ganzem Herzen, in ihm die starken Wurzeln seiner Dichterkraft gefunden und auf dem Wege der Entwicklung in allem Großen, Guten, Schönen die deutsche Nation als Dichter, Seher und Prophet gefördert hat, sodaß mit Stolz über sein Grab hinaus der Ruf dauernd ertönt: „Er ist unser."

Anhang.

1.

Chamisso's Gedicht:

Schloß Boncourt.

— Die Behauptung, daß dies Gedicht zuerst in französischer Sprache gedichtet worden, ist falsch.

In der zweiten Beilage zu Nr. 195 der Halle'schen Zeitung vom 22. August 1879 war in einem Aufsatze zum 21. desj. M. (zum 41. Jahrestage des Todes Adelbert's v. Chamisso) von Emil Barthel (Pseudonym: Gustav Haller) behauptet und ausgeführt worden, daß Chamisso sein berühmtes Gedicht „Schloß Boncourt" zuerst in französischer Sprache gedichtet habe.

Dagegen ist Medicinalrath Dr. Hermann v. Chamisso in Berlin, einer der Söhne des Dichters, aufgetreten und hat in einem von ihm verfaßten, durch die Vossi'sche Zeitung veröffentlichten Artikel überzeugend nachgewiesen, daß das Deutsche Gedicht das Original, das Französische die spätere Uebersetzung sei. Da es zu beklagen wäre, wenn diese höchst interessante und bedeutungsvolle Ausführung in einem Tageblatt vergraben würde, es auch schon im literarhistorischen Interesse im höchsten Grade wünschenswerth erscheint, daß sie eine Verbreitung in weiteren Kreisen findet, so habe ich ihren Abdruck an dieser Stelle meines Buches angeordnet.

Adelbert v. Chamisso's

„Le Château de Boncourt."

Dieses deutsche Gedicht, seit über fünfzig Jahren bekannt, soweit die deutsche Zunge klingt, dürfte in weiteren fünfzig und aber fünfzig Jahren nicht vergessen werden.

Weniger bekannt ist sicherlich die Existenz einer aus der Feder des Dichters herrührenden französischen Bearbeitung des Gedichtes, die meines Wissens zuerst Chateaubriand in Tome XI. seiner Mémoires d'outre-tombe mittheilt. Es geschieht dies in einem Aufsatze, in welchem der Verfasser die Erinnerung an einen Besuch bei Chamisso im Botanischen Garten zu Schöneberg wachruft. Da dieser Besuch in das Jahr 1821 fällt, in welchem Chateaubriand als Gesandter Frankreichs sich einige Monate in Berlin aufhielt, so läge der Schluß nahe, daß zu dieser Zeit das französische Original des Gedichtes entstanden und das dem Jahre 1827 entstammende „Schloß Boncourt" eine spätere deutsche Bearbeitung wäre. Es hat der Gedanke in der That etwas Bestechendes, daß der Dichter, der selbst im Style seiner spätesten Briefe den geborenen Franzosen nicht völlig verläugnen konnte, gerade der Erinnerung an sein französisches Vaterhaus, an seine erste rein französische Kindheit auch in französischen-Versen Ausdruck verliehen hätte. Dieser Gedankengang führt denn auch Gustav Haller*) zu

---

*) Beitrag zur Vervollständigung von Chamisso's Werken in Halle'sche Zeitung 1879, Nr. 195, 2. Beilage.

der directen Behauptung, daß das französische Gedicht das Original, das deutsche die spätere Uebersetzung sei: Und dennoch ist dem nicht so. In Folgendem wird das Gedicht unwiderleglich für die deutsche Literatur gerettet werden.

Das Schloß Boncourt steht im „poetischen Haus=Buche" Chamisso's (Manuscript der Gedichte) als ein Erzeugniß des Jahres 1827. Es ist zuerst gedruckt in der in demselben Jahre erschienenen „zweiten mit den Liedern und Balladen des Verfassers vermehrten Ausgabe" des Peter Schlemihl.*)

Der Dichter sendet dieses Buch seinem Bruder, dem Grafen Hippolyt de Chamisso in Paris, und schreibt demselben in einem Briefe vom 5. Januar 1828, hinsichtlich des „Schloß Boncourt": „J'en avais essayé une traduction pour toi et les tiens."

Es geht hieraus also unzweifelhaft hervor, daß Anfangs 1828 erst der Versuch einer Uebersetzung des Gedichtes in das Französische vorlag, und aus der am Schlusse des Briefes seinen Pariser Verwandten mitgetheilten Uebersetzung selbst, daß es nicht einmal eine solche in Versen war. Das Poême en prose ist aber, trotzdem, oder weil es sich fast wörtlich an das deutsche Original anschließt, so poetisch durchhaucht, daß ich es mir nicht versagen kann, es an dieser Stelle zu veröffentlichen:

Je rêve de nouveau mon enfance, et secoue mes cheveux blancs, comment me recherchez vous encore, images, que dès longtemps je croyais perdues dans l'oubli?

*) Nürnberg bei Johann Leonhard Schrag.

Un Château resplendissant domine des enceintes de verdure, je les connais, ces tours, ces créneaux, ce pont de pierre, cette entrée.

Les Lions de l'écusson, qu'ils supportent, me regardent avec affection; je les salue comme de vieux amis et m'élance dans la haute cour.

Voilà le Sphinx au bord de la fontaine! Voilà le vieux figuier, et là, — oui ce sont là les croisées, derrière les-quelles je me suis réveillé de mon premier songe!

Je pénètre dans la chapelle et cherche des yeux la tombe de mon ayeul. La voilà — je reconnais la vieille armure, appendue à ce pilier.

Mes yeux humides se voilent, et n'en peuvent encore déchiffrer l'épitaphe, qu'éclaire en vain la lumiere vive, qui y tombe à travers des vitraux colorés.

Château de mes pères, tu m'es donc resté stable et fidèle dans la mémoire, et tu es disparu de la terre, la charrue sillonne le sol, que tu occupais!

Sois fertile, terre chérie, je te bénis et bénis doublement attendri et sans amertume, quelqu'il puisse être celui dont la charrue ouvre ton sein.

Pour moi, je saisis ma lyre et me relève, je parcourrai les espaces de la terre, et de pays en pays répéterai mes chansons.

Ist hiermit der Beweis geliefert, daß Anfangs 1828 noch kein Château de Boncourt en vers von der Hand Chamisso's existirt haben kann, so wird dieser Beweis noch dadurch vervollständigt, daß sich das französische Gedicht im poetischen Hausbuche vom Jahre 1829 findet. Während

Chateaubriand nur die ersten acht Strophen abdruckt,*) findet sich hier das ganze Gedicht, und auf demselben Blatte zu mehreren Strophen oder Versen noch eine oder mehrere Varianten. Es sei gestattet, das Gedicht an dieser Stelle noch einmal vollständig mitzutheilen:

> Je rêve encore mon jeune âge
> Sous le poids de mes cheveux blancs,
> Tu me poursuis, fidèle image,
> Et renais sous la faux du temps.**)

Du sein d'une mer de verdure
S'élève un Château radieux***)
Je reconnais cette toiture
Ces tours, ces crénaux anguleux.

> Ces lions supports de nos armes
> Me regardent avec amour;
> Mes yeux se remplissent de l'armes†)
> Et je m'élance dans la cour.

Voilà le Sphinx à la fontaine,
Voilà le figuier verdoyant,
Là s'évanouit l'ombre veine
Des premiers songes de l'enfant.

---

*) Er weicht übrigens nur in ganz unwesentlichen Punkten von dem Gedichte des Hausbuches ab, Abweichungen, die vielleicht durch die von ihm benutzte Handschrift begründet sind.

**) Var. Echappée au gouffre du temps,
und Dont n'a pas triomphé le temps.

***) Var. Un Château s'élève en Danjon
Oui, j'en reconnais la toiture,
Les tours, les créneaux, le frouton.

†) Var. zum 3. Vers: Je leur souris baigné de l'armes,
und zu den 3 ersten Versen: Ces lions de nos armoiries
Ont encore leur regard d'amour
Je vous souris, gardes chéries.

De mon ayeul dans la chapelle
Je cherche et revois le tombeau,
Voilà la colonne à laquelle
Pendent ses armes en faisceau.

Ce marbre que le soleil dore
Et ces caractères pieux — —
Non je ne puis les lires encore
Un voile humide est sur mes yeux.

Fidèle Château de mes pères
Je te retrouve tout en moi — —
Tu n'es plus, superbe naguères,
La charrue a passé sur toi.

Sol, que je chéris, sois fertile,
Je te bénis d'un coeur sereiu,
Bénis quelqu'il soit, l'homme utile*)
Dont le soc sillonne ton sein.

Je me relève et prends ma lire
Devant moi l'espace est ouvert
Je vais**) chantant faire redire***)
Mes vers à l'écho du désert.

Für manchen unserer Leser dürfte es nicht ohne Interesse sein, das Werk des Dichters mit der Uebersetzung aus der Feder eines anderen deutschen Dichters zu vergleichen, der Chamisso freundschaftlich und literarisch nahe stand. Es handelt sich um Franz Freiherrn Gaudy, welcher laut einer im Manuscript mir vorliegenden Selbstbiographie†)

---

*) Et bénis encore l'homme utile.
**) J'irai.
***) Avance chante, fais redire.
    Tes vers à l'écho du désert.

†) Von dem Eigenthümer mir freundlichst zur Einsicht übergeben.

französisch früher sprach als deutsch, und im 4. Lebens=
jahre in beiden Sprachen lesen konnte. Gaudy, der 1838
mit Chamisso gemeinschaftlich eine Auswahl von Liedern
Béranger's in deutscher Bearbeitung herausgab, der von
Chamisso berufen wurde, Gustav Schwab in der gemein=
schaftlichen Redaktion des Musenalmanachs von 1839 zu
ersetzen, von dessen selbstständiger Dichterbefähigung unter
Anderem das tiefempfundene hinreißend schöne Gedicht auf
Chamisso's Tod Zeugniß ablegt. Gaudy war, wie kein
Anderer, berufen, das Schloß Boncourt zu übersetzen. In
der That findet sich in Chamisso's Nachlaß ein „Château
Boncourt" von Gaudy's Hand, ohne Datum und Unter=
schrift, in Briefform an Chamisso unter einer Adresse ge=
richtet, welche beweist, daß es nicht vor April 1829 ent=
standen ist, da Chamisso erst um diese Zeit das Haus Fried=
richsstraße 235 bezog. Es ist mehr als wahrscheinlich, daß
Gaudy Chamisso's so eben erst entstandenes Château de
Boncourt noch nicht gekannt hat; ja es ist sogar die Mög=
lichkeit nicht von der Hand zu weisen, daß der Dichter erst
durch Gaudy's Uebersetzung angeregt wurde, sein Werk zu
einem französischen Gedicht zu gestalten.

Die Gaudy'sche Uebersetzung lautet, wie folgt:

>   Je rêve de ma tendre enfance —
>   Guères y repond front ridé.
>   Eh! tu reviens dont souvenance
>   D'un temps que je crus oublié?
>
>   Du milieu des haies touffues
>   Monte un château qui resplendit,
>   Ces tours, je les ai bien connues,
>   Ces créneaux, ce pont de granit!

Vous souriez avec bien veillance
    A moi lions de l'écusson?
Salût amis de mon enfance!
    Mais me voilà sur le donjon.

        Voici le sphinx de la fontaine,
            Le sycomore verdoyant!
        Voici la penêtre, la scène
            Du premier rêve de l'enfant.

J'entre dans le moûtier gothique
    Cherchant des aïeux le tombeau.
Je le trouve, où l'armure antique
    Est suspendue au chapiteau.

        Ces mots — mouillée est la paupière —
            Je ne saurais les déchiffrer,
        Quoique la magique lumière
            Des vitraux les vienne éclairer.

C'est ainsi château de mes pères
    Que ton image est dans mon coeur,
Tu disparus et sur tes pierres
    Passe le soc du laboureur.

        Sois fertile, o terre chérie!
            De tout mon coeur je te bénis,
        Et deux fois sois o main bénie
            Qui sur ce sol le soc conduit.

Aux rêves il faut me soustraire,
    Et mon luth avec moi portant
Je m'en vais parcourir la terre,
    De pays en pays chantant.

II.

Es ist dieser Festschrift ein treues Bild des Dichters beigefügt. Chamisso's Familienangehörige haben einer Photographie des von dem Maler Robert Reinick*) porträtirten Charakterkopfs des Dichters den Vorzug eingeräumt. Die Verlagshandlung hat es auch hier an würdiger Ausstattung nicht fehlen lassen.

---

*) Robert Reinick (geb. in Danzig 22. Februar 1805, gest. 7. Februar 1852), talentvoller Dichter und Maler, dessen durch anmuthige Schalkhaftigkeit ausgezeichnete und musikalisch hingehauchte Lieder, nachdem er durch Franz Kugler mit Hitzig und Chamisso bekannt geworden, in des Letzteren Musenalmanach erschienen und der das Porträt Chamisso's malte, nach welchem der allgemein verbreitete Stich gemacht ist. Er hat unter Anderm auch das Lied gedichtet:

Blauer Montag.

's ist doch närrisch, wenn wir eben nur vom Wein einmal genippt;
Daß der Hut so wunderbarlich gleich nach einer Seite kippt,
Doch das macht uns erst Courage, denn die Mädel, seht doch an,
Lachen wo sie uns nur schauen, haben ihre Lust daran.
Ach, Du allerschönstes Mädel mit den blauen Augen dort,
Blauer Montag ist ja heute, warum läufst Du uns denn fort?
Blauer Montag, blauer Himmel, blaue Augen, liebster Schatz!
Was nur blau und lustig, hat ja heut in unserm Herzen Platz.
Zwar wir wackeln allzusammen, un'er Liebel so wie wir,
Doch können schlechte Schuster und Poeten nur dafür,
Denn wir gehen ganz gerade, nur die Stiefel gehen krumm,
Und wir singen wie die Lerchen, doch was ist das Liebel dumm!
Liebeldumm, Liebeldumm, Liebeldumm! — — —?

Die Gesichtszüge bedeutender Persönlichkeiten erscheinen oft als wunderlich eigensinnige Räthsel, die dem Scharfsinn oder der Spitzfindigkeit des aus dem äußern den inneren Menschen ergrübelnden Physiognomen zu rathen aufgeben. Meist ist der Ausdruck genialer Begabung nicht zugleich ein sympathischer, der die Herzen anmuthet und gewinnt. Um aus dem Antlitze Chamisso's den Poeten und den Menschen herauszulesen und zwar — den Poeten und den Menschen, brauchte man nicht erst durch die Schule der Physiognomen gegangen zu sein. Chamisso hatte nicht blos im Sinne der sprüchwörtlichen Redensart „seinen eigenen Kopf". Aber wer auch unsern Dichter nicht im Leben und von Angesicht zu Angesicht gesehen, wird bei einem Blicke auf das von uns gegebene Bild den tiefen und bedeutenden Eindruck ahnen und begreifen, welchen seine Zeitgenossen von seiner Hoheit und Ehrerbietung mächtig einflößenden Persönlichkeit empfangen haben.

Ganz vortrefflich ist die Schilderung des Hofraths F. Tietz (gestorben vor Kurzem in Berlin, Luisenstraße 51) welcher zu Chamisso's Mittwochs-Gesellschaft im englischen Hause gehört hat, hierüber:

Als Gegensatz des lieben milden Fouqué erschien Adelbert v. Chamisso. Er nahte sich den Fünfzigern, als ich ihn in der literarischen Gesellschaft kennen lernte. Die hohe Gestalt, das an französische Abstammung erinnernde scharf markirte Gesicht, aus dem die Augen dunkelglühend hervorblitzten — die sich bereits grau zu färben anfangenden langen, bis auf die Schultern herabwallenden Locken, die er im lebhaften Gespräche wie eine Löwenmähne schüttelte — Alles dies imponirte schon, ehe er sprach. Wenn er eine Unterhaltung begann, so dauerte es nicht lange, bis seine Rede, tieftönend und mit fremd=anklingendem Accente, gewissermaßen an das Wilde und Schroffe erinnerte, das aus manchem seiner Gedichte spricht. Dann mäßigte auch wohl ein schmerzlich=büsterer Hauch jenes grimme Aufwallen, größtentheils aber nur als Uebergang zum heiteren Spötteln und schelmisch Ironischen. Diese chamäleontischen Schattirungen und Farbenwechsel in der Unterhaltung, aus der man seine sonore Stimme weit durch den Saal hervorklingen hörte, hatten für mich, der ich damals noch ein junger Mann war, etwas Beängstigendes.

Ich weiß mich noch zu erinnern, daß, als ich einst mit Fouqué im Gespräch begriffen und Chamisso herantrat, ich verlegen mich zurückzog. Chamisso, der dies bemerkte, schlug ein helles Gelächter auf und zwang mich mit dem Nachrufe zurück: „Wohin? hierbleiben! ich werde Sie ja nicht beißen!" und fügte, sich dann zu Fouqué wendend, hinzu: „Komischer Bursch, der Tietz." Seit der Zeit zwang ich mich komplett, den „komischen Burschen" abzuschütteln und couragös Stand zu halten, wenn „Peter Schlemihl" mit den langen Beinen straff auf mich zuschritt, und es dauerte auch nicht lange, daß ich gern Stand hielt. Wir blickten zu dem hoch interessanten Manne auch schon deshalb mit einer Art von ehrfurchtsvoller Bewunderung auf, weil er mehr von der Welt kennen gelernt hatte, als wir alle anderen Mitglieder der Mittwochs=Gesellschaft zusammengenommen. Hatte er doch die drei Jahre (1815—1818) dauernde von der russischen Regierung veranstaltete Entdeckungsreise um die Welt mitgemacht, was damals eine ganz andere Arbeit war, wie heut zu Tage. Als ich nicht lange vor seinem Tode (1838) von meiner größeren Reise durch ganz Schweden, Rußland vom hohen Norden bis zum fernen Süden, durch die Türkei und Griechenland, einen Theil Kleinasiens, dann Egyptens, durch Italien wieder in die Heimat Berlin zurückkehrte und ihm meinen Besuch machte, freute er sich, mich als „ein Stück Länder-Entdeckungs-Collegen" begrüßen zu können.

Amüsant war es, Zeuge einer Unterhaltung Adelbert's v. Chamisso mit Dr. Ernst Raupach, dem bekannten dramatischen Dichter (Hohenstaufen, Isidor und Olga, Schule des Lebens u. s. w.), zu sein. Aus Jenem sprudelte Witz und Ironie wie eine Kaskade hervor, bei dem Letzteren wie ein eintöniges, aber von der Höhe seines Geistes mit verstärkter Schwerkraft herabfallendes Tropfbad, das stets sicher sein Ziel traf. Während Chamisso Manches sprach, was den sarkastischen Raupach wohl verschnupfen mochte, verbarg dieser den Schmerz der kleinen, ihn treffenden Stiche durch wiederholte, aus der unvermeidlichen Schnupftabaksdose hervorgeholte Prisen, die gleichsam zum anregenden Gehirnkitzel dienten. Der leichtblütige gewandte und geistig stets schlagfertige Franzose führte seine sicher treffende Klinge mit fester zierlicher Eleganz, der deutsche Professor die seinige mit der nüchternen Berechnung eines — — deutschen Professors. Dabei aber Alles „in Güte und in Liebe.*)"

---

*) Chamisso machte überall den Eindruck eines schönen, stattlichen, geistvollen, interessanten Mannes. Als er einstmals in Antwerpen sich rasiren ließ, rief ein in das Atelier des Barbiers eintretender Herr bei seinem Anblick: „à voilà un Rubens!" Chamisso erzählt selbst folgende ergötzliche Geschichte, die er gleich beim Beginn seiner großen Weltumseglerreise aus Hamburg (15. Juni 1815) „allen Schnorkulanten, Fabulanten und Schnurrpfeifern zur Erbauung aufgezeichnet haben will: „Perthes' Hausknecht, der

Chamisso's zahlreiche Freunde und Verehrer haben uns stets versichert, wie viel versöhnliche Milde auf diesem edelen Antlitz gelegen, wie wohlwollend unter den anscheinend grimmen Brauen die Augen geleuchtet, wie warm und beredt aus jedem Zuge jene an die gesammte Menschheit hingegebene Liebe gesprochen, von der unserm theuern Sänger Herz und Lied überquollen! Wie heiteres Wetterleuchten zuckte es über die Denkerstirn, und neckische Laune blitzte aus des Dichters Blicken, wenn er, der Arbeit los und ledig, der innern wie der äußern, geschäftlichen, in munterer Unterhaltung sich seines so überaus harmonisch gestalteten Familienlebens am Heerde erfreuen oder unter gemütlich einverstandenen „trinkbaren Männern" seinem Humor in freien Sprüngen die Zügel schießen lassen konnte. Gehörte er auch selbst zu den Allermäßigsten, so war er doch nicht dazu angethan, sich durch „trübe Gedanken tief in die Melancholie" scheuchen zu lassen. — Bei allem empfindungstiefen Ernste, worin der Grundton seines dich-

---

seinen Herrn so freundlich vertraut mit mir umgehen sah und bei dem Globus von weiteren Reisen sprechen hörte, fragte einen der Commis: „Wer ist denn der ausländische schwarze Herr?" (Chamisso meinend). Der Commis antwortete: „Es ist Mungo Park" und der gute theilnehmende Hausknecht lief durch die große Stadt Hamburg und hielt jeden Bekannten an: „Wissen Sie es schon, Mungo Park ist bei uns! er ist wirklich bei uns und ich habe ihn gesehen; er sieht so und so aus und er hat meinem Herrn seine Reisen erzählt." Natürlich kommen noch jetzt die guten Hamburger schaarenweise und Einzelne zu Perthes in den Laden gelaufen und bitten ihn inständigst, er möge sie doch mit dem berühmten Mungo Park bekannt machen oder doch nur veranlassen, daß sie ihn sehen oder daß sie ihn sprechen hören könnten, der so, der andere so, jeder nach den Ansprüchen, die er machte."

terischen Genius ausklingt, war Chamisso reich auch mit jener „Frohnatur" gesegnet, die Goethe vom Mütterchen neben der Lust zum Fabuliren geerbt zu haben sich rühmt und die keinem Dichter von ächtem Schrot und Korn fehlen darf. Wie er durch seine gewaltige Dichternatur und durch die liebenswürdige Anmuth seiner eigenartigen Persönlichkeit bei näherer Bekanntschaft die Herzen aller — poetischen Eindrücken zugänglichen Menschen — sich gewann, so zündete sein köstlicher Humor, der ihm innewohnende Schalk in die Massen, wie unter Anderm ein solennes Festessen bewies, welches die Stadtverordneten in Berlin veranstalteten, wo, als die muntere Stimmung bei der Tafel den Höhepunkt erreicht hatte, mit sich steigerndem Enthusiasmus Chamisso's „tragische Geschichte" in allen sieben Strophen durchgesungen wurde:

s' war Einer, dem's zu Herzen ging

mit Refrain:

Der Zopf, der hängt ihm hinten.

Gar zu gern möchte ich Ihnen meinen Dank mündlich wiederholen. Ich habe Sie so lange nicht gesehen und gesprochen. Nun sagt mir Alexander von Humboldt, Sie seien den ganzen Winter leidend gewesen. Das fürchte ich nun sehr, verdirbt mir die Hoffnung, Sie einmal zu Tisch bei mir zu sehen. Können Sie es wagen, so bitte ich Sie, mich's wissen zu lassen, ziehen Sie aber vor mich einmal morgens zu besuchen, so kommen Sie doch ohne Weiteres, welchen Tag Sie wollen, so zwischen 11 und 1/2 1 Uhr, jedoch, sollten Sie einen Dienstag, Mittwoch oder Sonnabend wählen, so würde ich Sie bitten, früher zu kommen, da ich von 11 Uhr an Sitzungen habe.

Wo haben Sie das Goethe'sche Deutsch her? Manche Franzosen haben wohl ein Herz für Deutschland und seine Sprache gewonnen, aber nie hat irgend Einer es dem Besten gleich und darüber hinaus gethan in der Sprache, wie das von Ihnen geschehen.

Die vielen Schnurren und Malicen in Ihren Gedichten sind keine welsche, sondern echt national und sogar den gottlosen Béranger haben Sie nicht übersetzt, sondern verdeutscht — ich wollte, Sie hätten ihn zerdgutscht!

Leben Sie wohl, lieber Herr v. Chamisso. Darf ich sagen: auf Wiedersehen?"

(gez.) Friedrich Wilhelm.

www.ingramcontent.com/pod-product-compliance
Lightning Source LLC
Chambersburg PA
CBHW032114230426
43672CB00009B/1734